Grafología

Grafología

Clara Tahoces

Conócete a ti mismo y a los demás a través de la escritura

LIBROS CÚPULA

Diseño de colección: Marina Krenn
Compaginación: Mercedes Galve
Fotografías de cubierta: Lucrecia Damaestri y Getty Images
Fotografía de contracubierta: Cristina P. Serrabona
Ilustraciones capítulo 6: Carles Baró
Fotografías capítulo 26: Elena G. Cardona
Imagen p. 279: The National Archives
Imagen p. 281: Royal London Hospital Archives and Museum
Página 41: Agradecemos a la asociación AAPBP su
colaboración desinteresada. Para ponerse en contacto con ella:
AAPBP: Ferraz, 3, 28008 Madrid. Tel. 91 542 06 76
Primera edición: febrero de 2005

© Clara Tahoces, 2005
www.claratahoces.com

© Grupo Editorial CEAC, S.A., 2005
Diagonal, 662-664, 08034 Barcelona (España)
Libros Cúpula es marca registrada por Grupo Editorial CEAC, S.A.

ISBN: 84-480-4708-7
Depósito Legal: B. 42-2005

Fotocomposición: Víctor Igual S. L.
Impresión: A & M Gràfic, S. L.
Encuadernación: Encuadernaciones Arte, S. A.
Impreso en España - Printed in Spain

Contenidos

Para todas aquellas personas que han colaborado desinteresadamente con sus firmas y sus escritos.

Con mi agradecimiento al doctor José Miguel Gaona por su prólogo, que denota una mente abierta y libre de prejuicios, y a Elena G. Cardona, por su amistad y por su ayuda en la búsqueda incansable de escritos para ilustrar este libro.

Prólogo.
Un papel en blanco

Un papel en blanco, un lápiz y detrás tan sólo nuestra mente. Justo en ese momento, alguien comienza a trazar letras, palabras y símbolos. La mano se convierte en el vector de la personalidad. Sin lugar a dudas, los principales rasgos de ésta se plasman a través de multitud de expresiones en la vida diaria: la manera de vestir o de peinarse, conducir un automóvil, etc. Esta particularidad de los seres humanos se ha aprovechado en el terreno de la psicología para crear infinidad de «tests» en los que el entrevistado no sólo contesta preguntas, sino que también dibuja o interpreta diversos grabados. De una manera análoga, cuando se escribe, se deja traslucir mediante mecanismos inconscientes un verdadero retrato de cómo es uno, de lo que se esconde detrás de la propia personalidad, hasta el punto de reflejar características que ni los propios autores de esa escritura conocen de sí mismos.

Es evidente que cuando observamos los primeros garabatos que dibujan nuestros hijos sentimos curiosidad. En un estadio tan precoz, los caracteres de un niño se diferencian de los de otro: el tamaño de la letra, su forma, el espacio entre palabras, su colocación en el papel, etc. No es probable que se conozcan las claves para su interpretación, pero seguramente despertarán cierta curiosidad. A medida que uno crece y se desarrolla como persona, también cambia su letra que es, en definitiva, su forma de expresarse. ¿Cómo no ha de sorprenderse cuando revisa antiguos apuntes del colegio, trabajo o universidad y sonríe al ver cómo ha cambiado su letra?

Los rasgos de personalidad que puede identificar quien posea conocimientos de interpretación grafológica son aún más numerosos y, estoy seguro de ello, muchos pertenecen, todavía, a un futuro desarrollo de esta disciplina en nuestra sociedad.

Sólo hay que imaginar, por un momento, el valor terapéutico de conocer los entresijos de un adolescente, en esa etapa tan delicada de la temprana madurez, mucho antes de que se presenten ciertos problemas de adaptación, atención, memoria, etc. O bien la utilidad de ponerse a prueba uno mismo conociendo las habilidades, motivaciones y medios para abonar el terreno saludable de la autosuperación.

Asimismo, en el campo profesional de los estudiosos de la mente humana, observar los cambios emocionales que se plasman en la escritura y que son concomitantes en problemas comunes como la ansiedad, depresión o agresividad, entre muchos otros, debería constituir parte obligatoria de cualquier examen psicológico al realizar un diagnóstico, así como para estudiar la evolución de ciertas enfermedades mentales. De hecho, la grafología debería ser una asignatura obligatoria en toda carrera universitaria relacionada con las ciencias del comportamiento.

Cada vez con mayor frecuencia, desde el mundo del derecho se acude a la grafología para identificar un escrito, validar una firma, incluso realizar un «retrato psicológico» de la persona cuya escritura es objeto de estudio. Dentro de este apartado, no es de menor consideración el estudio de personalidades de asesinos, especialmente de psicópatas, en los que rasgos comunes parecen aflorar por doquier dando una inquietante visión de conjunto que podría servir de indicador a los investigadores.

Incluso para los profanos en la materia, una simple firma suele ser objeto de comentarios sumamente decididos a diseccionar la personalidad de su poseedor. La rúbrica personal también resulta de mucho valor en procesos orientados a la selección de personal. ¿Es una persona ambiciosa o, por el contrario, un ser satisfecho con lo que ha logrado hasta ese momento?

La manera de escribir no sólo va a delatar por su contenido intencionado, sino por la forma en que se describe dicho contenido a través de su vehículo que es la letra manuscrita. Se ofrece así, en la escritura a mano, una verdadera proyección de aquello que cada uno oculta. Una letra viva, que evoluciona con la madurez, que tiembla con el miedo o que pisa firme en los éxitos. Al final de la vida su expresión se vuelve muchas veces temblorosa e infantil y se quiebra como la línea del electrocardiograma de un corazón a punto de ser vencido por el desgaste.

Ojalá se pudieran leer todos los libros de forma manuscrita, adivinar en qué frases o palabras Freud cargaba más la presión de su pluma. La forma en que Lorca dudaba a la hora de escoger un término o, simplemente, valorar la sinceridad de un «te quiero» en una carta de amor.

La letra es también el mensaje oculto en las cartas y notas de las personas queridas, incluso de las que ya no están. Es el placer de conocerse a sí mismo y a los demás, el lenguaje secreto del «yo» más íntimo.

DR. JOSÉ MIGUEL GAONA CARTOLANO

Médico psiquiatra
Doctor en medicina
Máster en psicología médica
www.neurosalus.com

Primera parte

Teoría

1.

Introducción

Para aquellos que jamás han oído mencionar la grafología es posible que este término les sugiera que nos referimos a una técnica adivinatoria o, lo que es lo mismo, a una mancia equiparable a la quiromancia, la cartomancia o la cristalomancia. Tal vez alguien piense que escribiendo unas pocas líneas y trazando una firma sobre un papel, es posible vislumbrar lo que le va a ocurrir a uno en el futuro.

No se trata de menospreciar el valor de estos sistemas, pero conviene aclarar desde un principio que el estudio de la grafología en ningún caso podrá ayudarle a usted a predecir su porvenir ni el de los que le rodean. La grafología, como veremos a lo largo de este libro, está lejos de augurios y vaticinios.

En todo caso, si decide aplicarse a fondo al estudio de las leyes grafológicas, se dará cuenta de que la grafología le será muy útil para conocerse mejor a sí mismo y a los demás. Pero no hay que engañarse pensando que este conocimiento se adquiere de la noche a la mañana. Como otras muchas materias, la grafología requiere un estudio tanto teórico como práctico.

Para dominar la parte teórica, este libro le ofrece toda la información que necesita. La segunda parte dependerá de usted: hay que practicar, y mucho, para llegar a aplicar lo aprendido en la teoría a la letra que alguien le muestre y ser capaz de obtener conclusiones certeras sobre su carácter.

Pero ¿qué es la grafología? Mauricio Xandró, quien además de un magnífico grafólogo fue mi profesor hacia 1990, cuando decidí comenzar a estudiar este tema, define perfectamente en una de sus obras lo que puede llegar a ser la grafología. En *Grafología superior* explica: «Si deseamos hallar un símil que sirva para comparar el sistema grafológico, yo compararía éste con una radiografía espiritual. —Y puntualiza bien cuando añade—: Dependen de los conocimientos del investigador los aspectos que deja al descubierto».

No hay que olvidar que la curiosidad es una característica inherente a la naturaleza humana. La complejidad de la mente ha empujado al hombre a seguir buscando más vías de conocimiento psicológico, pero aquellos que han estudiado la grafología con interés están firmemente convencidos de que, sin duda, esta técnica es una de las herramientas más útiles para lograr atrapar la «esencia del alma».

Particularmente, comparto este convencimiento. Los motivos que me han llevado a él, no sólo a mí, sino a multitud de grafólogos y a otros muchos profesionales de diferentes ramas que se sirven de la grafología y de los beneficios que ésta aporta son, básicamente, tres:

- La grafología es un sistema cómodo, tanto para la persona que realiza el estudio o análisis grafológico como para la persona analizada.
- La grafología no miente. Hay un dicho grafológico que afirma: «Yerra el grafólogo donde acierta la grafología». Es decir, que aplicando el método adecuadamente, aunque se utilice una escuela diferente de aprendizaje, los resultados deben ser los mismos.
- Esta técnica permite adquirir un profundo conocimiento, tanto de las facetas positivas del carácter como de las negativas, lo que ofrece una amplia visión de conjunto. Se trata de una auténtica «radiografía» personal, útil en multitud de campos. Y qué duda cabe de que teniendo noción de los talentos y las limitaciones personales, que acompañan a uno en su trayectoria vital, puede superarse un poco más uno mismo.

No obstante, es lógico que el lector no familiarizado con el tema se pregunte si la grafología es o no una ciencia y si puede fiarse totalmente de sus resultados. En este aspecto hay opiniones divergentes y el punto de equilibrio posiblemente se encuentre en medio.

¿Es un test proyectivo o una ciencia auxiliar? Ambas posturas tienen su razón de ser.

La grafología emplea un método científico, pues todo en ella es medible; es decir, reproduce un patrón. No basta, por ejemplo, con decir: «A mí me parece que esta letra es pequeña». Es cierto que un grafólogo experimentado sabrá, a ojo de buen cubero, distinguir una letra normal de una pequeña. Sin embargo, para salir de dudas, la letra se mide y se concluye en un sentido u otro. Resumiendo, expresiones del tipo «a mí me parece» no deben aplicarse. El parecer de uno no cuenta; lo que tiene valor es la medición.

La grafología sirve como ciencia auxiliar en campos tan variados como la medicina, el derecho, la psicología y la psiquiatría, la criminología, la selección de personal, etc.

Pero, además, constituye uno de los tests proyectivos de la personalidad más eficaces que existen. Este tipo de tests son una serie de pruebas que se realizan con objeto de conocer profundamente la personalidad de los sujetos analizados. En estos tests, y sin que la persona lo manifieste expresamente, queda proyectada su manera de ser. De ahí el nombre de «proyectivos». Entre los más conocidos están el test de Machover, que se valora a partir del dibujo de una persona, el test de Koch, que consiste en dibujar un árbol, o el test de Rorschach, en el que cada persona hace su particular interpretación de unas manchas impresas sobre unas láminas.

Todos estos tests y otros tantos son tremendamente interesantes. No obstante, la grafología tiene una ventaja frente a ellos: su fácil aplicación. Pongamos un ejemplo. Si a usted le dijesen que va a ser sometido a un test, probablemente, a medida que se fuera acercando el momento se pondría en guardia. Una de las bondades de la grafología es que ni siquiera es necesario que la persona esté presente mientras el grafólogo trabaja. Basta con que se disponga del material manuscrito preciso para efectuar el análisis. Esto, por citar un ejemplo, es muy sugestivo de cara a la selección de personal.

A la hora de realizar la selección de personal, muchas empresas someten a los aspirantes a una serie de tests psicotécnicos que, en ocasiones, éstos conocen casi de memoria. Además, durante la entrevista personal, con su actitud, es posible que enmascaren o falseen algunas facetas de su carácter. Y aquí reside otra de las ventajas de la grafología: que a un grafólogo experimentado no se le engaña con facilidad.

Al aplicar la grafología quedan al descubierto muchos aspectos que no siempre quedan patentes durante las entrevistas. Lo ideal sería que psicólogos y grafólogos trabajasen al unísono en este tipo de casos. De hecho, multitud de empresas en todo el mundo así lo han comprendido y emplean grafólogos para realizar sus «fichajes».

LOS ESTUDIOS GRAFOLÓGICOS

Tal como explica el eminente grafólogo Augusto Vels en su obra *Escritura y personalidad*: «La grafología se ha situado internacionalmente como una de las ramas de la psicología experimental más extendidas y acreditadas en todo el mundo».

Los estudios grafológicos se desarrollan en numerosos centros y cada vez hay más personas interesadas en conocer este eficaz sistema. A continuación, para ofrecer una pequeña idea de la influencia de la grafología en el mundo, se citan algunos detalles que darán una idea de su importancia.

ALEMANIA

En este país la grafología se encuentra muy bien considerada. De hecho, actualmente sólo están autorizados a ejercer como grafólogos los licenciados en psicología.

Los estudios grafológicos se cursan en diversas universidades del país: Kiel, Maguncia, Colonia, Heidelberg, Hamburgo, etc.

Entre los centros más acreditados se encuentra la Asociación Europea de Psicólogos de la Escritura (EGS), y el Arbeitspsychologisches Graphologisches Institut de Hamburgo.

BÉLGICA

Destaca la Société Belge de Graphologie.

ESPAÑA

En nuestro país están activos varios grupos. Quizá el más conocido sea la Sociedad Española de Grafología, que tiene delegaciones en varias ciudades españolas.

Además cabría citar la Asociación Grafopsicológica, la Agrupación de Grafoanalistas Consultivos de España y la Sociedad Grafológica de Euskadi, entre otros grupos.

ESTADOS UNIDOS

La International Grapho-Analysis Society, que está patrocinada por algunas universidades de este país, desarrolla su labor con gran éxito. Además, destaca la American Graphological Society.

FRANCIA

La Société de Graphologie es uno de los centros en los que se ofrecen cursos en el país vecino. La mayoría de los alumnos son psicólogos de profesión y pueden acceder posteriormente a la Agrupación de Profesionales Grafólogos de Francia (GGCF), que goza de reconocimiento oficial.

Otros centros de interés grafológico son: L'Évolution Graphologique y, sobre todo, la sección sobre grafología perteneciente al Centre National de la Recherche Scientifique.

HOLANDA

Grupo de Grafólogos Prácticos de Holanda.

ITALIA

En este país destacan, principalmente, el Instituto Jerónimo Moretti y la Associazione Italiana de Grafologia.

SUIZA

La Sociedad de Grafología de Neuchatel funciona desde 1928. A partir de 1950, bajo la tutela del célebre Max Pulver, se incorpora al panorama grafológico la Sociedad Suiza de Grafología.

LAS ESPECIALIDADES

Después de estudiar profundamente las leyes de su disciplina, el grafólogo puede realizar cursos de especialización. En España, por ejemplo, se estudian dos años de grafopsicología general y, posteriormente, quien lo desee tiene la posibilidad de continuar estudiando dos años más, hasta completar un ciclo de cuatro.

En estos dos años se estudian las denominadas «especialidades». A continuación se citan someramente, puesto que en este libro ya se dedica un capítulo amplio a explicarlas una a una.

Las principales especialidades grafológicas son las siguientes:

SELECCIÓN DE PERSONAL

También llamada grafología industrial. Gracias a ésta, muchas empresas seleccionan a los mejores candidatos para sus puestos vacantes. Resulta asimismo muy útil en la denominada «reorganización empresarial», consistente en recolocar al personal ya contratado en función de sus características profesionales.

GRAFOPATOLOGÍA

Esta especialidad analiza los rasgos patológicos que se observan en algunas escrituras.

GRAFOTERAPIA

Consiste en la modificación de determinados rasgos de la escritura de una persona para conseguir una mejora en su conducta.

INVESTIGACIÓN HISTÓRICA

Esta fascinante especialidad permite conocer la trayectoria vital de personajes históricos a través del análisis de diferentes escrituras ejecutadas en distintas etapas de la vida. Este mismo sistema se utiliza también para analizar la escritura de personas corrientes. Esto último se denomina «estudio evolutivo de la personalidad».

GRAFOLOGÍA INFANTIL

Los niños no siempre saben expresar lo que sienten. Mediante el análisis de sus dibujos y sus escritos se puede saber cuál es el problema y cómo se sienten en relación con el símbolo familiar.

COMPAGINACIÓN DE CARACTERES EN LA PAREJA

Consiste en la realización de un estudio completo de las escrituras de una pareja, junto con algunos tests complementarios, para saber qué aspectos tienen en común y en cuáles pueden llegar a chocar.

PERICIA CALIGRÁFICA

Se encarga del estudio de la escritura (especialmente de la firma) para descubrir posibles falsificaciones, normalmente destinadas a un acto de carácter delictivo.

2.

Un poco de historia

La grafología es, posiblemente, tan antigua como la propia escritura, y ya en el Lejano Oriente se encuentran las primeras referencias que pueden tener un cariz grafológico. A continuación se ofrece un pequeño recorrido cronológico por estas referencias pregrafológicas.

LOS ORÍGENES

- China: en el siglo IV a. C. ya se consideraba la escritura algo sagrado, reservado a unos pocos elegidos.
- Japón: en esta milenaria cultura se encuentran los llamados «magos», quienes se atrevían a apuntar la manera de ser de alguien con tan sólo ver los signos que había trazado con tinta. Debe recordarse que también para esta cultura, al igual que sucedía en China, la escritura era algo extremadamente complejo, casi sagrado.
- Grecia: una de las primeras reseñas históricas aparece hacia 297 a. C. de la mano del sabio pensador griego Demetrio de Falera, a quien se le atribuye esta certera sentencia: «La letra expresa el alma».
- También el filósofo Aristóteles (384-322 a. C.) mostró cierto interés por las conexiones entre la personalidad y la escritura. De hecho, a él se le adjudica la siguiente cita: «La escritura es un símbolo del habla, y esta última es un símbolo de una experiencia mental».

- Roma: quién iba a decir que Nerón (37-68 d. C.), emperador romano famoso por su crueldad, llegaría a sentir cierta afinidad por la grafología. Según se cuenta, él pensaba que observando los rasgos de la escritura de sus colaboradores podía conocer su grado de lealtad. Por su parte, el historiador y biógrafo romano Suetonio (69-140 d. C.) dejó escritas sus observaciones sobre la letra del emperador Augusto en *Vida de los doce césares*. Ahí explicaba: «He observado en la letra de Augusto que no separa las palabras y que no pasa a la línea siguiente las letras que le sobran al final de cada línea, sino que las coloca debajo, envueltas en un rasgo». Por supuesto, aunque Suetonio no fuese grafólogo, sí parece que demostró cierto interés por esta peculiaridad de la escritura de Augusto.

- Edad Media: se trata de un período de vacío histórico en este campo, algo muy comprensible porque, como sabemos, en esa época no se cultivaba la escritura. Ni siquiera los grandes señores feudales, en general, sabían leer o escribir. Así, la escritura quedaba reservada a unos pocos eruditos, casi siempre monjes y religiosos.

- Renacimiento: afortunadamente, con la creación de las universidades la escritura se extendió de forma generalizada.

- En el siglo xv comienza a escucharse en Europa un dicho que encierra un concepto grafológico: «Poner los puntos sobre las íes». Esto viene a significar el deseo de puntualizar las cosas. Esta interpretación, ya se verá cuando se estudien los puntos de la *i*, concuerda con las apreciaciones grafológicas.

PRIMEROS TRATADOS

Aunque ya existía un primer libro del médico y filósofo español Juan Huarte San Juan, *Examen de ingenios para las ciencias* (Baeza, 1575), en el que se recoge la posible relación existente entre grafología y escritura, no fue hasta 1611 cuando se publicó la obra de Próspero Aldorisio, *Idengraphicus Nuntius*, en la que se describe un método denominado *Idengrafía*, que recogería apuntes sobre este particular.

Sin embargo, en la mayoría de los libros de grafología se considera obra pionera la de Camilo Baldi, un profesor de Filosofía de la Universidad de Bolonia, quien publicó en 1622 un libro que daría mucho que hablar: *El arte de conocer por el examen de una carta misiva las costumbres del escritor*.

También en Italia nacería otra de las obras grafológicas pioneras, *Tratado de la adivinación epistolar*, libro que caería en el olvido a la muerte de su autor, el anatomista y cirujano Marco Aurelio Severinus, en 1656.

Posteriormente se pueden encontrar algunas referencias sobre el tema, como la del matemático y filósofo Gottfried Wilhelm Leibnitz, en 1698, quien expresaba que, siempre y cuando no se copie del maestro, la escritura puede revelar aspectos del temperamento del escritor.

Otra interesante aportación proviene del catedrático de Teología y Filosofía de la Universidad de Wittenberg (Alemania) Johann Christian Grohmann, con su obra *Examen de la posibilidad de deducir el carácter a través de la escritura*.

El conocido dramaturgo alemán Johann Wolfgang von Goethe (1749-1842) también fue un entusiasta del tema. Para él existía «una íntima relación entre el carácter, la inteligencia, el alma, las sensaciones emocionales del ser humano y su escritura».

OTROS PRECURSORES

- Edouard Hocqart, con su obra *L'art de juger l'esprit et du caractère des hommes et des femmes sur leur écriture* (1814).
- Stephen Collet, con su libro *Firmas características* (1823).
- El abate Flandrin, junto con el padre Martín, el cardenal Regnier y M. Boudinet, obispo de Amiens, fundan en 1830 la primera escuela de grafología en Francia.
- Jean-Hippolyte Michon, de quien se hablará más extensamente en el siguiente capítulo, funda en 1871 la revista *La Graphologie* y la Société de Graphologie de París, que fue declarada en 1971, después de cien años, centro cultural de utilidad pública por el gobierno francés.

Se darán a conocer más extensamente otros precursores en el capítulo siguiente, cuando se hable de sus investigaciones, que han dado origen a varias escuelas o movimientos grafológicos.

3.

Las escuelas o corrientes grafológicas

En los últimos años, el avance de la grafología ha sido espectacular. Existen multitud de vías de estudio abiertas que están comenzando a dar sus frutos y, aunque hay, como se ha dicho, numerosas escuelas, aquí se hablará sólo de las que se sabe que funcionan, de aquellas que han contrastado sus datos una y otra vez, sin miedo a pulir lo que no servía para mejorar su método. Todo ello, junto a la dilatada experiencia, las han convertido en las principales fuentes de las que, a la postre, terminan bebiendo todos los grafólogos. Resulta imprescindible conocerlas para alcanzar una buena base grafológica. Por tanto, se hará un repaso de cada una de ellas. Conviene recordar que una de las tareas del grafólogo consiste en seguir investigando siempre nuevos caminos.

ESCUELA MÍMICA

Iniciada principalmente por Jean-Hippolyte Michon,[1] esta corriente se basa en la mímica de la escritura. Se sabe que las personas tienden a gesticular cuando mantienen una conversación. Pues bien, esta escuela explica que también se desarrollan gestos, aunque uno no sea consciente de ello, al plasmar una idea sobre un papel.

1. Este sacerdote francés introduce por vez primera, en 1871, el término «grafología». Estudió con el abate Fladrin y luchó hasta conseguir publicar su primer libro. A ello le animaron, entre otros, George Sand y Alejandro Dumas hijo. *Les mystères de l'écriture* es una de las obras de referencia dentro del panorama grafológico mundial. Le seguirían *Système* y *Méthode pratique*. Además, fundó el periódico *La Graphologie*, así como la Société de Graphologie de París (1871).

A esta conclusión no se ha llegado por casualidad, sino todo lo contrario. Se han conseguido establecer los patrones y la clasificación de los gestos gracias a la valiosa herramienta que supone la hipnosis[2] y el posterior análisis estadístico de los resultados. Para ello se realizaron infinidad de pruebas con sujetos a los que se condujo a toda suerte de sugestiones de carácter hipnótico: tristeza, euforia, calma, angustia, enfado, miedo, cansancio, etc. Previamente se les había pedido que plasmasen su caligrafía en un papel.

Una vez debidamente sugestionados se les hacía escribir de nuevo. Por ejemplo, imaginen a las personas a las que, bajo sugestión hipnótica, se les había hecho creer que acababan de ganar un importante premio en la lotería. Al escribir en este estado de euforia se descubrió que las líneas de sus escrituras tendían a ascender ostensiblemente. Sin embargo, bajo una sugestión negativa —la pérdida de un ser querido, por ejemplo— las líneas descendían.

Todo esto, de hecho, posee su correspondencia en la vida diaria. Una persona alegre, eufórica, tiende a levantar los hombros al caminar, a mirar hacia el frente. Alguien abatido los deja caer y evita mirar hacia arriba, centrándose en el suelo, como si allí pudiese encontrar la respuesta a sus preocupaciones.

Evidentemente, el estudio de los gestos no se ha ceñido única y exclusivamente a estos dos movimientos primarios que se han descrito a modo de muestra.

Poco a poco, los primeros grafólogos fueron clasificando todos los gestos. Un buen ejemplo de ello es el doctor Edmond Solange Pellat,[3] que llegó a realizar un estudio acerca de los movimientos cerebrales y las leyes que los rigen en la escritura.

Para Jules Crepieux-Jamin,[4] considerado por los franceses el padre de la grafología científica, estos grupos gráficos se denominan «especies», de forma que la escritura se divide en siete especies, subdivididas en 181 géneros gráficos o modos.

Para que el lector se haga una idea, los grupos más relevantes, que se estudiarán —aplicándolos a la escritura— en otros capítulos, son: forma, presión, tamaño, velocidad, dirección, orden y continuidad.

2. Hipnotismo: Método para producir el sueño artificial, mediante influjo personal, o por instrumentos adecuados. (Diccionario de la Real Academia de la Lengua Española, 2001.)

3. Perito calígrafo y grafólogo francés. Autor de trabajos como *Les lois de l'écriture* y *L'éducation aidée par la graphologie.*

4. Crepieux-Jamin continuó los estudios iniciados por Michon y, ciertamente, muchos de los grandes grafólogos se han apoyado en sus postulados. Asentó con buen criterio el principio de que: «Todo signo debe interpretarse con relación al ambiente en que se manifiesta». Entre sus obras más importantes destacan: *Traité pratique de graphologie* y *L'écriture et le caractère.*

ESCUELA SIMBÓLICA

El mayor exponente de esta escuela fue el doctor suizo Max Pulver,[5] un verdadero intérprete de símbolos gráficos. No puede obviarse el hecho de que éste es un mundo simbólico y que se encuentra sedimentado en lo que se denomina «inconsciente colectivo».

Las personas, simbólicamente hablando, se deslizan entre el cielo y el abismo. Cada vez que uno piensa en la idea de un Creador, de Dios, automáticamente la asociamos con las alturas, con la zona superior. No en vano, cuando alguien bueno muere, se suele afirmar que «ha ascendido».

Por el contrario, el diablo, el adversario, se encuentra sumido en la más oscura de las profundidades, en la zona inferior. Las cosas malas siempre se encuentran abajo.

La zona de la izquierda viene a simbolizar el pasado, nuestros orígenes, mientras que la zona de la derecha se asocia a lo desconocido, al futuro que está por venir. La zona central simboliza el «yo», el presente y el autocontrol que se ejerce sobre uno mismo.

Todo esto, llevado al papel, no sólo se comprende mucho mejor, sino que ayuda a describir estas zonas con más exactitud. Hay que recordar que en nuestra cultura se empieza a escribir de izquierda a derecha. Esto se interpreta como un caminar simbólico en el papel desde el «yo» hacia los demás.

5. Sin duda, es uno de los grandes estudiosos de la grafología moderna. Entre sus obras destacan: *El simbolismo en la escritura* y *La inteligencia a través del grafismo*. Fue compañero de Rorschach, de quien seguramente asimiló algunos conceptos válidos al establecer sus investigaciones.

IDEAS
DIOS
MENTE
TRIUNFO

ORIGEN
MADRE
PATRIA
PASADO

YO
PRESENTE

FUTURO
LOS DEMÁS
LO DESCONOCIDO

FRACASOS
INSTINTOS
ABISMO
SENSUALIDAD

Estas pautas pueden extenderse tanto a las diferentes áreas o zonas de un escrito, como a líneas, párrafos, letras, palabras, garabatos, dibujos, etc.

La letra que mejor recoge el esquema anteriormente descrito es la *f* minúscula.

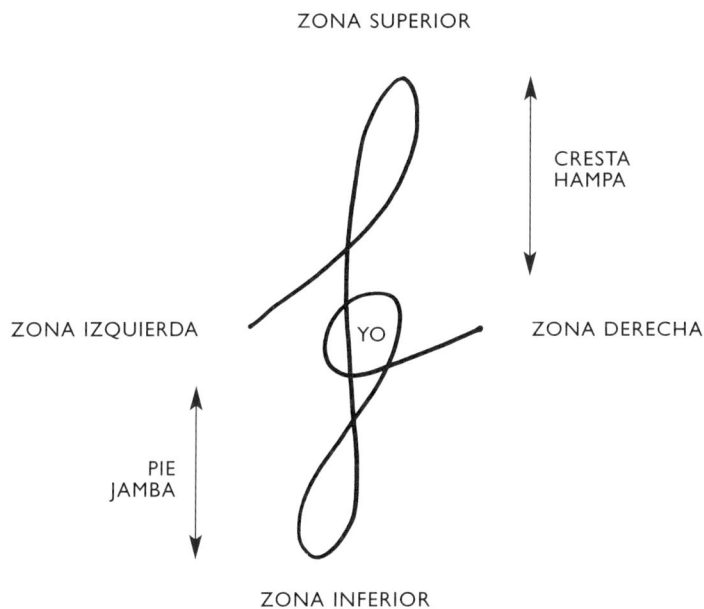

ZONA SUPERIOR

CRESTA
HAMPA

ZONA IZQUIERDA   YO   ZONA DERECHA

PIE
JAMBA

ZONA INFERIOR

La *f* minúscula es una letra que posee tanto cresta o *hampa*, como pie o *jamba*. Las crestas o *hampas* son las partes superiores de algunas letras (*b*, *d*, *f*, *h*, *l* y *t*); mientras que los pies o *jambas* son las partes inferiores de determinadas letras (*f*, *g*, *j*, *p*, *q* e *y*). A veces, la *z* minúscula también se traza con pie.

Como puede verse claramente en el esquema, la letra *f* minúscula es la única letra del abecedario que posee cresta y pie. La manera de trazar esta letra avanzará aspectos sobre su autor.

ESCUELA PROFUNDA

Esta escuela tiene sus bases en las diferencias que se observan entre los planos consciente e inconsciente en la escritura. Los grafólogos que primero se introdujeron en esta vía fueron el ya mencionando E. Solange

Pellat y Ludwig Klages,[6] aunque la ha continuado magistralmente Mauricio Xandró,[7] uno de los máximos exponentes de la grafología hispana.

Esta escuela promulga que, como bien decía Klages, la escritura está compuesta por elementos conscientes formadores y elementos inconscientes deformadores.

Cuando iniciamos un escrito, carta o similar, siempre se intenta causar la mejor impresión posible. Ponemos mayor atención en hacer buena letra y en que el escrito quede lo más agradable a la vista. Con este acto, se está mostrando el «yo» ideal. Sin embargo, de modo inconsciente, a lo largo del texto iremos bajando la guardia, manifestando así nuestro «yo» real.

De este modo se puede afirmar que los comienzos de los manuscritos, ya sea de trazo, letra, palabra, página, párrafo, etc., tienden a ser mucho

6. En 1903 funda la Sociedad Alemana de Grafología. Entre sus obras destacan: *Problemas de grafología* y, sobre todo, *Escritura y carácter*.

7. Fundador y presidente de la Sociedad Española de Grafología. Creador del método de las reforzantes. Su experiencia como docente es amplísima. Tiene numerosos libros publicados, entre los que destacan: *Grafología superior*, *Grafología elemental*, *Psicología y grafología* y *Grafología profunda*.

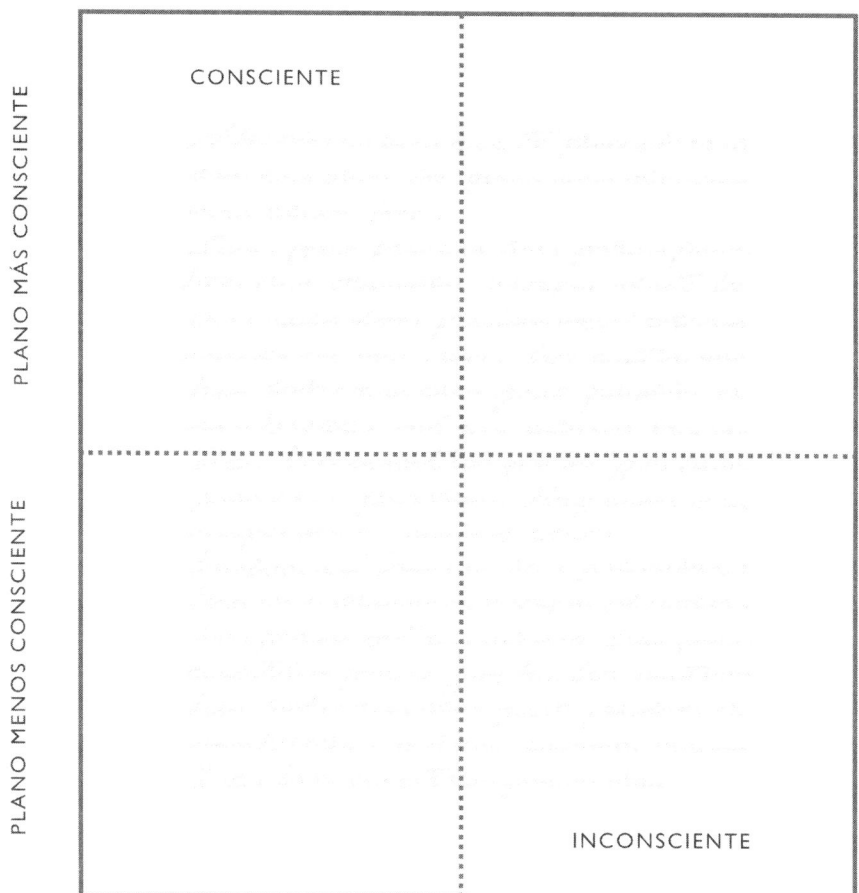

más conscientes y calculados que los finales. Por eso, los grafólogos suelen fijarse mucho más en estas áreas de los escritos, porque saben que en ellas queda reflejado el contenido inconsciente.

En el dibujo se ha dividido la hoja por la mitad. La parte superior tiende a ser más consciente y la mitad de abajo más inconsciente. Si se parte el folio de arriba abajo, se verá que el lado de la izquierda es más consciente que el de la derecha.

Esta escuela también enseña que el «yo» social aparece reflejado mejor en el texto de la carta, mientras que el «yo» personal se observa principalmente en la firma. Es interesante, y se hará a su debido tiempo, observar las diferencias entre el texto y la firma.

ESCUELA EMOCIONAL

El pionero de esta escuela fue Rafael Schermann.[8] Inicialmente la trayectoria de Schermann no encontró demasiadas facilidades entre sus colegas. Por ello sus investigaciones, en principio, sólo llegaron a unos pocos colaboradores y seguidores. Entre ellos destaca brillantemente y con luz propia Curt August Honroth.[9]

La grafología emocional promueve la idea de que las emociones quedan reflejadas en el papel en forma de pequeños impactos o incluso deformaciones. No se escribe, por ejemplo, del mismo modo el nombre de alguien por quien se siente un profundo afecto que el de otra persona a la que no se profesa ninguna simpatía.

Cuando alguien le cae mal a uno o le resulta indiferente, eso se percibe en la manera de escribir su nombre: el tamaño disminuye, existe algún temblor, tachadura o enmienda, o se pierde la legibilidad; se escribe con desgana o desagrado. En cambio, cuando alguien le resulta a uno simpático, tiende a escribir su nombre un poco más grande y con esmero, facilitando su legibilidad.

Para Sigmund Freud existe el llamado lapsus línguae. Éste se produce con frecuencia durante las conversaciones o durante los informativos radiofónicos o televisivos. Consiste en un pequeño desliz, generalmente una palabra, que no se ajusta a lo que en teoría se quería decir y que cambia el sentido de lo que se ha expresado. Cuando se dice a veces

8. Este grafólogo, apodado el Brujo debido a sus espectaculares aciertos, emigró primero a Inglaterra y posteriormente a Estados Unidos. Entre sus obras destaca *Secrets of Handwriting*.

9. Aunque su origen es alemán, emigró —huyendo del III Reich— a Argentina, donde desarrolló las teorías emocionales de Schermann. Entre sus obras destacan: *Grafología emocional*, *Grafología: Teoría y práctica* y *La escritura infantil*. Entre sus colaboradores se encuentran el doctor Ramón Ribera y el profesor Ángel Zarza.

«¿en qué estaría pensando?», tiene mucho que ver con el lapsus línguae.

Pues bien, en grafología existe el llamado lapsus cálami, que se puede observar en los escritos. En este caso, no sólo cambiando palabras. También se advierte, como ya hemos expresado, en otros pequeños detalles en los que normalmente nadie se fija, pero a los que los grafólogos prestan mucha atención. Este sistema se convierte en una especie de «detector de mentiras»[10] útil y certero.

Hay un dicho grafológico que tiene que ver con todo esto: «Duda la mente, tiembla la mano». Además habrá que tener en cuenta una serie de aspectos que no dejan de tener cierta importancia a la hora de escribir, como son el ambiente (existen variaciones al escribir con frío o calor) o la existencia de ruidos o sonidos que nos perturban.

Por otra parte, los útiles con los que se escribe también pueden ofrecer algunas variaciones. Por ejemplo, para alguien que no está acostumbrado, no es igual escribir con una pluma que con un bolígrafo.

Asimismo los factores psicológicos son de suma relevancia. Como se ha dicho antes, la euforia, la depresión, la angustia, etc. quedan reflejadas perfectamente en el manuscrito.

Una anécdota en la trayectoria de Honroth ilustra con claridad todos estos aspectos. Él había desafiado a la policía afirmando que podía descubrir a un criminal antes que ellos. La cuestión es que se produjo un robo en una empresa que contaba con una plantilla de doscientos empleados. Con el beneplácito de las autoridades, Honroth les realizó una serie de tests para demostrar su afirmación.

Primero seleccionó a aquellos trabajadores en cuya escritura se apreciaban rasgos de tendencia a la mentira y al engaño. Posteriormente, llevó a cabo otra prueba con éstos incluyendo en el test palabras como «robo», «cárcel», «prisión», etc.; palabras, en definitiva, que pudiesen causar algún impacto emocional en el autor del robo. Con este test detectó impactos emocionales en tres o cuatro sujetos, a los que volvió a someter a otro test emocional; esta vez aportó detalles muy concretos sobre lo sucedido que sólo podía conocer el ladrón. Lo cierto es que en esta fase sólo observó impacto en una persona quien, por cierto, terminó confesando su delito.

10. En el capítulo dedicado a los «tests grafológicos» se explica detalladamente cómo efectuarlo.

OTROS SISTEMAS

Existen otros campos de estudio como la escuela intuitiva-contrastada del padre franciscano Jerónimo Moretti y su continuador, el padre Lamberto Torbidoni, aunque su sistema ha sido poco difundido en España.

Moretti realizaba una clasificación de la escritura a través de los grados de los ángulos. Sus aciertos fueron espectaculares, pues llegaba a describir el cuerpo del sujeto (corpulencia, talla, color del pelo, de los ojos…) con tan sólo examinar su letra.

También conviene recordar la escuela inductiva alfabética, cuyas bases se apoyan en los descubrimientos de Crepieux-Jamin y Klages. Se basa en el estudio de todas las letras, una a una, por separado. Al desarrollo de esta escuela han contribuido casi todos los grafólogos con sus investigaciones.

Mención especial merecen métodos como el de las reforzantes de Xandró, que profundiza en todas las escuelas para extraer lo mejor de éstas y que suma variables como la morfopsicología, que domina de manera sorprendente.

Tampoco puede dejarse de comentar el método Vels de grafoanálisis, creado por Augusto Vels, uno de los grafólogos españoles más prolíficos, que quedó convertido en programa informático desde 1984 gracias a la ayuda de sus colaboradores.

4.

Cómo escribimos

No por ser la escritura un acto cotidiano deja de convertirse en una acción que se desenvuelve a través de procesos complicados. Esta complejidad se encuentra aún más en la llamada escritura creativa, que es aquella que se utiliza cuando se debe redactar una noticia, expresar ciertos conocimientos o elaborar una serie de ideas, como sucede, por ejemplo, durante la creación de un libro.

La escritura reproductiva, por el contrario, consiste en la copia de un texto ya elaborado o realizado al dictado, tal como se hace en la escuela. Esta última modalidad, aunque entraña menor complicación, también emplea varios procesos.

El simple desarrollo de una carta (escritura creativa) implica una serie de actos: decidir qué va a contarse, cómo se hará y en qué orden se expresará la información que se suministrará en el escrito. Deben localizarse las frases y palabras precisas para ello y fijarse además en escribir con la ortografía correcta. Todo ello sin contar con los movimientos musculares necesarios para concluir satisfactoriamente esta tarea.

Como es fácil entender, esta simple actividad se nutre de los recursos cognitivos. No se pretende ofrecer una explicación tediosa acerca del funcionamiento de estos mecanismos, pero sí se hace preciso resaltar la complejidad de los procesos de escritura.

Cuantos más datos se conozcan sobre los procesos escriturales, más sencilla resultará la tarea de la interpretación grafológica.

Éstos son los pasos a seguir cuando hay que escribir una simple palabra, por ejemplo, «coche»:

- Imaginar la representación del coche.
- Buscar en el idioma las letras que componen la palabra:

C-O-C-H-E

C-A-R

V-O-I-T-U-R-E

- Finalmente, enviar la energía necesaria a los músculos destinada a reproducir la palabra deseada.

FACTORES INFLUYENTES

Son varios los aspectos que influyen al aprender a escribir. Éstos también actuarán en el carácter porque, de hecho, se escribe como se piensa. Entre los factores más importantes cabe destacar los siguientes:

- La habilidad manual.
- La herencia de las formas gráficas.
- El gusto estético.
- Las influencias ambientales: las condiciones bajo las que se escribe son importantes. Lógicamente, no es lo mismo escribir a 40 °C que hacerlo a −20 °C.
- La educación recibida.
- El mimetismo: se tiende a copiar gestos gráficos de las personas a las que se admira.
- Los útiles: según a lo que se esté acostumbrado, no es igual escribir con pluma, rotulador, bolígrafo, lápiz, etc.
- La superficie: tampoco da lo mismo escribir sobre una superficie lisa que hacerlo sobre una rugosa, etc.
- Los estados anímicos: alegría, tristeza, enfado, miedo, vergüenza…
- El sexo.
- La edad.

QUÉ ESCRITOS SIRVEN PARA UN ANÁLISIS GRAFOLÓGICO

Tal como ya se ha explicado, en grafología se mide todo: el tamaño de la escritura, la velocidad a la que escribimos, la inclinación, el tamaño de las crestas y los pies, etc.

Precisamente por ello, al hacer un informe grafológico es necesario contar con el material necesario para poder efectuar toda esta serie de mediciones destinadas a obtener unas conclusiones.

Es cierto que un grafólogo experimentado, al ver una firma, puede valorar algunos datos relativos al plano más íntimo de su autor. Sin embargo, a la hora de enfrentarse a la redacción de un informe grafológico, hay que ser concluyente y la mejor manera de hacerlo es aplicar con rigor el método que se conozca.

Y ¿cuál es el material preciso?

- Una carta manuscrita, espontánea —no sirve un texto copiado ni hecho al dictado—, que contenga suficientes líneas para realizar las mediciones. Al menos veinte, aunque, evidentemente, cuantas más mejor.

- La carta debe estar fechada —los números también se interpretan— y firmada. Si la persona tiene varias firmas (la del banco, la que usamos para los amigos, etc.), deben examinarse todas.

- El papel ideal es tamaño folio o DIN A-4, a menos que la persona esté acostumbrada a escribir habitualmente en otro formato como puede ser la cuartilla. Siempre es mejor que la persona utilice el papel con el que generalmente escribe. En cualquier caso, es importante que el papel no esté pautado, que no tenga rayas, cuadros u otros adornos, y que no se use falsilla a la hora de ejecutar el escrito. Lo mejor es el papel blanco. De esta forma se puede comprobar, por ejemplo, la dirección de las líneas: si ascienden, caen o son rectas y en qué grado lo hacen.

Los útiles, como se ha explicado más arriba, influyen en la escritura. Por tanto, es importante que, para que la persona se sienta cómoda y sea lo más espontánea posible, escriba la carta que va a ser analizada con el útil que emplea habitualmente.

Este aspecto, que puede parecer una nimiedad, tiene su relevancia. Ésta es la manera en que afecta el útil a un escrito:

- Pluma: si no se está habituado, tiende a afilar y a afinar los rasgos.

- Lápiz: a medida que se desgasta la mina, provoca irregularidades en los trazos. La dureza del lápiz también influye en la presión del escrito.
- Rotulador: tiende a engrosar el trazo y, por tanto, obliga a agrandar el tamaño de la letra.
- Bolígrafo: siempre que no sea de punta fina, pues obliga a disminuir el tamaño y puede modificar la presión, el bolígrafo es el útil más recomendable y, por otra parte, más empleado en la actualidad. Con el bolígrafo la presión no sufre variaciones, a menos que se encuentre en mal estado, y los rasgos se manifiestan bien ejecutados.

El color de la tinta puede ofrecer algunos datos complementarios sobre el autor del escrito, pero sólo en caso de que se salga de lo corriente y de que el uso no sea ocasional, sino premeditado y escogido. Ésta es la interpretación de algunos colores:

- Verde: originalidad que puede convertirse en extravagancia.
- Rojo: posible agresividad latente —no hay que valorar los casos de personas que utilizan este color para realizar correcciones— e imaginación mal reglada.
- Violeta: desarrollo de la faceta espiritual.
- Azul: al ser su empleo muy común no se valora.
- Negro: ocurre lo mismo que con la tinta de color azul, aunque habla de elegancia. Sin embargo, en algunos casos, si existen otros rasgos que lo corroboren, puede indicar tendencias depresivas.

La escritura que se va a analizar no debe tener más de cinco años. Otra cosa es que se disponga además de escrituras anteriores. Éstas, junto con la actual, serán una ayuda para observar la evolución que ha experimentado la persona a lo largo del tiempo.

LO QUE NO SIRVE...

O no debe valorarse en sí mismo, aunque puede ser complementario:

- Apuntes
- Notas
- Dedicatorias
- Fotocopias
- Copias realizadas con calco

QUÉ SE PUEDE SABER MEDIANTE UN ANÁLISIS GRAFOLÓGICO

La grafología ayuda a conocer las facultades intelectuales de la persona analizada: la claridad de ideas, su capacidad de síntesis, su agilidad mental, si predomina en ella la lógica o la intuición, la creatividad, etc.

En el área del trabajo resultará muy útil descubrir facetas como el grado de concentración, de constancia, cómo trabaja la memoria, si prima en la persona la calidad o la cantidad a la hora de realizar su trabajo, la eficacia, la puntualidad, si es o no detallista, si goza de una buena visión de conjunto, si posee dotes de mando o si sirve para acatar órdenes, su grado de aspiraciones, la capacidad de decisión, si posee iniciativa y si es o no creativa.

Puede saberse también el grado de introversión-extraversión de la persona analizada, si es cerebral o sentimental, la fuerza «yoica», el estado anímico, el autoconcepto, si posee confianza en sí misma y su reacción ante las situaciones tensas.

La sexualidad también es un componente de la vida y, por tanto, también ésta queda reflejada en la escritura. Del mismo modo se puede ver si la persona es agresiva, cuál es el grado de agresividad que desarrolla y hacia dónde se proyecta (hacia los demás o hacia uno mismo).

Además se evaluará su grado de sociabilidad y su capacidad de adaptación ante situaciones nuevas, si es diplomática o la pierde su forma de expresarse, su grado de influenciabilidad y si, en general, puede uno fiarse de ella o si existe algún tipo de patología claramente definida.

Todo esto y mucho más puede verse reflejado en un informe grafológico, si es que se dispone del material adecuado para hacerlo.

LOS ZURDOS

No hay que olvidarse de ellos. No en vano, entre el 10 y el 13 % de la población mundial es, por naturaleza, zurda. Desde tiempos inmemoriales los zurdos han sido injustamente tratados. En la antigüedad, el uso de la mano izquierda era poco menos que un estigma. En buena parte, esto les ha obligado a adaptarse a un mundo pensado y hecho por diestros.

Para un zurdo, vivir en un mundo en el que la mayoría de los objetos están pensados para personas diestras le supone perder aproximadamente un 30 % de su capacidad motriz. Párese a pensar por un momento: abrelatas, la palanca de cambio de los coches, cortar un cheque del talonario sin que se rompa, utilizar un ratón o un teclado, cortar con unas tijeras en línea recta… Casi todo supone un plus de adaptabilidad para un zurdo. De ahí el desgaste anteriormente mencionado. Todo ello, por no hablar de las connotaciones negativas que se les atribuyen.

En la mayoría de las culturas lo izquierdo se valora negativamente. Se está sentado a la diestra del padre: ¿por qué no a la siniestra? Se teme a las cosas siniestras. Por el contrario, ser una persona derecha implica una connotación de rectitud, de haber tomado el camino correcto. En inglés, *to be right* significa tener razón. Un diestro es alguien a quien se le supone una habilidad. Expresiones como «levantarse con el pie izquierdo» resultan muy significativas.

CÓMO ES EL CEREBRO DE LOS ZURDOS

Sin embargo, analizando la cuestión, la única diferencia entre los zurdos y los diestros la determina el uso del cerebro: los zurdos utilizan el hemisferio derecho mientras que los diestros emplean el izquierdo.

Si se tiene en cuenta algunas características de los hemisferios cerebrales es más fácil comprender cómo es el mecanismo que asiste a los zurdos.

- Hemisferio izquierdo: empleado por los diestros. Es el encargado de organizar el lado derecho del cuerpo.

  Características: abstracto, textual, analítico, controlador, disciplinado, lógico numérico, ordenado, secuencial, organizado, jerárquico, capaz de recordar días, hechos y secuencias complejas, etc.

- Hemisferio derecho: empleado por los zurdos. Es el encargado de organizar el lado izquierdo del cuerpo.

  Características: espacial, imaginativo, musical, visionario, metafórico, emocional, creativo, sintético, apasionado, idealista, ilimitado, etc.

LA ESCRITURA DE LOS ZURDOS

Donde más se observa ese esfuerzo motor de los zurdos es, precisamente, en su escritura, porque ésta, no hay que olvidarlo, aunque se ejecute habitualmente con la mano, está reglada por el cerebro. Conviene observar también que los zurdos, por su naturaleza, escribirían de derecha a izquierda en vez de hacerlo de izquierda a derecha. Teniendo que ajustarse a esta pauta establecida en nuestra cultura, quien es zurdo debe esforzarse por no tapar lo que va redactando.

A todo esto, habría que sumar un problema añadido: el hecho de ser zurdo estaba tan mal visto que se obligaba a los niños a escribir con la mano derecha. Una situación que ha originado lo que se denomina «zurdos contrariados». Éstos pueden arrastrar algunas alteraciones psicológicas relativas a esta prohibición. Quienes han sido obligados a escribir con la mano derecha mediante castigos, pueden desarrollar problemas espaciales de adultos: no saber distinguir, sin pensarlo, la izquierda de la derecha. Algo que se nota mucho más cuando deben dar indicaciones a un conductor sobre la marcha. Este tipo de dificultades y otras se pueden arrastrar toda la vida. Pues bien, este tipo de conflictos también se detectan en la escritura.

Los zurdos no contrariados también experimentan algunas dificultades. Debe tenerse en cuenta que, como ya se ha apuntado, lo natural para los zurdos sería escribir de derecha a izquierda. Hacerlo de otra manera supone un aprendizaje que, específicamente, no existe para ellos.

El zurdo tiende a inclinar la hoja o a torcer la muñeca como buenamente puede, lo que ha originado que muchos zurdos acaben trazando lo que se denomina «escritura en espejo»; esto es, aquella que puede leerse sólo si se pone delante de ella este objeto.

Escritura en espejo

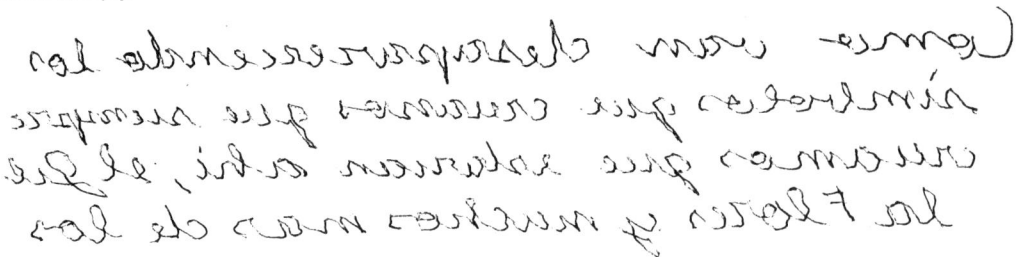

suela exterior ha de tener un dibujo muy marcado y tacos grandes para que agarre bien la bota al suelo cuando haya

CONSIDERACIONES GRAFOLÓGICAS SOBRE LA LETRA DE LOS ZURDOS

Por todos los datos que se han expuesto, parece que la orientación espacial de los zurdos está menos desarrollada que la de los diestros. Además, como acostumbran a tapar lo escrito, a veces se da la circunstancia de que las líneas pierden su rectitud y que la separación entre palabras puede volverse irregular.

Las uniones entre letras también pueden verse alteradas, así como la inclinación, que tendrá tendencia a mirar hacia la izquierda.

Todo esto debe tenerse en cuenta a la hora de realizar el informe grafológico de una persona zurda. Sin embargo, salvo estas excepciones, las leyes grafológicas se aplicarán igual que en el resto de los casos.

CURIOSIDADES «SINIESTRAS»

Los zurdos suelen experimentar más trastornos del sueño.

Estadísticamente hay más hombres zurdos que mujeres.

El clan Kerr (Escocia) tuvo durante siglos una gran mayoría de habitantes zurdos. Esto originó la particularidad de que construyesen hacia la izquierda las escaleras de acceso a sus castillos.

Los hijos cuyo padre es zurdo tienen un 10 % de posibilidades de serlo, mientras que las probabilidades en los hijos de madres zurdas se incrementan hasta el 20 %. Si ambos padres fuesen zurdos, el porcentaje se dispararía al 50 %.

Los niños emplean ambas manos indistintamente hasta los cuatro años.

Left Hand, una población de Virginia (Estados Unidos), fue erigida por 450 habitantes... ¡zurdos!

LOS AMBIDEXTROS

Además del caso de los zurdos, cabe destacar el de aquellas personas que son capaces de escribir con ambas manos. A éstas se las denomina «ambidextras». Esta habilidad puede presentarse en la infancia o ser adquirida en la madurez. No obstante, en ambas circunstancias, siempre habrá una mano con la que la persona ambidextra se sentirá más cómoda a la hora de escribir.

A la hora de analizar estos casos, se aplicarán las mismas leyes grafológicas que para el resto, aunque de cara al análisis se solicitarán muestras de escritura ejecutadas con la mano con la que el sujeto desarrolle mayor habilidad o destreza.

Escritura de persona ambidextra realizada con la mano derecha

Esta mañana he estado en El Corte Inglés, mirando las botas para El Camino de Santiago. las que he visto son durísimas y muy pesadas, quizás una

OTRAS FORMAS DE ESCRIBIR

Tal como se ha dicho, al redactar una carta entran en juego una serie de complejos mecanismos que son los que llevan a plasmar, a través de la mano, los pensamientos en un papel.

La escritura no tiene su origen en las manos, sino que parte del cerebro, más concretamente de la corteza cerebral. Pues bien, en este apartado se incluyen algunas muestras caligráficas de personas que, por diferentes motivos (accidentes, enfermedades, etc.), no pueden utilizar las manos para escribir.

Para conseguirlas, me puse en contacto con la Asociación de Artistas Pintores con la Boca y el Pie. En esta asociación están reunidos numerosos artistas de todo el mundo que pintan y que desarrollan la mayoría de sus actividades cotidianas con el pie o con la boca. Lógicamente, la escritura no es una excepción.

Al analizar las muestras caligráficas que amablemente me facilitaron —realizadas con los pies o con la boca—, se aprecia que, independientemente de la habilidad, que es mayor o menor en relación con la práctica, su escritura se desarrolla con normalidad, quedando sus particulares rasgos caligráficos marcados en los escritos.

Incluso, en algunos casos como en el del pintor español Manuel Parreño, se puede afirmar que, a menos que él manifestase que escribe con el pie, casi nadie advertiría este detalle al contemplar su escritura.

Parreño sufrió poliomielitis con tan sólo siete meses, lo que le impide mover los brazos y las manos. Sin embargo, de niño se despertó su vocación por la pintura y a los cuatro años realizó sus primeros dibujos. A los ocho ganó el primer premio de un concurso escolar y ha seguido pintando hasta hoy.

**Escritura
de Manuel Parreño**

Esta colección ha sido seleccionada con mucho cariño entre las numerosas obras de mis compañeros. Como usted sabe, todo nuestro trabajo ha sido realizado con la boca o con los pies.

Escritura con la boca

En nuestro afán incansable por seguir adelante y de mejorar cada día, hemos seleccionado algunos de los mejores y mas recientes trabajos de varios de nuestros Artistas para crear la colección de tarjetas de felicitación que le acompañamos, sin compromiso alguno por su parte.

Cuadro pintado con la boca. Cedido por la AAPBP

Segunda parte

Práctica

5.

La organización de los escritos

Imagínese por un momento un papel en blanco. Cuando uno se enfrenta a él, ya sea para escribir una carta a un amigo o para otros menesteres, en nuestro cerebro, como se ha explicado, se empiezan a desarrollar una serie de complejos procesos que serán los encargados de dejar la impronta en el papel a través de las palabras. Estas improntas, en realidad, simbolizan la esencia de cada uno.

Por eso, lo primero que hacen los grafólogos a la hora de analizar un escrito es fijarse en lo que se denomina «visión de conjunto» o «visión panorámica». Ésta es ni más ni menos la forma en la que se ha expresado simbólicamente el mundo vital. Para que quede totalmente claro: al escribir se ha transmitido todo el caudal de información que cada uno lleva dentro y que configura su carácter. Y se ha hecho a través de un lenguaje simbólico: la escritura.

Ésa es la causa de que la imagen íntima que se comunica en una carta sea tan importante. El papel en blanco sería el vehículo utilizado para transmitir aquello que se lleva dentro, sea bueno o malo.

La visión de conjunto ofrece una perspectiva inicial del estado general de la persona que ha realizado el escrito. Partiendo de ahí, después se analizarán los detalles para obtener una radiografía certera del orden interno del autor de la escritura.

Se puede obtener tras analizar una serie de elementos que conducen a descubrir cómo es el orden interno de la letra que se va a analizar.

LA LEGIBILIDAD

Este concepto se puede definir como la facilidad con que se lee lo que está plasmado en un manuscrito.

La legibilidad posee tres variantes que se analizan a continuación:

Escritos claramente legibles. Son aquellos que se pueden leer sin problemas, sin tener que hacerse con frecuencia la pregunta ¿qué pone aquí? También puede darse el caso de que alguna palabra del escrito no se entienda correctamente, pero que, al mirar el conjunto del texto, no se pierda la legibilidad.

Inicialmente hay que destacar que a mayor legibilidad de un texto, mejor será la claridad de pensamiento y manera de actuar de su autor.

Escritura legible

Aterrizamos en el aeropuerto de Ibiza con un día espléndido, de esos que te llenan de vitalidad y alegría.
Después de un pesado trayecto en autobus nos llevaron al hotel a la hora justa de comer ¡ que listos somos! Una vez que llenamos el cuajo teníamos el inmenso mono de playa, así que subimos a la habitación para ponernos ropa de baño ; mención hay que hacer

Escritos semilegibles. Son los escritos en los que se pierde algo la legibilidad. En estos casos, el tanto por ciento de veces en las que no se entiende lo que está escrito crece considerablemente, aunque, con dificultades y siguiendo el contexto, pueden entenderse algunas palabras.

En estos casos los procesos mentales no se encuentran bien reglados, aunque es posible que se haya desencadenado una lucha por mantener el control.

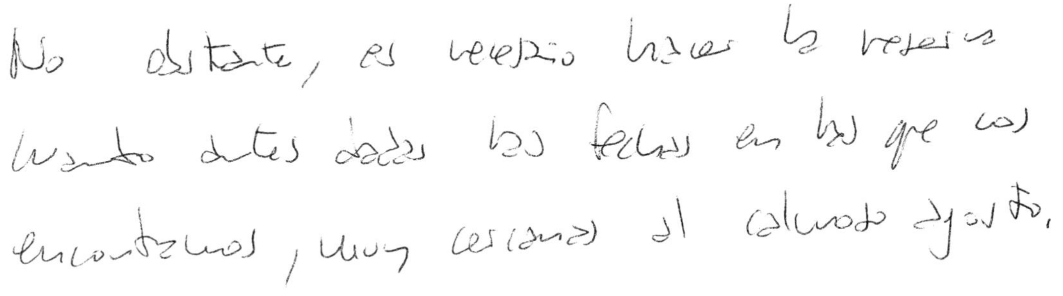

Escritos ilegibles. En este tipo de letras debe invertirse el proceso y, durante una primera lectura, preguntarse si existe un mayor porcentaje de letras que no se leen correctamente y, si es así, se calificaría entonces el manuscrito dentro de la categoría de los ilegibles. Aunque posteriormente se pueda averiguar el sentido de lo escrito, la escritura ha de clasificarse por sus características en este tercer grupo.

La angustia puede ser un detonante de la ilegibilidad. Como se ha explicado en el punto anterior, la persona que lucha por mantener el control de su vida y no lo consigue se angustia al saber que las cosas se le escapan de las manos.

La falta de legibilidad de los escritos puede estar enraizada en una faceta del carácter: la timidez. A estas personas les cuesta abrirse y expresar con claridad lo que sienten.

Por otra parte, la ilegibilidad también puede significar que es una persona que no quiere comprometerse con nada ni con nadie. Este aspecto, unido a otros, podría indicar que es alguien de quien desconfiar. Sin embargo, se analizará este aspecto cuando se estudie la firma.

Escritura ilegible

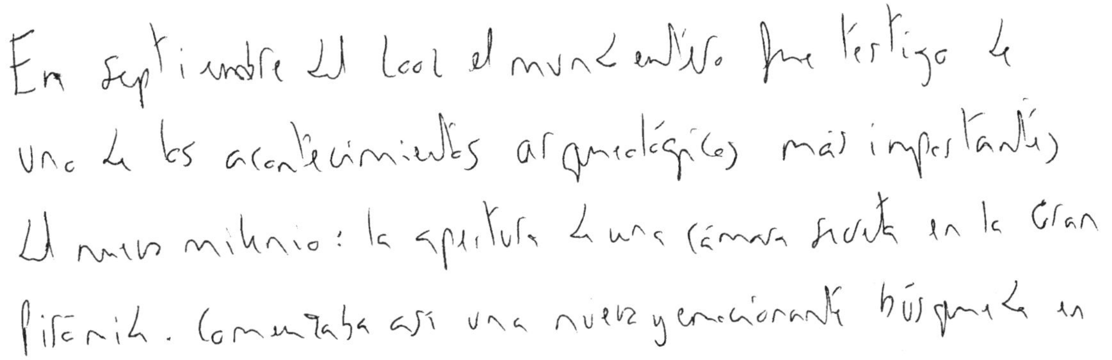

ASPECTOS QUE DEBEN VALORARSE

A la hora de cuantificar la legibilidad hay que tener en cuenta las circunstancias del escrito y bajo qué condiciones se ha realizado. No es igual escribir bajo presión que hacerlo relajadamente, por ejemplo. Por eso mismo, no se suelen valorar los apuntes y las notas, pues suelen estar tomados a la carrera.

También han de tenerse en cuenta las condiciones ambientales en las que se ha realizado la muestra caligráfica.

En definitiva, lo que hay que dilucidar es si el tipo de escritura que se está analizando es habitual en la persona o si se debe a circunstancias ajenas a ella.

LA EJECUCIÓN

Al analizar la ejecución será fácil determinar el grado de perfección con que ha sido trazada cada letra. Para cuantificar esto, lo más adecuado es aislar las letras tapando las más próximas para saber si cada una, por sí sola, es legible. Aunque esto parezca una banalidad, no lo es en absoluto. Ocurre que, a veces, un escrito en su conjunto se entiende bien, pero, cuando se hace la prueba de las letras, éste pierde la claridad que se le había atribuido inicialmente.

Si haciendo esta sencilla prueba se descubre que las letras, de forma aislada, se leen todas —o casi todas— con facilidad, se tratará de una escritura bien ejecutada.

Si el porcentaje de letras legibles es algo menor a lo ya expuesto, puede considerarse una ejecución normal, mientras que, cuando la media de letras ilegibles sea mayor que las legibles, se tratará de un manuscrito ejecutado con deficiencia.

En general, hay que entender que las letras bien trazadas son propias de personas cuyo carácter es más templado, es decir, que actúan con mayor tesón y constancia a la hora de llevar a la práctica sus planteamientos.

En cambio, cuanto peor sea la ejecución del escrito, peor será la manera de llevar a término las cosas y su carácter no será tan constante y ponderado como en el caso anterior.

LA DISTRIBUCIÓN DEL TEXTO

Para entender mejor cuál es el orden interno de la persona que se está analizando, es importante valorar cómo se distribuyen los grafismos en su escrito. Para ello, aunque ya se ha comentado algo sobre estos aspectos en la descripción de la escuela simbólica, a continuación se vuelven a explicar con más detalle los conceptos relativos a la morfología de la escritura:

CRESTAS

También llamadas hampas. Son las partes altas o superiores de algunas letras. ¿Cómo reconocerlas? Hay que fijarse en las letras que tienen prolongaciones hacia arriba. Éstas son *b*, *d*, *f*, *h*, *l* y *t*. Como se ve, todas estas letras las tienen.

PIES

También llamados jambas. Son las partes bajas o inferiores de algunas letras. ¿Cómo reconocerlos? Hay que fijarse en las letras que tienen prolongaciones hacia abajo. Éstas son: *f*, *g*, *j*, *p*, *q* e *y*. A veces, la *z* minúscula también se hace con pie.

CUERPO CENTRAL

También denominado cuerpo medio. Como es fácil de imaginar, se trata de la zona central de la escritura. En él se encuentran los óvalos de algunas letras (*a*, *o*, etc.), las partes centrales de las letras que tienen pies (*p*, *g*, *b*, etc.) y las letras que no tienen ni pies ni crestas y que no son óvalos (*m*, *n*, *c*, etc.)

Escritura
con pies y crestas

PUNTOS, ACENTOS Y OTROS SIGNOS ORTOGRÁFICOS

También hay que tener en cuenta los puntos en algunas letras (*i* y *j*), así como los acentos, la forma de hacer la barra de la *t*, los puntos, las comas, el punto y coma, el paréntesis, los signos de interrogación y de admiración, las comillas, la diéresis, etc. Se debe observar cómo traza la persona todos estos signos y fijarse también si no los hace.

Si la escritura carece de signos de puntuación, tiene muy pocos o los coloca en lugares inadecuados, se trata de una persona algo descuidada u olvidadiza. Evidentemente, también puede ser indicio de que el autor no conoce las reglas ortográficas. Eso se puede saber observando el conjunto de su escritura, si existe un grado bajo en la ejecución de los grafismos. Cuando la persona no coloca estos signos con conocimiento de causa puede ser que se trate de un espíritu rebelde.

En general, si este tipo de signos abundan, se puede deducir que la persona tiende a exagerar las cosas y suele dejarse arrastrar por su parcela emocional. Además, en letras pausadas, el exceso de signos de puntuación indica deseos de perfeccionismo.

Una vez se sabe distinguir entre pies, crestas, cuerpo central y signos de puntuación y acentuación, hay también otros detalles relevantes a la hora de analizar la distribución de la escritura. Estos elementos son los siguientes:

ESCRITURA CONDENSADA ENTRE LÍNEAS

Una escritura posee esta categoría cuando las líneas están separadas de tal manera que los pies llegan a rozar con las crestas del siguiente renglón. También puede suceder que, no llegando a rozar, por no haber pies que coincidan con la presencia de crestas, si se prolongasen imaginariamente los pies al siguiente renglón, haciéndolos coincidir con una cresta, se observaría dicha interferencia o choque entre crestas y pies. Se puede comprender mejor esto con un ejemplo.

Interpretación grafológica

- Deseos de ahorrar en las inversiones, ya sea en el tiempo, esfuerzo o dinero.
- Tendencia a la confusión a la hora de razonar.

ESCRITURA CORRECTAMENTE SEPARADA ENTRE LÍNEAS

La normalidad se produce cuando no existe ninguna interferencia o roce entre los pies de un renglón y las crestas del siguiente. Para calcular esto con exactitud, los grafólogos aplican una sencilla regla: se considera que pies y crestas están proporcionados cuando entre un renglón y el siguiente hay una distancia equivalente a 5 o 6 veces la altura del cuerpo central de la escritura.

Interpretación grafológica

- Sentido del orden y de las distancias que se deben adoptar con respecto a los demás, ya sean psicológicas o físicas.
- Claridad de ideas.
- La energía se aprovecha oportunamente.

Escritura correctamente
separada entre líneas

ESCRITURA ESPACIADA ENTRE LÍNEAS

En estos casos, la separación entre líneas supera la norma ya expuesta (5 o 6 veces la altura del cuerpo central de la escritura que queremos analizar). Al ver este tipo de escritura se tiene la impresión de que, entre renglones, corre ampliamente el aire.

Interpretación grafológica

- Tendencia al aislamiento a la hora de relacionarse con otras personas.

- Posibles escrúpulos en el terreno físico.
- La energía interna se dispersa, por lo que el rendimiento seguramente no es el más adecuado.

He descubierto un lugar fantástico donde la palabra «vacaciones» tiene un sentido diferente al de los anuncios de Ramón García. Es un lugar en el que uno tiene

LA DISTANCIA ENTRE PALABRAS

Además de todo lo ya expuesto relativo a la organización de los escritos, hay un aspecto que también debe valorarse a la hora de tener una idea sobre la escritura que se va analizar. Se trata de la distancia entre palabras. A continuación se valorará este aspecto.

DISTANCIA ENTRE CADA DOS PALABRAS

Es interesante comprobar cómo es la distancia entre las palabras del texto. Hay que entender que las palabras simbolizan ideas. Por tanto, la distribución del texto dirá cómo se exponen esas ideas, si se hace ordenadamente o, por el contrario, las ideas se dispersan en la vida real, igual que en el papel. Para calcular esto, se usa la siguiente regla:

La distancia que se considera normal entre dos palabras consecutivas equivale a la anchura de dos óvalos del manuscrito que se está analizando. Para obtener esta medida con precisión, habría que conseguir la media aritmética de la anchura de los óvalos y multiplicar ésta por dos.

No obstante, un grafólogo experimentado termina apreciando éste y otros aspectos sin necesidad de realizar dichas operaciones.

Interpretación grafológica

Correcta separación entre palabras:

- Orden en el terreno de las ideas.
- Equilibrio a la hora de relacionarse con los demás.

Palabras más separadas de lo normal:

- Intento por ver con claridad los planteamientos; sin embargo, no lo consigue.
- Ansiedad ante la toma de decisiones de cierto calado; es lo que se llama «angustia de decisión».

Escritura condensada entre palabras:

- La visión global se ve reducida, lo que puede originar que se reduzca el sentido crítico; subjetividad.
- Falta de autocontrol.

Al ahondar en la correcta separación entre palabras, debe resaltarse que, cuando ésta no se produce y existe demasiado blanco o vacío escritural, se pueden originar unos rasgos especiales que poseen un nombre grafológico. Son los «cuchillos», las «chimeneas» y las «cascadas».

CUCHILLOS

Se trata de columnas en blanco que aparecen dispersas por el escrito. Esto se produce cuando la distancia entre palabras no es la adecuada y excede la norma. Hay que valorar si obedecen a la casualidad y, en este caso, no se interpretan. Pero si se convierten en algo medible se valorará grafológicamente, y para que sean medibles, la longitud de estas columnas debe ocupar 3 o 4 líneas. Se ve igualmente que no son casuales porque tienden a repetirse en diferentes direcciones a lo largo de todo el texto.

Interpretación grafológica

Este rasgo supone un indicio de angustia, en especial a la hora de tomar decisiones importantes. El sujeto intenta separar las ideas (palabras) para ver claro. Sin embargo, al no conseguirlo se angustia.

CHIMENEAS O PASILLOS

Son también columnas en blanco, con la salvedad de que las chimeneas son aún de mayor tamaño que los cuchillos. Es decir, ocupan un mayor número de líneas con respecto a los cuchillos.

Interpretación grafológica

En este caso ocurre que lo explicado en el apartado de los «cuchillos» se intensifica aún más. Habrá que añadir también los conceptos de sufrimiento y mortificación íntima a la hora de realizar la interpretación.

CASCADAS O BOLSAS

Son parecidas a las chimeneas, pero poseen forma de bolsas que se aprecian muy bien a lo largo de la escritura.

Interpretación grafológica

La angustia vital se ha adueñado del autor del texto. Podemos hablar también de un estado neurótico obsesivo. Este tipo de angustia obedece a mecanismos inconscientes.

LA DISTANCIA ENTRE LETRAS DENTRO DE UNA PALABRA

Cada vez son más los parámetros que deben comprobarse. Ahora se analizará la distancia existente entre letras dentro de una misma palabra. Aunque las letras son unidades más pequeñas que las palabras, también poseen su simbolismo: representan los pasos que hay que dar para lograr los objetivos en la vida.

CÓMO SE MIDE

Antes de medir la distancia entre las letras, hay que saber cuál es la norma. En este caso, se considera normal que la distancia entre letras sea igual que la anchura de un óvalo de la escritura que se quiere analizar, pero los rasgos de unión de unas letras con otras no se cuentan, pues se perdería el valor de la medición. Lo que se mide es el espacio que existe entre los llamados «centros geométricos» de cada letra. Sin embargo, existen algunas excepciones que hay que conocer para no equivocarse

Al medir la distancia entre letras como la *m* minúscula o la *w* minúscula con respecto a la letra siguiente u anterior, deben sumarse cada una de las dos partes de estas letras por separado. Hay que tener en cuenta que la *m* y la *w* son letras, por así decirlo, dobles.

RASGOS REFORZANTES

Si al analizar la distancia entre líneas, palabras y letras se advierte que existe variabilidad a lo largo del texto, habrá que concluir que hay un predominio de la versatilidad y la emotividad. Si la variabilidad sólo se produce en alguno de estos aspectos, sólo se aplicará este parámetro a esa variación.

**Medición escritura
letra a letra**

Al efectuar la medición, pueden encontrarse las siguientes variantes:

ESCRITURA DE LETRA ADOSADA O SUPERPUESTA

La impresión que se tiene al ver este tipo de escritura es que las letras están «pegadas» unas a otras. La distancia entre letras es mucho menor que la norma.

En el caso de que las letras estén superpuestas unas a otras, se mantendrá la interpretación que se acaba de reseñar aunque habrá que añadir que éste, junto con otros rasgos que se señalarán, puede suponer la presencia de tendencias masoquistas, interpretadas desde un aspecto psicológico; esto es, la agresividad se dirige hacia uno mismo, se tienen sentimientos de culpa de carácter injustificado y la persona se exige demasiado a sí misma, por lo que casi nunca acaba de estar satisfecha.

Interpretación grafológica

- Obsesiones y temores injustificados.
- Ansiedad.
- Poca capacidad para enfocar las situaciones de manera objetiva.
- Si hay otros rasgos que lo confirmen, la persona puede ser presa fácil de las depresiones.

ESCRITURA CONDENSADA ENTRE LETRAS

Este tipo de escritura da la impresión de que las letras están apretadas. La distancia entre letras es menor que la norma, sin llegar a adosarse.

Interpretación grafológica

- Exceso de subjetividad.
- Problemas a la hora de relacionarse convenientemente con los demás.
- Deseos de rentabilizar todo aquello en lo que se invierte (tiempo, esfuerzo, dinero...).

ESCRITURA CORRECTAMENTE ESPACIADA ENTRE LETRAS

Aquí la separación entre letras está dentro de la norma ya expuesta.

Interpretación grafológica

- Objetividad reglada.
- El autoconcepto está equilibrado.

ESCRITURA ESPACIADA ENTRE LETRAS

La separación entre letras es mayor que la norma.

Interpretación grafológica

- Se tiende a ceder ante las diferentes presiones del ambiente, dejando así de hacer las cosas que realmente se desean. La persona se vuelve autocrítica en exceso.
- Sobrevaloración de lo ajeno, que siempre parece mejor que lo propio.
- La energía se derrocha inadecuadamente.

CONSIDERACIONES GENERALES

Hasta aquí se ha explicado lo relativo a la distancia entre letras, palabras y líneas. No obstante, para facilitar un poco las cosas, lo que se suele hacer una vez que se dispone de la experiencia precisa es realizar una medición conjunta de todos estos parámetros para concluir si se trata de una escritura condensada, correctamente separada o espaciada. Esto se puede valorar observando qué es lo que predomina a lo largo del escrito.

A continuación se ofrecen algunas interpretaciones generales para estos parámetros:

ESCRITURA CON TENDENCIA A LA CONDENSACIÓN ENTRE LÍNEAS, PALABRAS Y LETRAS

La interpretación grafológica en estos casos indica que la persona se siente «atacada» y que opta por defenderse condensando su escritura.

No se puede olvidar que el papel simboliza también el medio en el que uno se desenvuelve; la escritura representa cómo lo hacemos.

Además expresa su deseo de aprovechar al máximo toda la energía de la que dispone.

ESCRITURA CORRECTAMENTE SEPARADA ENTRE LÍNEAS, PALABRAS Y LETRAS

En este caso, la persona analizada maneja bien las distancias que debe adoptar en cada situación con respecto a los demás. Por otro lado, canaliza o enfoca la energía de forma adecuada en todos los campos.

ESCRITURA ESPACIADA ENTRE LÍNEAS, PALABRAS Y LETRAS

Visualmente, estas escrituras presentarán numerosos blancos debido a las separaciones de los elementos analizados. La interpretación de este tipo de escritura es la de una persona que no canaliza la energía de forma adecuada. La fuerza «yoica» se ve afectada y no es capaz de poner los límites adecuados con respecto a las relaciones con los demás. Normalmente, terminará dejándoles hacer lo que ellos quieren sin hacer valer su postura.

Tras el estudio de la legibilidad, la ejecución y la distribución de la escritura en el texto, que se ha analizado profundamente a lo largo de todo este capítulo, se terminará por concluir, según hayan sido los resultados obtenidos, de una manera global en dos tipos de escritura:

ESCRITURA ORDENADA

Se reconoce porque es legible, está bien ejecutada y, a lo largo del texto, se observa una correcta separación entre líneas, palabras y letras.

Interpretación grafológica

- Mente reflexiva que emplea el razonamiento lógico.
- Claridad en los procesos de ideación.

- Buena canalización de la energía y óptimo rendimiento.
- Mente organizada.
- Estado de ánimo estable.
- Predominio de la razón frente al sentimiento.
- Autocontrol y fiabilidad.

ESCRITURA DESORDENADA

Se reconoce porque el texto no es legible o es semilegible, no está bien ejecutado y la distribución entre líneas, palabras y letras, en su conjunto, no es la adecuada. Puede serlo, por ejemplo, entre líneas, pero no entre palabras y letras.

Interpretación grafológica

- Problemas para organizarse.
- Tendencia a la irreflexión.
- Tendencia a la confusión en el mundo de la ideación.
- Predominio del sentimiento frente a la razón.
- Intuición.

6.

Los márgenes

En realidad, los márgenes continúan siendo parte de la organización de los escritos. Pero, para no confundir al lector con tantos conceptos nuevos, es preferible analizar este parámetro en un capítulo aparte. Sin embargo, ello no quiere decir que este aspecto no sea digno de destacarse; por el contrario, el análisis de los márgenes es muy relevante a la hora de realizar un estudio grafológico.

Se entiende por márgenes las zonas en blanco que existen entre los bordes del papel y el texto. Éstos, básicamente, son cuatro. Para medir este nuevo parámetro es necesario disponer del mayor número de páginas escritas de puño y letra de la persona a la que se va a analizar y también del mayor número de líneas escritas. Es interesante para evitar que se pierda la perspectiva de lo que se va a examinar.

Como ya se explicó con anterioridad, el folio en blanco simboliza el ambiente en el que se «mueve» el escritor. Por tanto, la forma de desarrollar los márgenes nos ofrecerá una idea general del comportamiento del sujeto desenvolviéndose en dicho terreno.

Hay cuatro tipos de márgenes: el superior o inicial, el izquierdo, el inferior y el derecho.

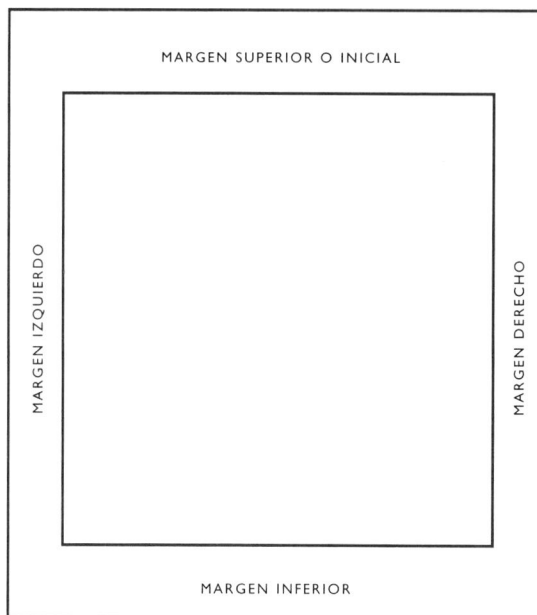

MARGEN SUPERIOR O INICIAL

MARGEN IZQUIERDO

MARGEN DERECHO

MARGEN INFERIOR

MARGEN SUPERIOR O INICIAL

QUÉ SIMBOLIZA

Este margen representa la distancia (social, afectiva, sentimental…) que siente la persona que escribe la carta con respecto a su destinatario. Dependiendo de cómo sea el margen superior o inicial, se podrá deducir qué imagen tiene la persona sobre la relación: proximidad, lejanía, etc.

En cualquier caso, la normalidad debería estar en saber cómo guardar las distancias oportunas en cada momento, sin llegar a invadir el terreno de los demás, pero sin tomarnos tampoco excesivas confianzas cuando no nos han sido ofrecidas.

Si se comprende adecuadamente el simbolismo que encierra este margen, se podrá interpretar en cada caso. Para ello, resulta muy útil saber a quién va dirigida la carta que se va a analizar.

CÓMO SE MIDE

Se mide la distancia existente entre la parte inferior de la primera línea del primer renglón y el borde superior del folio; después, se divide este resultado entre la medida total de la página en posición vertical.

En la segunda página del escrito y siguientes este margen superior suele ser mucho más espontáneo que el de la primera página. La normalidad se encuentra entre un 10 y un 15 % de la longitud del papel.

TIPOS DE MÁRGENES SUPERIORES

Dentro de esta categoría se pueden encontrar varias maneras de dejar el margen superior o inicial. Por lo general, se observan dos tipos de interpretaciones: una negativa y otra positiva. Es tarea del grafólogo decidir cuál se debe aplicar analizando el resto de los datos de los que se dispone. Éstas son las variantes que pueden presentarse:

Margen superior ausente. La característica más destacada para reconocer este tipo de margen es que, simplemente, no existe. El autor de la carta empieza a escribir a ras del papel, sin dejar una mínima distancia entre la primera línea del escrito y el borde superior del papel. Si sólo lo hace cuando escribe cartas a amigos íntimos o familiares, este aspecto se valora en el sentido de familiaridad con el destinatario. Si no fuese éste el caso, significaría que el sujeto no guarda las distancias oportunas, tomándose demasiadas confianzas.

Interpretación grafológica

Positiva:

- Naturalidad y campechanía.
- Facilidad para entablar contactos.
- Tendencia ahorrativa.
- Extraversión.

Negativa:

- Falta de estética y, a veces, también de cultura.
- Vulgaridad.
- Descortesía.
- Chabacanería.

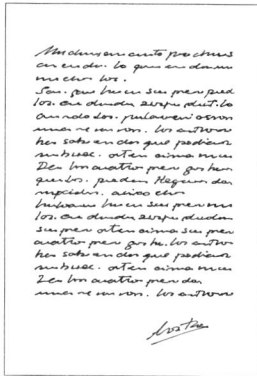

- Tacañería.
- Persona pegajosa e insufrible.
- Falta de deferencia hacia los demás.
- Descaro.

Margen superior pequeño. Al medirlo, el resultado será inferior al 10 % de la longitud vertical del papel.

Interpretación grafológica

Positiva:

- Necesidad de contacto humano.
- Entabla comunicación con los demás con mucha facilidad.

Negativa:

- Malos modos.
- Descortesía.

Margen superior normal. La norma se encuentra entre un 10 y un 15 % del total de la longitud vertical del papel.

Interpretación grafológica

Positiva:

- Corrección en las maneras.
- Cortesía.
- Persona que sabe dominar sus impulsos.

Margen superior grande. La medición puede oscilar entre un 15 y un 25 % del total del largo del papel.

Interpretación grafológica

Positiva:

- Cortesía hacia la persona a la que se envía la carta.
- Sabe guardar las distancias.
- Elegancia y buena educación.

Negativa:

- Introversión.
- Posible aislamiento con relación a quienes le rodean.
- Pone cortapisas a los demás cuando desean verle.

Rasgos reforzantes

- Si la escritura es grande, se trata de una persona generosa.
- Si la escritura es pequeña, se trata de una persona a la que le cuesta adaptarse.

Margen superior exagerado. La medición es superior al 25 % del total del largo del papel.

Interpretación grafológica

Negativa:

- Alejamiento extremo. Pone todo tipo de cortapisas para no relacionarse con los que le rodean.
- Pone excesivos trámites para un simple encuentro.
- Introversión.
- Poca sociabilidad.

Rasgos reforzantes

- Si la escritura es grande, derroche y pensamiento disperso.
- Si la escritura es pequeña, timidez. Le es difícil dar un primer paso a la hora de reconciliarse.

MARGEN IZQUIERDO

QUÉ SIMBOLIZA

El orden, el grado de ahorro-gasto y el sentido de la estética. En la zona de la izquierda, que es la que domina este margen, se halla todo el simbolismo referente al pasado: el origen, la familia, la madre. En general, este margen suele estar más ordenado que el derecho. Debe recordarse que, cuando se empieza a escribir, se es mucho más consciente que al final. A través de este margen se observa también el grado de introversión-extraversión que posee el sujeto.

CÓMO SE MIDE

Hay que medir la distancia entre el rasgo de la escritura situado más a la izquierda de la primera letra de cada línea y el borde izquierdo del papel. Después, se mide el ancho del papel y se divide la distancia obtenida por aquélla. El porcentaje resultante será la medida final.

TIPOS DE MÁRGENES IZQUIERDOS

Dentro de esta categoría se pueden observar varias maneras de hacer el margen izquierdo. Por lo general, hay dos tipos de interpretaciones: una de carácter negativo y otra positivo. Tras analizar el resto de la letra, se decidirá cuál se debe aplicar.

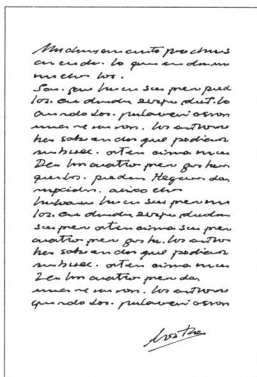

Margen izquierdo regular. La línea del margen suele quedar a una distancia muy similar del borde izquierdo. Hay que valorar si está hecho gracias a una falsilla. Para saber esto se estudiará el punto y aparte, que analizaremos un poco más adelante.

Interpretación grafológica

Positiva:

- Sentido de la estética y refinamiento.
- Naturalidad.
- Persona que, de manera consciente, trata de llevar las riendas de su vida con mesura.
- Autocontrol.

Negativa:

- No sale de lo convencional.
- Rutina.
- Actúa de manera mecánica.

Margen izquierdo regular rígido. Para comprobar si la escritura está dispuesta con rigidez, lo mejor es colocar al lado del margen una regla para ver si la trayectoria vertical de las líneas se ajusta a la de la regla.

Interpretación grafológica

Positiva:

- Es cortés con los que le rodean, aunque es un gesto forzado.

Negativa:

- Orden demasiado riguroso.
- Meticulosidad engorrosa.
- Comportamiento rígido.
- Excesivos escrúpulos.
- Escasa originalidad.

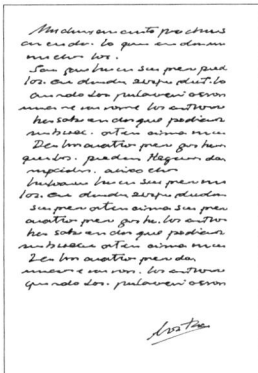

Margen izquierdo desigual. Este tipo de margen no posee una regularidad. El orden brilla por su ausencia, aunque no debe confundirse con el margen en zigzag. Sobre éste se hablará un poco más adelante.

Interpretación grafológica

Positiva:

- Persona impresionable.
- A veces se observa en bohemios.

Negativa:

- Falta de método.
- Nerviosismo.
- Agitación.
- Falta de gusto estético.
- Carácter variable.
- Inestabilidad.
- Imprecisión.
- Adolece de falta de disciplina.

Margen izquierdo ausente. Este tipo de margen se reconoce bien porque no existe blanco en la zona de la izquierda. Quien lo hace empieza a escribir en el mismo borde izquierdo del papel.

Interpretación grafológica

Positiva:

- Sentido del ahorro y de la economía.
- Sentido del tiempo y de cómo debe emplearse.
- Persona comedida y prudente.
- Puede ser un indicio de timidez.

Negativa:

- Falta de gusto estético.
- Si no es habitual, puede ser un indicio de que la persona atraviesa un bache económico que le obliga a ahorrar más de lo que le gustaría.
- Apatía.
- Persona tacaña.
- Mezquindad.
- Egoísmo.
- Dificultades para integrarse socialmente.

Margen izquierdo pequeño. Al medir el margen, el resultado será inferior al 10 % de lo que mide el ancho de la hoja de papel.

Interpretación grafológica

De forma general:

- Influencias del pasado o de la figura materna.
- Carácter de vocación tradicional.
- Introversión.

Negativa:

- Problemas para relacionarse con los demás.
- Acaparación.
- Timidez.
- Falta de estética.

Margen izquierdo normal. Al medir el margen, el resultado representará entre un 10 y un 15 % de lo que mide el ancho de la hoja de papel.

Interpretación grafológica

Positiva:

- Equilibrio entre lo que se gasta y lo que se ahorra.
- Extraversión.
- Sentido de la estética.
- Sabe controlarse en su justa medida.

Margen izquierdo grande. Al medir el margen, el resultado representará entre un 15 y un 20 % de lo que mide el ancho de la hoja de papel.

Interpretación grafológica

Positiva:

- Generosidad.
- Extraversión.
- Sentido de la estética.
- Sociabilidad.
- Iniciativa.

Negativa:

- Gasta más de lo que debería. Le cuesta controlarse en este sentido.
- Ostentación.
- Presunción.

Rasgos reforzantes

- Si la escritura fuera pequeña y concentrada, la presencia de este tipo de margen nos indicaría que la persona aparenta generosidad, pero que ésta no es real. Quizá sólo sea generoso consigo mismo.

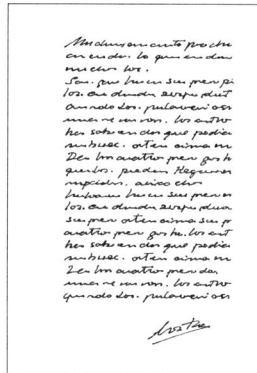

Margen izquierdo exagerado. Al medir el margen, el resultado sobrepasará el 20 % de lo que mide el ancho de la hoja de papel.

Interpretación grafológica

Positiva:

▪ Persona con iniciativa.

▪ Audacia.

▪ Grado alto de actividad.

Negativa:

▪ Persona que despilfarra lo que tiene.

▪ Precipitación.

▪ No canaliza bien su tiempo, su esfuerzo ni su dinero.

▪ Falta de previsión.

▪ Extraversión de carácter exhibicionista. Le gusta que los demás noten su presencia.

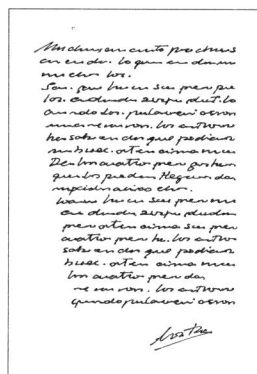

Margen izquierdo ensanchándose. El margen izquierdo se inicia con normalidad. También puede ser grande o pequeño. Sin embargo, a medida que se escribe se termina ensanchando y acaba siendo mayor de lo que era. Como rasgo reforzante, la firma y rúbrica se sitúan en el lado derecho de la carta.

Interpretación grafológica

Positiva:

▪ Extraversión.

▪ Impaciencia.

▪ Impulsividad.

▪ Entusiasmo.

▪ Iniciativa.

Negativa:

▪ Impaciencia.

▪ Irreflexión.

- Quiere resolver todo sin esperar.
- Nerviosismo.
- Actividad incontrolada que genera precipitación.
- Persona voluble.
- Desequilibrio entre lo que gasta y lo que ahorra.
- Persona influenciable.

Rasgos reforzantes

Si se observa este margen con líneas ascendentes, el carácter activo y optimista se verá reforzado a la hora de hacer el análisis.

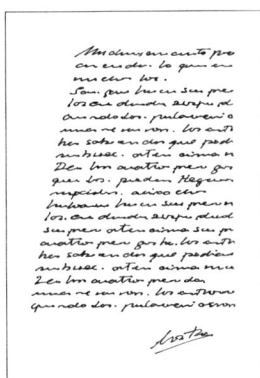

Margen izquierdo estrechándose. El margen izquierdo se inicia con normalidad. También puede ser exagerado, grande o pequeño. Sin embargo, a medida que se escribe se termina reduciendo el tamaño y acaba pequeño o incluso ausente.

Interpretación grafológica

Positiva:

- El sujeto intenta controlar el gasto economizando.
- Prudencia.
- Persona flexible.

Negativa:

- Aparenta ser generoso y desprendido, pero se trata sólo de una pose.
- Mala organización.
- Inactividad.
- Egoísmo.
- Posible depresión.

Rasgos reforzantes

Este tipo de margen puede ser reforzante de depresión, cansancio, avaricia y dejadez.

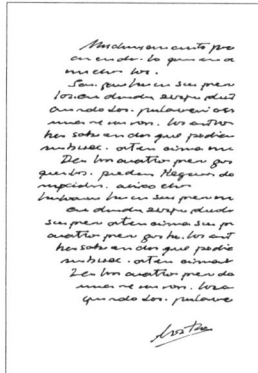

Margen izquierdo cóncavo. El margen izquierdo puede ser normal o grande. Sin embargo, a medida que se escribe tiende primero a estrecharse y luego a ensancharse, de tal manera que la parte final del margen vuelve a la posición del principio de la carta.

Interpretación grafológica

De forma general:

- Se pretende frenar los gastos o el tren de vida, pero el análisis de la situación hace que el sujeto cambie de actitud.
- Ocurre algo parecido con el grado de introversión-extraversión. Éste va cambiando, fluctúa entre una situación u otra.

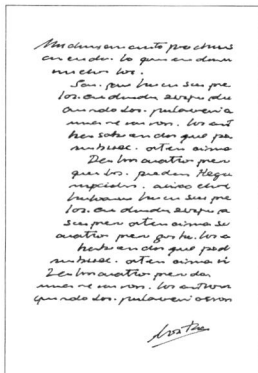

Margen izquierdo convexo. El margen comienza siendo pequeño o normal. No obstante, se va ensanchando, pero terminará regresando a su posición inicial. Visualmente, observaremos que el blanco del margen presenta una forma convexa.

Interpretación grafológica

De forma general:

- La persona trata de frenar sus gastos en el terreno de la economía.
- Intenta no ser excesivamente extravertido.
- En definitiva, el sujeto rectifica conscientemente situaciones que pueden perjudicarle, tratando de alcanzar un equilibrio.

Margen izquierdo en zigzag. Este margen avanza y retrocede en zigzag. Visualmente se forma una línea ondulada en el escrito.

Interpretación grafológica

Positiva:

- Aunque con luchas internas, se trata de evitar el gasto.
- Se intenta equilibrar el grado de introversión-extraversión.

Negativa:

- Vacilación.
- Disputas internas por no querer evitar el gasto.
- Tribulaciones al intentar equilibrar el nivel de introversión-extraversión.

MARGEN INFERIOR

QUÉ SIMBOLIZA

Aunque en este tipo de margen se seguirá observando cómo es el gusto estético del autor de la carta, además servirá para analizar cómo es el dominio que tiene sobre sí mismo, así como el grado de disciplina.

Es interesante explicar que, cuando se trata del margen inferior, el análisis se hace en referencia a las hojas que se escriben entre la primera y la última de una carta. No se analiza, por tanto, la hoja final en la que se traza habitualmente la firma.

CÓMO SE MIDE

Para calcularlo, se medirá el blanco existente entre la última línea de la hoja y el borde inferior del papel en sentido vertical. Después se dividirá la longitud vertical de la hoja entre el valor hallado.

TIPOS DE MÁRGENES INFERIORES

Dentro de esta categoría existen las siguientes variantes. Cuál aplicar dependerá del conjunto del escrito.

Margen inferior ausente. Se reconoce con facilidad porque no existe blanco alguno entre el borde inferior del papel y la última línea de la página.

Interpretación grafológica

Positiva:

- Deseos de aprovechar el tiempo al máximo.

Negativa:

- Precipitación.
- Persona que se siente molesta por tener que interrumpir las tareas.
- Falta de aceptación de los fracasos.
- Pereza.

Margen inferior pequeño. El blanco existente entre el borde inferior del papel y la última línea escrita tan sólo ocupa un renglón.

Interpretación grafológica

Positiva:

- Persona disciplinada.
- Autocontrol.
- Aprovecha bien el tiempo.
- Aceptación de los fracasos.
- Gusto estético.

Margen inferior grande. El blanco existente entre el borde inferior del papel y la última línea escrita ocupa dos o más renglones.

Interpretación grafológica

Positiva:

- Sentido de la estética que puede suponer perder algo de tiempo, dinero o esfuerzo.
- Generosidad.
- Elegancia.
- Altruismo.

Negativa:

- Predominio de la forma sobre el fondo de las cuestiones.
- Se gasta más de lo que se ingresa.
- Mala canalización del tiempo y el esfuerzo.

MARGEN DERECHO

QUÉ SIMBOLIZA

La zona de la derecha, como se ha visto, simboliza el futuro y las personas del entorno, la sociedad en general. Por ello, analizar el margen derecho servirá para saber cómo se enfrenta el sujeto al futuro, a las relaciones con los demás, así como a los nuevos desafíos que presenta la vida. En definitiva, es un viaje hacia lo desconocido.

CÓMO SE MIDE

Se medirá el blanco existente entre el último rasgo situado más a la derecha del escrito y el borde derecho del papel en sentido horizontal. Después se dividirá la longitud horizontal de la hoja entre el valor hallado.

TIPOS DE MÁRGENES DERECHOS

Dentro de esta categoría pueden encontrarse las siguientes variantes. Su interpretación requiere tener en cuenta otros elementos.

Margen derecho ausente. En escritos con este tipo de margen se observa que, de manera espontánea, las palabras, las letras y los rasgos finales alcanzan el borde derecho del papel llegando a rozarlo.

Interpretación grafológica

Positiva:

- Extraversión y sociabilidad.
- Iniciativa.
- Persona a la que se acude para pedirle ayuda debido a su buena disposición.

Negativa:

- Precipitación.
- Huida hacia delante.
- Carácter impulsivo.

Rasgos reforzantes

- En escritura con «arcadas» en la parte superior que llegan a cubrir las letras siguientes, se refuerza el hecho de que la persona que hace este tipo de margen se muestre solícita a ayudar a los demás.

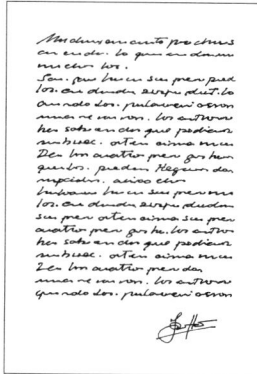

Margen derecho regular. Este margen no sobrepasa el 10 % del ancho de la hoja.

Interpretación grafológica

Positiva:

- Buen gusto.
- Autocontrol.
- Si la presión es débil, refinamiento espiritual.
- Persona comedida.
- Orden.

Negativa:

- Timidez que dificulta el trato con los demás.
- Artificiosidad.
- Falta de empuje a la hora de actuar en la vida.

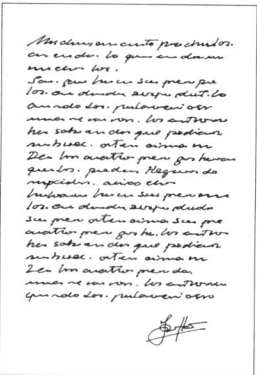

Margen derecho irregular. Sin que exista un motivo para ello, el margen se pierde alcanzando la escritura a veces el borde derecho. También se observa que el margen crece guardando la línea. En definitiva, es un margen que va y viene.

Interpretación grafológica

Positiva:

- Espíritu soñador de carácter poético.

Negativa:

- Emotividad mal canalizada.
- El sujeto lleva una vida con altibajos, irregular.

- Inestabilidad social. Se ilusiona y al mismo tiempo desconfía.

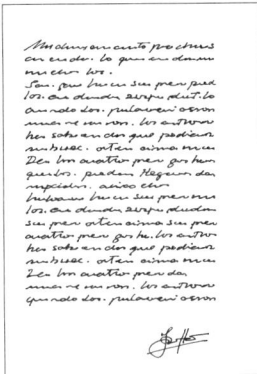

Margen derecho exageradamente grande. El espacio en blanco que deja este margen puede sobrepasar el 20 % del ancho de la hoja.

Interpretación grafológica

Positiva:

- Distinción.
- Sentido de la estética.

Negativa:

- Timidez.
- Temor ante nuevas situaciones.
- Miedo a los demás y al futuro.
- Gran introversión.
- Ocultación de la personalidad para protegerse del medio que le rodea.
- Pesimismo y gesto regresivo.

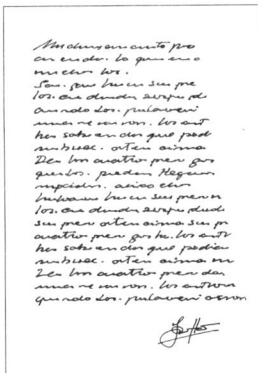

Margen derecho que disminuye de anchura. Aunque este tipo de margen se inicia con un blanco grande en la zona de la derecha, a lo largo del escrito disminuye hasta acabar siendo muy pequeño o estar incluso ausente.

Interpretación grafológica

Positiva:

- Después de romper el hielo, el sujeto se muestra afable. Siente miedo o desconfianza hacia los demás, pero los supera con el trato.

Negativa:

- El sujeto desea frenarse por desconfianza, pero no quiere que esta situación se trasluzca al exterior. Sin embargo, el inconsciente le delata en sus acciones.

Margen derecho condensado. En este tipo de margen se observará cómo las palabras tienden a apelotonarse al final de las líneas. Existe, por tanto, un mal cálculo del espacio y el autor de la carta parece no querer enterarse de que tiene la posibilidad de cambiar de línea.

Interpretación grafológica

Negativa:

- El sujeto se resiste a los cambios.
- Falta de previsión y de organización.
- Falta de gusto estético.

FANTASMAS

Se trata de un rasgo especial que suele aparecer en el margen derecho del texto. Son huecos o espacios en blanco que se generan cuando el sujeto que escribe se retrae a la hora de continuar escribiendo en la misma línea y pasa al siguiente renglón.

Dependiendo de su situación en la página tendrán diferentes interpretaciones, aunque, en ambos casos, se trata de síntomas de naturaleza neurótica.

Fantasmas en la parte superior de la hoja

- Temores que tienen que ver con la vida futura del sujeto y que generan angustia impidiéndole tomar decisiones importantes. Dichos miedos se hallan en el plano consciente.

Fantasmas en la parte inferior de la hoja

- La interpretación grafológica sería igual, aunque habría que puntualizar que estos temores se alojan en el plano inconsciente.

RELACIONES ENTRE MÁRGENES

A continuación se presentan las curiosas relaciones que pueden establecerse entre los márgenes de una carta. A veces, estos detalles aportan claves para descubrir algunas facetas ocultas del autor del escrito. Éstos son los casos más frecuentes:

Margen superior grande e inferior pequeño

- Sentimiento de distancia con respecto al destinatario de la carta.
- Predominio del sentido práctico frente al sentido estético.

Margen superior pequeño e inferior grande

- Deseos de acercarse al destinatario.
- Deseos de canalizar la energía con corrección, aunque inconscientemente se pierda una parte de ella.

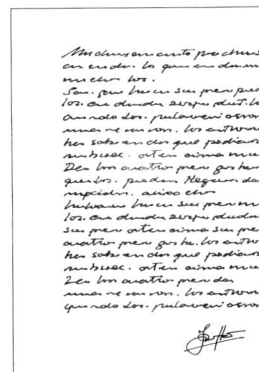

Margen izquierdo grande y derecho ausente

- Gran extraversión.
- Capacidad de decisión.
- Irreflexión a la hora de tomar las decisiones.

Margen izquierdo ausente y derecho grande

- Retraimiento.
- Introversión.
- Timidez.

Margen derecho disminuye e izquierdo aumenta

- Extraversión y decisión de carácter inconsciente, frenadas por el consciente.

Margen izquierdo disminuye y derecho aumenta

- Temores inconscientes que le alejan de los demás, aunque existe un deseo de comunicarse.

Márgenes izquierdo y derecho grandes

- Existen desajustes en la personalidad del autor de la carta que le generan angustia.

Márgenes izquierdo y derecho se estrechan

- El sujeto es consciente de sus problemas, que tienen su origen en el área de la personalidad.

Márgenes izquierdo y derecho se ensanchan

- Alteraciones de carácter neurótico en el plano consciente. El sujeto desea sentirse seguro sin llegar a lograrlo.

Márgenes izquierdo y derecho irregulares

- Inestabilidad de carácter afectivo.
- Confusión y desorden.
- Problemas de adaptación al medio.

Márgenes ausentes

- Necesidad de aprovechar al máximo el tiempo y el espacio.
- Para protegerse a sí mismo puede desestabilizar a los demás.
- Tendencias de carácter exhibicionista.

Márgenes excesivos

- Se siente agredido por el entorno.
- Frustración.
- Deseos de inhibirse.
- Sentimiento de inferioridad en relación con los que le rodean.
- Fuerte introversión.

Márgenes escritos con texto

- Falta de sentido estético, sobre todo cuando no se escribe a familiares o amigos cercanos.
- Tendencia a invadir lo que es ajeno.
- Deseos de aprovechar el tiempo, el dinero y el espacio.
- Persona que no se conforma con lo que ya se ha dicho. Vuelve una y otra vez sobre conversaciones ya agotadas sin aportar argumentos nuevos.

Márgenes ocupados por despedida y firma

- No se distribuye ni planifica bien el tiempo, el dinero o el espacio.
- Este rasgo no es infrecuente en escrituras que denotan campechanería.

Textos cruzados

- Falta de gusto estético.
- Confusión mental.
- Se quiere rentabilizar al máximo el tiempo, el esfuerzo y el dinero.

EL PUNTO Y APARTE

En grafología también se estudia la manera de hacer el punto y aparte, aunque conviene advertir que poco tiene que ver con las reglas ortográficas vigentes.

Para los grafólogos, los puntos y aparte son las áreas en las que se comienza a escribir después de un punto y aparte caligráfico. Estas áreas, como es lógico, normalmente están ocupadas por una letra mayúscula.

Los puntos y aparte simbolizan una especie de segundo margen izquierdo, que pueden servir como reforzantes del margen izquierdo real.

Los puntos y aparte pueden interpretarse desde varias ópticas:

Por su regularidad

Puntos y aparte regulares o «en línea»

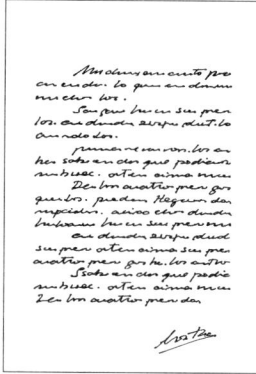

Puntos y aparte iregulares

Puntos y aparte situados correctamente

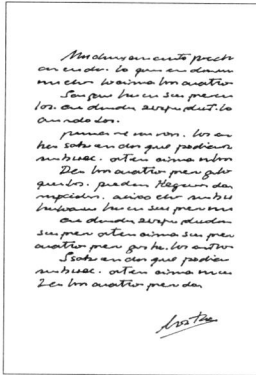

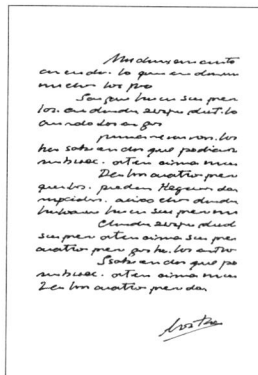

Puntos y aparte descentrados a la derecha

Puntos y aparte
descentrados
a la izquierda

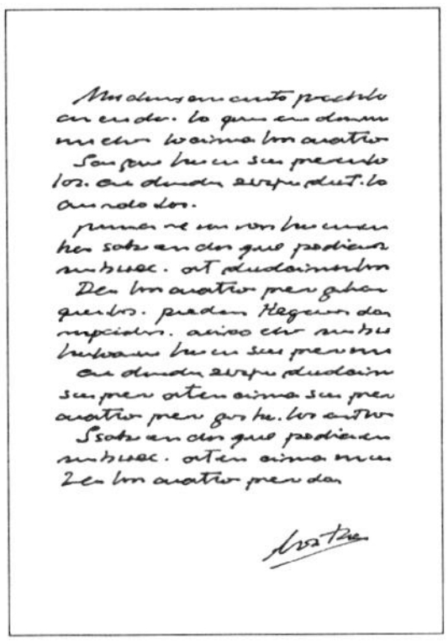

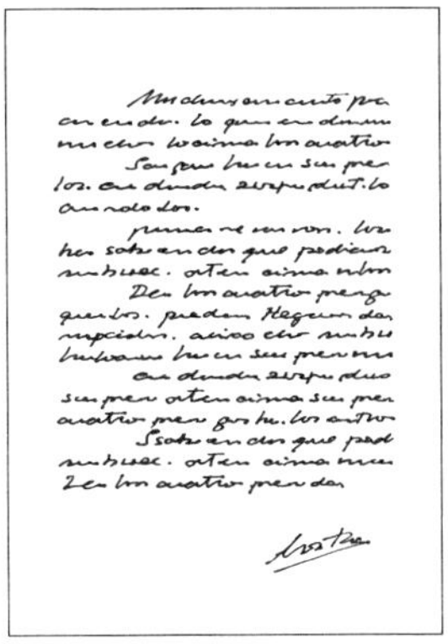

Puntos y aparte
verticales

Puntos y aparte
crecientes (alejándose
del borde izquierdo)

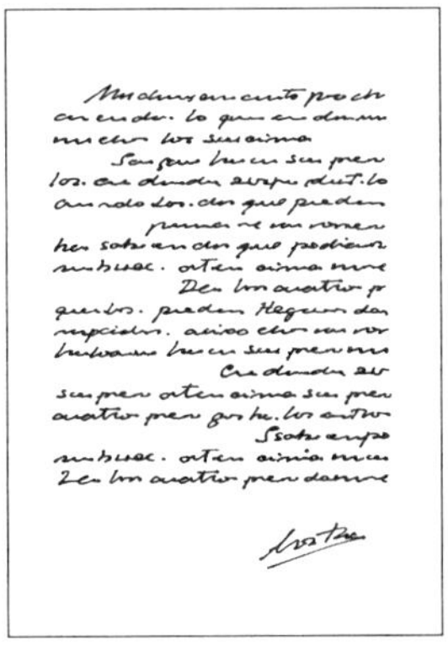

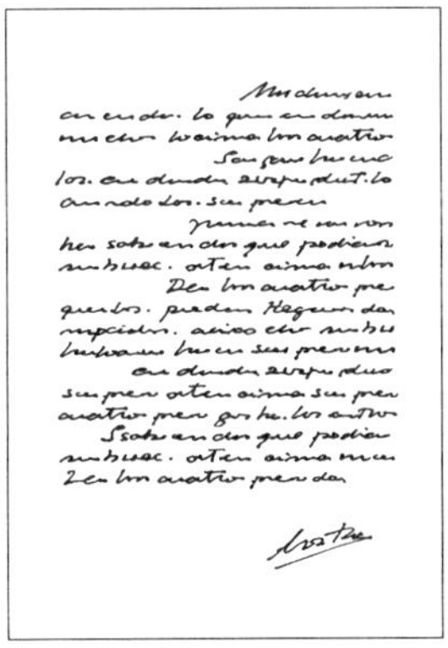

Puntos y aparte
decrecientes (acercándose
al borde izquierdo)

Puntos y aparte cóncavos

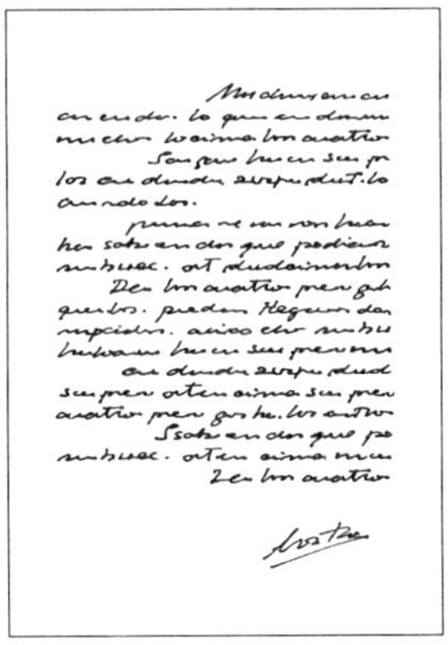

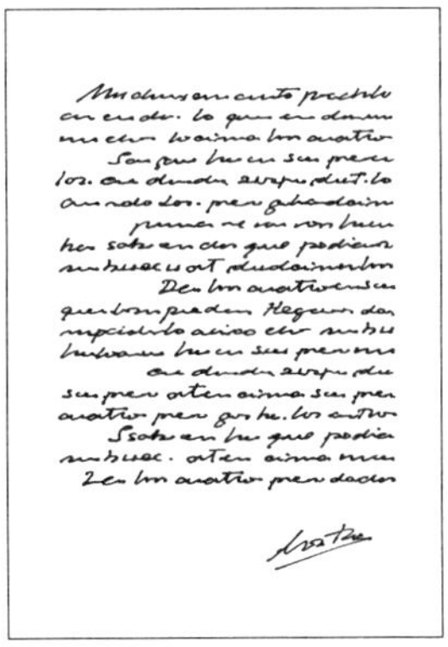

Puntos y aparte
convexos

Interpretación grafológica

Pueden asimilarse a lo ya expuesto acerca de los márgenes izquierdos. Sin embargo, sí es interesante destacar un par de aspectos relativos a este tema.

Puntos y aparte convencionales. Se comienza la escritura debajo de cada punto y final de la línea anterior.

Interpretación grafológica

- Deseos de mantener un orden personalizado.
- Miedo a desorientarse.

Puntos y aparte coincidiendo con el margen izquierdo. Igual que se viene haciendo mecanográficamente.

Interpretación grafológica

- Continúa existiendo el miedo a desorientarse.
- Aspectos regresivos que le conducen al pasado, la familia, etc.
- Persona que antepone lo práctico a lo estético.

LA OCUPACIÓN DEL PAPEL

Tras analizar todo lo expuesto en este capítulo y en el anterior, el neófito ya debería tener una idea de aquellos aspectos en los que se ha de fijar cuando vuelva a ver una carta manuscrita. Pues bien, ahora se analizará otro nuevo parámetro: la ocupación del papel.

PAPEL OCUPADO

Un papel está ocupado cuando predominan las partes escritas sobre las partes blancas.

Interpretación grafológica

- El individuo vive el ambiente externo como una agresión, lo que le lleva a desarrollar mecanismos de defensa frente a los otros.
- Tendencia a centrarse en uno mismo dando pocas oportunidades a que los demás expongan sus ideas.

PAPEL DESOCUPADO

Un papel está desocupado cuando predominan las áreas blancas sobre las escritas.

Interpretación grafológica

- El individuo, en este caso, tiende a ceder demasiado terreno a los demás sin hacer valer sus emociones y sentimientos con normalidad.

- Aislamiento.
- Es un síntoma de ansiedad.

ESCRITURA CORRECTAMENTE ENCUADRADA

Una escritura está correctamente encuadrada cuando los márgenes superior, inferior, izquierdo, derecho, los puntos y aparte y aspectos como la fecha, el encabezamiento, etc., se encuentran dentro de los parámetros normales que ya hemos visto a lo largo de este capítulo.

Interpretación grafológica

- Buenas dotes de organización.
- Equilibrio psicológico.
- Seguridad.

ESCRITURA DESENCUADRADA

Una escritura está desencuadrada cuando los márgenes superior, inferior, izquierdo, derecho, etc., no guardan las debidas proporciones.

Interpretación grafológica

- Persona desorganizada a la que le cuesta mantener el equilibrio psicológico.
- El sujeto no sabe exponer sus emociones ni sus sentimientos de manera adecuada.

7.

El tamaño

El tamaño de la escritura es otro de los parámetros que se valoran cuando se realiza el estudio grafológico de un sujeto. Las dimensiones de pies, crestas, cuerpo central, letras mayúsculas, etc., aportan información que sirve para formarse una idea bastante fidedigna de la personalidad del autor de la carta.

A continuación se exponen los aspectos que se pueden descubrir midiendo el tamaño de la escritura:

- Predominio de la visión global.
- Detallismo.
- Cómo es el grado de concentración.
- La capacidad de trabajo.
- El grado de aspiraciones.
- La iniciativa.
- El grado de introversión-extraversión.
- El concepto de uno mismo.

Así pues, no debe descuidarse este aspecto tan importante a la hora de analizar un texto. Sin embargo, antes de entrar a valorar las posibles interpretaciones en función del tamaño hay que aprender a medir este nuevo parámetro.

CÓMO SE MIDE EL TAMAÑO DE LA ESCRITURA

En realidad, conviene explicar que lo que interesa medir es el cuerpo central de la escritura. Por tanto, en principio, no se miden ni mayúsculas ni crestas ni pies, sólo los óvalos. De igual modo, se omitirá todo aquello que pueda crear confusión.

Hay que matizar que la escritura siempre debe medirse en función de su inclinación, aunque al principio no siempre se reconoce con facilidad cuál es la inclinación exacta que posee una determinada letra. Para no llamarse a engaño, lo mejor será fijarse en la inclinación de las letras que anteceden o que siguen a la letra dudosa.

CÓMO SE MIDEN LOS ÓVALOS

Deben medirse en sentido vertical, de arriba abajo y siguiendo la inclinación que tengan en el texto. Después se suma el número de letras que se hayan medido y se divide esta cantidad entre el resultado obtenido de la suma de todos los óvalos analizados (normalmente, esta última medida será en milímetros).

CUÁNTO SE DEBE MEDIR

Lógicamente, las mediciones dependerán de la muestra caligráfica obtenida, así como de la rigurosidad que se pretenda conferir al informe.

Sin embargo, para hacerse una idea fiable del tamaño, lo ideal es medir el primer renglón (plano consciente) un renglón de en medio (lucha entre plano consciente-inconsciente), y el renglón final (plano inconsciente). Después se obtendrá una media entre los tres.

OTRAS MEDICIONES

No obstante, para hacerse idea de otras cuestiones se tendrán que efectuar mediciones en otros campos diferentes si es que se quiere dominar este aspecto del análisis.

LOS PIES Y LAS CRESTAS

A la hora de medir los pies y las crestas, tendrá que aprenderse a diferenciar cuál es el límite existente entre el cuerpo central y el pie o la cresta que se quiere medir. Esto, al principio, puede albergar alguna dificultad en letras que no presentan óvalos (*f*, *j*, *l*, *t*, etc.).

Para que no resulte muy complicado, se traza una línea horizontal justo por encima (línea superior) y por debajo del cuerpo central de la letra que se quiere medir (línea inferior); es decir, a ras de la letra. Así se tendrá mayor facilidad a la hora de efectuar la medición con una regla.

La regla, en este caso, interesa que no sea muy voluminosa. De otro modo, habrá problemas de «movilidad» a la hora de situarla sobre el papel. Lo ideal para estos menesteres —lo dicta la experiencia— es hacerse con una de esas pequeñas reglas que vienen adosadas a los calendarios de bolsillo.

Para medir las crestas y los pies sirven de guías las líneas superior e inferior que se hayan trazado. Si lo que se quiere medir son los pies, habrá que tomar de referencia la línea inferior; si se desea medir las crestas, habrá que tomar como referente la línea superior.

Hay que hacer notar que, cuando las crestas o pies pertenecen a letras que presentan algún tipo de óvalo, su medición se simplifica. Las letras con óvalos serían, por ejemplo, *d*, *g*, *p*, *q*, *b*, etc.

LAS MAYÚSCULAS

La medición de mayúsculas es mucho más sencilla. Únicamente tienen que medirse de arriba abajo, aunque, eso sí, siempre teniendo en cuenta la inclinación con la que están realizadas.

Medición de la escritura en su conjunto

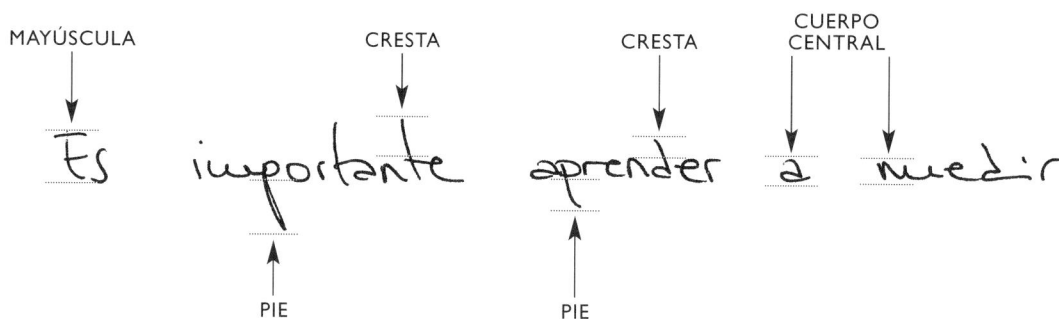

MAYÚSCULA   CRESTA   CRESTA   CUERPO CENTRAL

Es importante aprender a medir

PIE   PIE

VALORES DE TAMAÑO DENTRO DE LA NORMA

- Cuerpo central: los valores hallados deben oscilar entre los 2,5 y los 3,5 milímetros.
- Crestas: han de medir entre 2 y 3 veces el tamaño del cuerpo central de la muestra de escritura que se está analizando.
- Pies: deben medir entre 2 y 3 veces el tamaño del cuerpo central de la muestra de escritura que se está analizando.
- Mayúsculas: Para que estén dentro de la norma han de medir entre 3 y 4 veces la altura del cuerpo central de la muestra de escritura a analizar.

CLASIFICACIÓN EN FUNCIÓN DEL CUERPO CENTRAL

Según la medición obtenida del cuerpo central, las escrituras pueden clasificarse de la siguiente manera:

Diferentes tamaños de escritura

89

ESCRITURA NORMAL

El cuerpo central mide entre 2,5 y 3,5 milímetros.

Interpretación grafológica

- Equilibrio entre la capacidad de visión global y el detallismo.
- Equilibrio entre introversión-extraversión.
- Capacidad de adaptación tanto a puestos de responsabilidad como a puestos en los que se requiere una subordinación.
- Equilibrado concepto de sí mismo.

ESCRITURA PEQUEÑA

El cuerpo central mide entre 1,5 y 2,5 milímetros.

Interpretación grafológica

- Predominio del detallismo.
- Buena capacidad de concentración.
- Se adapta bien a puestos en los que se requiere subordinación.
- Predominio de la introversión frente a la extraversión.

ESCRITURA MUY PEQUEÑA

El cuerpo central es menor a 1,5 milímetros.

Interpretación grafológica

- Minuciosidad y detallismo extremos en todas las tareas que desempeña.
- Excelentes dotes de observación. Sin embargo, a causa de esto, es posible que se llegue a perder la visión de conjunto, especialmente si la letra que analizamos puede calificarse como desordenada.
- Fuerte introversión.
- Es posible que la canalización de la energía no sea la adecuada, lo que conduce a cierta infravaloración de las propias posibilidades reales.

ESCRITURA GRANDE

El cuerpo central mide entre 3,5 y 4,5 milímetros.

Interpretación grafológica

- Excelente visión global y concepto de sí mismo. Si otros rasgos no lo contradicen, serían personas aptas para puestos directivos.
- Predominio de la extraversión frente a la introversión.

- Facilidad para relacionarse con otros.
- Buena capacidad de trabajo, aunque se pueden producir fallos de concentración y de captación de los pequeños detalles, sobre todo en letras desorganizadas.

ESCRITURA MUY GRANDE

El cuerpo central es mayor de 4,5 milímetros.

Interpretación grafológica

- Exceso de expansión que puede molestar a los demás.
- Estas personas tienen dificultades para interiorizar sus vivencias.
- Acusada tendencia a la generalización.
- Pérdida de los detalles.
- Dificultades para concentrarse.
- Mala canalización de la energía, producto de la excesiva sobrevaloración que tienen de sí mismos.
- Gran concepto de sí mismo que en algunos casos puede estar demasiado próximo a la megalomanía.

OTROS ASPECTOS DEL CUERPO CENTRAL

Además de la altura del cuerpo central se analizan otros aspectos relativos a éste. Estas variantes son:

TAMAÑO REGULAR

Se considera que la escritura tiene un tamaño regular cuando posee unos valores constantes durante todo el texto. Aunque pueden existir algunas variaciones, éstas serán mínimas.

Interpretación grafológica

- Buena capacidad laboral.
- Constancia y buena capacidad de concentración.
- Predominio de la lógica.
- Orden espacial y temporal.
- Predominio de la razón frente al sentimiento.
- Autocontrol equilibrado ante situaciones de tensión.
- No se deja influenciar demasiado por el ambiente.

TAMAÑO IRREGULAR

Se considera que la escritura tiene un tamaño irregular cuando se observan constantes variaciones de tamaño a lo largo del escrito.

Interpretación grafológica

- Versatilidad.
- Predominio del sentimiento frente a la razón.
- Predominio de la intuición.
- Fallos en el orden.
- Fallos en la capacidad de concentración.
- Fallos en el autocontrol.
- Espontaneidad.
- Capacidad para adaptarse al medio.

ESCRITURA CRECIENTE

Se considera que una escritura es creciente cuando el tamaño del cuerpo central tiende a ir en aumento. Conviene resaltar que esto puede suceder a lo largo del escrito, en el párrafo, en la línea o en la palabra. En definitiva, las letras finales son mayores que las primeras.

Interpretación grafológica

- Ingenuidad. Este rasgo se suele observar con frecuencia en la escritura de los niños, aunque también se produce en escrituras de adultos.
- Persona que tiende a confiar en los demás.
- Bondad.
- Expresa lo que piensa, a veces sin mucho tacto.
- Carácter alegre.
- Falta de sentido crítico.
- Su credulidad le puede convertir en blanco de situaciones desagradables.

ESCRITURA DECRECIENTE

Se considera que una escritura es decreciente cuando el tamaño del cuerpo central tiende a ir disminuyendo. Conviene resaltar que esto puede suceder a lo largo del escrito, en el párrafo, en la línea o en la palabra. En definitiva, en cualquiera de estos elementos las letras finales son más pequeñas que las primeras.

Interpretación grafológica

Si la escritura es legible y se aprecia disminución de tamaño:

- Personas empáticas que saben «meterse en la piel» de los otros.
- Sensatez.
- Capacidad de observación.

Si el final de la escritura es legible:

Positiva:

- Capacidad para asimilar el punto de vista ajeno.
- Buenas maneras.
- Juicio crítico.
- Curiosidad.

Negativa:

- Desconfianza.
- Ironía.
- Cansancio.
- Inconstancia.

Si el final de la escritura es ilegible:

Positiva:

- Tacto.
- Finura.
- Carácter diplomático.
- Facilidad para ganar terreno.

Negativa:

- Disimulo.
- Le cuesta comprometerse.
- Cuenta verdades a medias u omite datos para hacer luego lo que más le interesa.
- Falta de sinceridad.
- Astucia.
- Sorna.

ESCRITURA CON AUMENTOS BRUSCOS DE TAMAÑO

Se dice que una escritura posee aumentos bruscos de tamaño cuando a lo largo del texto se observa que algunas letras tienen una medida superior al resto. Se da la circunstancia de que este aspecto, a veces, se produce en unas letras específicas. Tales letras son: *a*, *s*, *o*, *r* y *p*. No obstante, estos aumentos bruscos también pueden aparecer en otras letras.

Interpretación grafológica

- Agresividad primaria que aflora a través de fluctuaciones del carácter.
- Humor cambiante.
- Irritabilidad.
- El sujeto puede perder los papeles ante situaciones tensas.

Particularidades

Cuando se presentan estos aumentos bruscos en dos letras concretas —la *s* y la *p*— en el mismo escrito, se habla de latencia de tipo histeroide. Hay que señalar que estas letras simbolizan el control del plano inconsciente. El aumento brusco habla de reacciones desproporcionadas a causa de una emotividad mal canalizada.

Aumentos bruscos de tamaño

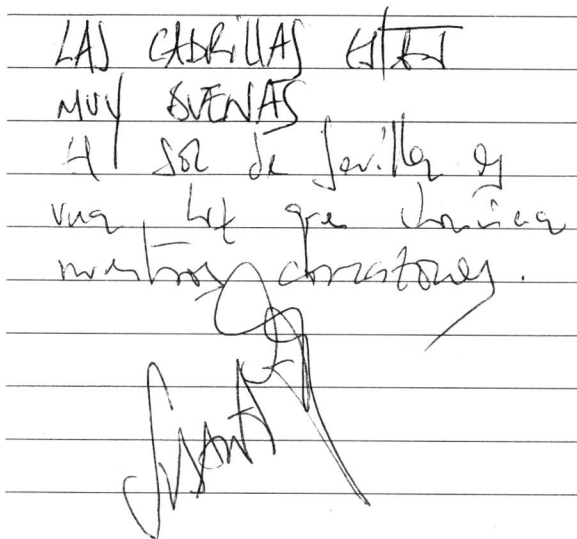

Si se presenta este aumento brusco en la letra *f* minúscula, se interpreta como misticismo y huida de la realidad. Si el rasgo aumentase hacia abajo, hablaríamos entonces de fuerte tendencia hacia lo material.

Si se presenta este aumento brusco en la letra *r*, se pueden producir dos variantes:

- Que el aumento se produzca en una *r* caligráfica, con sus ángulos bien marcados, lo que se interpretaría como una mala canalización de la energía física, agresividad, brutalidad… Cuanto mayor sea la presión, más próximo se encontrará el sujeto a la brutalidad.

- Que el aumento se produzca cambiando la *r* minúscula por una *R* mayúscula. En este caso, la interpretación será la misma aunque con mayor intensidad.

ESCRITURA CON DISMINUCIONES BRUSCAS DE TAMAÑO

En este apartado se trata del caso contrario; sin venir a cuento, a lo largo del escrito algunas letras tienden a hacerse más pequeñas que el resto, disminuyen bruscamente de tamaño.

Interpretación grafológica

- Poca confianza en uno mismo.
- Disminución del «yo» frente a los demás.
- Posible indicio de tristeza pasajera. En este caso, el sujeto intenta sobreponerse a un bache emocional.

Cogote

Disminución brusca
del tamaño de la *g* minúscula

Particularidades

Cuando se presenta esta disminución en la letra *g* se refiere a una disminución del «yo» en el terreno de las relaciones sexuales, puesto que esta letra simboliza el sexo.

ESCRITURA SOBREALZADA

Se produce cuando las letras del escrito son más altas que anchas. Esto, así expresado, suena raro, pero con un poco de práctica este tipo de escritura se detecta con facilidad, ya que sufre una desproporción hacia arriba. Esta desproporción también se produce en las mayúsculas.

Si se divide la media de la altura del cuerpo central entre la media de la anchura de los óvalos, y se obtiene que el cociente es mayor que uno, se puede afirmar que la escritura es sobrealzada.

Interpretación grafológica

- El sujeto posee un elevado concepto de sí mismo, lo que le convierte en una persona excesivamente orgullosa.

- También es un rasgo característico de personas idealistas y creativas.
- Tendencia a la insatisfacción.
- Fuerte susceptibilidad.
- El sujeto se puede mostrar despectivo hacia los que le rodean.

Escritura sobrealzada

ESCRITURA REBAJADA

Sintetiza el caso contrario a la sobrealzada. El cociente entre la altura del cuerpo central y la anchura de los óvalos es menor que uno. Esta escritura es más ancha que alta. La zona central o media está más desarrollada que las prolongaciones superiores e inferiores de la escritura.

Interpretación grafológica

- Modestia y humildad.
- Persona paciente que es consciente del peso de las obligaciones.
- Si las letras son redondeadas, narcisismo egoísta que busca el disfrute de los sentidos.
- Cobardía ante las injusticias.
- Bajo autoconcepto.

Escritura rebajada

LAS CRESTAS Y SU TAMAÑO

Las crestas simbolizan todo lo que tiene que ver con el mundo de las ideas y lo espiritual (la religión, el arte, la creatividad, el idealismo...). En general, las escrituras en las que existe un predominio de las crestas frente a los pies indican espiritualidad, misticismo, idealismo, creatividad e incluso huida de la realidad. Éstos son los tipos de crestas que se pueden encontrar a lo largo de un escrito, así como su significado:

ESCRITURA CON CRESTAS ALTAS

Se dice que las crestas son altas cuando su altura supera en más de tres veces el cuerpo central de la escritura que se va a analizar.

Interpretación grafológica

- Entusiasmo ideológico y práctico.
- Creación.
- Imaginación.
- El sujeto resiste bien los envites de las personas que quieren imponerle sus ideas, conceptos…
- Es una de las señales de la autoestima.

Crestas altas

ESCRITURA CON CRESTAS NORMALES

Se considera que las crestas de un texto son normales cuando miden entre 2 y 3 veces el tamaño del cuerpo central de la muestra de escritura que se va a analizar.

Interpretación grafológica

- Equilibro entre lo espiritual y lo material.

- Imaginación reglada.
- Ecuánime autoconcepto de uno mismo.
- Equilibrio entre la imposición y la sumisión.

Crestas normales

llevo tanto tiempo buscando tener

ESCRITURA CON CRESTAS BAJAS

Se considera que las crestas de una escritura son bajas cuando su altura es inferior al doble de la altura del cuerpo central de la escritura que se va a analizar.

Interpretación grafológica

- Modestia.
- Persona práctica que va al grano.
- La espiritualidad no es su fuerte.

Crestas bajas

llevo   trucos   dados

ESCRITURA CON CRESTAS REGULARES

Se dice que una escritura tiene crestas regulares cuando, al analizar las distintas crestas del escrito, no se observan grandes variaciones de tamaño entre ellas, son regulares.

Interpretación grafológica

- Equilibrado concepto de sí mismo.
- Emotividad reglada.
- Equilibrio entre la imposición y la sumisión.
- Predominio de la razón frente al sentimiento.

ESCRITURA CON CRESTAS IRREGULARES

Se dice que una escritura tiene crestas irregulares cuando, al analizar las distintas crestas a lo largo del escrito, se observan irregularidades notables de tamaño entre ellas: unas son altas, otras bajas, otras presentan un tamaño normal...

Interpretación grafológica

- Fuerte emotividad y mala canalización de ésta.
- Intuición. Junto a otros rasgos, éste es uno de los que revelan posibles capacidades extrasensoriales.
- Predominio del sentimiento frente a la razón.

LOS PIES Y SU TAMAÑO

Los pies, al estar situados en la zona inferior de la escritura, simbolizan los aspectos más terrenales, prácticos y materialistas en la vida del sujeto. En general, las escrituras en las que existe un predominio de los pies frente a las crestas, indican realismo, materialismo, positivismo, sentido práctico y fuertes instintos. Éstos son los tipos de pies que se pueden encontrar a lo largo de un escrito y su significado:

ESCRITURA CON PIES LARGOS O PROLONGADOS

Se dice que una escritura tiene pies largos cuando su longitud supera más de tres veces el cuerpo central.

Interpretación grafológica

- Fuerte sensualidad.
- Fuerte materialismo.
- Sentido práctico de la vida.

Escritura con pies largos o prolongados

ESCRITURA CON PIES NORMALES

Se considera que una escritura tiene pies normales cuando su longitud media es entre 2 y 3 veces la altura del cuerpo central.

Interpretación grafológica

- Sensualidad equilibrada.

▪ Equilibrio entre materialismo e idealismo.

▪ El sujeto se desenvuelve bien en el mundo instintivo.

Escritura con pies normales

Hemos estado en una región que se llama "la Dordo-ña" que nos ha encantado. Ha sido todo un descubrimiento. De ahí nos fuimos a Vezelay,

ESCRITURA CON PIES CORTOS

Se dice que una escritura presenta pies cortos cuando la longitud media de éstos es inferior al doble del cuerpo central.

Interpretación grafológica

▪ Falta de materialismo.

▪ Poco desarrollo de la faceta instintiva.

▪ Persona poco práctica.

Escritura con pies cortos

Lo principal es que pase de mí, yo sé que es un chico que no me compensa pero no puedo hacer nada, estoy enamorada !!! Ya nos... firman

ESCRITURA CON PIES REGULARES

Se considera que una escritura tiene los pies regulares cuando existen pocas variaciones de tamaño entre ellos. Es decir, que son más o menos todos iguales.

Interpretación grafológica

▪ Constancia.

▪ Equilibrio entre el plano de los instintos y el plano espiritual; no existen luchas en este terreno.

ESCRITURA CON PIES IRREGULARES

Se dice que una escritura tiene pies irregulares cuando existen muchas variaciones de tamaño entre ellos. Es decir, cuando hay una irregularidad.

Interpretación grafológica

- Inseguridad.
- Inmadurez en el terreno afectivo.
- Inconstancia.

RELACIONES ENTRE EL CUERPO CENTRAL, LAS CRESTAS Y LOS PIES

Al igual que sucede con los márgenes, en este apartado se estudiarán las posibles combinaciones entre el cuerpo central de la escritura, las crestas y los pies. Todo ello aportará información adicional al estudio grafológico. Éstas son las variantes que se pueden encontrar:

ESCRITURA CON CRESTAS ALTAS Y PIES CORTOS

Este tipo de escritura se reconoce porque al ser los pies cortos o pequeños, el peso del escrito recae en la zona superior o mundo ideal.

Interpretación grafológica

- Predominio de los aspectos relacionados con el mundo de las ideas y la creación.
- Huida de los instintos.

Escritura con
crestas altas y pies cortos

ESCRITURA CON CRESTAS BAJAS Y PIES LARGOS O PROLONGADOS

En este tipo de escritura existe un predominio de la zona inferior o mundo instintivo.

Interpretación grafológica

- Fuerte sentido de la economía.
- Realismo.
- Personas más sensuales que idealistas.

Escritura con crestas bajas y pies largos o prolongados

ESCRITURA CON CRESTAS ALTAS Y PIES LARGOS O PROLONGADOS

En este tipo de escritura existe un desarrollo tanto en la zona superior (mundo de las ideas) como en la zona inferior (mundo de los instintos). Lógicamente, esto creará un conflicto interno.

Interpretación grafológica

- Luchas internas entre lo espiritual y lo material.
- Es complicado ser muy idealista y muy materialista al mismo tiempo: insatisfacción.
- Esta ambivalencia puede ser indicio de latencia histeroide.

Escritura con crestas altas y pies largos o prolongados

ESCRITURA CON CRESTAS BAJAS Y PIES CORTOS

Visualmente, en este tipo de escritura destacará un predominio de la zona media o cuerpo central.

Interpretación grafológica

- Egoísmo.
- Falta de ideales, impulsos y necesidades.
- Persona que se centra sólo en sí misma.

*la mayor Drama vive en Ru-
mania es poyra del Instituto
Cervantes en Bucrest*

LAS MAYÚSCULAS Y SU TAMAÑO

Desde el punto de vista simbólico, la grafología considera a las letras mayúsculas una manifestación del «yo». Por tanto, estudiar las mayúsculas de una escritura será una buena ayuda para conocer el concepto de uno mismo, la fuerza «yoica», el grado de aspiraciones, si el autor de la escritura posee o no iniciativa, etc.

ESCRITURA CON MAYÚSCULAS GRANDES

Se dice que una escritura posee mayúsculas grandes cuando la media de su tamaño supera 4 veces el cuerpo central de la escritura que se va a analizar. Hay que tener en cuenta que, como todo en grafología, debe ser consensuado con otros rasgos.

Interpretación grafológica

- El sujeto posee un gran concepto de sí mismo que puede transformarse en vanidad.
- El nivel de aspiraciones también es grande, sobre todo si hay otros rasgos que lo confirmen (firma ascendente, por ejemplo).
- Capacidad de mando.

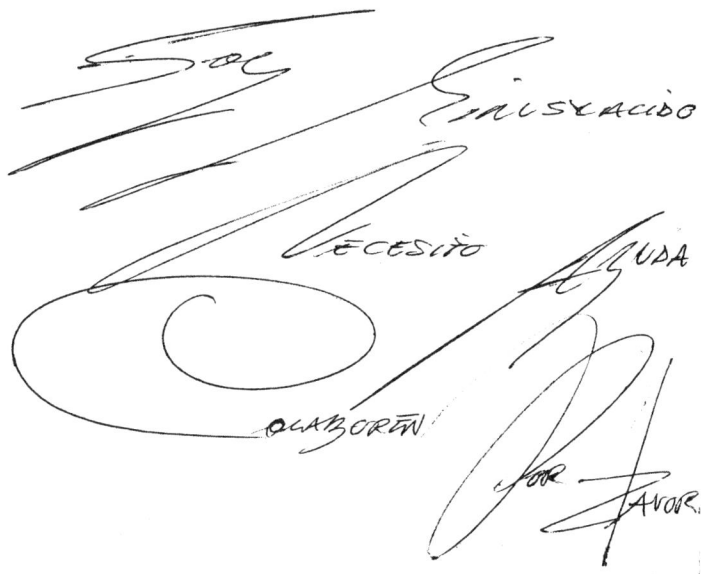

ESCRITURA CON MAYÚSCULAS NORMALES

Su tamaño medio estará situado entre 3 y 4 veces el cuerpo central de la escritura que se va a analizar.

Interpretación grafológica

- Autoconcepto equilibrado.
- Grado de aspiraciones asequible a sus posibilidades.
- Podría ocupar puestos de mando o de subordinado. Dependerá de otros factores de su escritura.

ESCRITURA CON MAYÚSCULAS PEQUEÑAS

Se dice que las mayúsculas de un escrito son pequeñas cuando la media de su altura no supera 3 veces la media del cuerpo central de la escritura que se va a analizar.

Interpretación grafológica

- Bajo concepto de sí mismo y poca confianza en las posibilidades personales.
- Junto a otros rasgos, puede revelar que el grado de aspiraciones no es muy elevado.
- El sujeto se encuentra más cómodo en puestos de subordinado.

Me pregunto que habrá sido del kiosquero ¿Paco? o era ¿Nando? ¿quien no recuerda a un hombrecillo rendiendote el periodico,

ESCRITURA CON MAYÚSCULAS DE TAMAÑO REGULAR

En estas escrituras no existen variaciones de importancia en cuanto al tamaño de las mayúsculas.

Interpretación grafológica

- Constancia.
- El concepto que de sí mismo tiene el sujeto no depende de las circunstancias. Se trata de una valoración de carácter estable.
- Lo mismo ocurre con sus aspiraciones y sus iniciativas en la vida.
- Es un rasgo reforzante del orden, la lógica y el raciocinio.

ESCRITURA CON MAYÚSCULAS DE TAMAÑO IRREGULAR

En este tipo de escritura se observa una variación con relación al tamaño de las mayúsculas: unas serán altas, otras bajas, otras normales...

Interpretación grafológica

- Inconstancia.
- El concepto que tiene el sujeto de sí mismo depende de las circunstancias y quizá de las influencias. A veces será positivo, otras negativo...
- Las aspiraciones sufrirán el mismo proceso, igual que las iniciativas que se plantee, que pueden variar según el momento.
- Este rasgo puede ser reforzante de versatilidad, espontaneidad, capacidad de adaptación e intuición.

8.

Arquitectura gráfica.
La forma de la escritura

La arquitectura gráfica o la forma de la escritura es una expresión viva de uno mismo, de la personalidad, del estilo y de la manera de mostrarse ante el mundo. Por eso se trata de un apartado imprescindible a la hora de confeccionar un informe grafológico.

Al igual que, cuando uno se presenta ante alguien, la ropa, los complementos y los zapatos que lleva hablan de él, la forma de la escritura denota facetas del carácter.

Gracias a este apartado se descubre al fanfarrón, al vanidoso, al egocéntrico..., aunque en apariencia lo disimule. Además, se puede averiguar el grado de coeficiente intelectual de la persona que se quiere analizar, si sufre algún tipo de complejo de inferioridad compensado con una actitud de superioridad hacia los demás y un largo etcétera de cuestiones que no dejan de sorprender.

Sin embargo, éste es uno de esos parámetros más difíciles de apreciar, y para cuyo aprendizaje hacen falta unas especiales dotes de observación, mucha práctica y un análisis del conjunto de la escritura, pues no es una cuestión de fácil medición. En este caso, sí se puede decir que la experiencia es un grado.

Por eso, se va a explicar poco a poco, de tal manera que gracias a los ejemplos quede claro en qué consiste el análisis de la arquitectura gráfica de las personas.

EL ÁNGULO Y LA CURVA

En primer lugar, hay que fijarse en si la forma de la escritura presenta un predominio de ángulos o de curvas. Bien, esto no es sencillo ya que la mayoría de las escrituras son mezclas de ambos conceptos. Estas últimas se llaman escrituras mixtas.

Para descubrirlo habrá que observar si las partes curvas de las letras poseen ángulos y si las letras que normalmente deben presentar ángulos, tienen curvas.

A continuación se expone esto con un poco más de detalle. Las zonas donde caligráficamente deberían existir curvas son: los óvalos, pues su forma tiende a ser redonda; las uniones entre las letras, donde no debería existir el ángulo, pues su ejecución normal hace que sea más sencillo realizar una curva en lugar de un ángulo; las crestas y los pies; y aquellas partes de letras cuyo rasgo caligráfico sea redondeado o curvo, por ejemplo, en la *m*.

Por el contrario, para que una escritura sea considerada curva, debe haber rasgos curvos donde, caligráficamente no se producen; por ejemplo, en las letras *r*, *v*, *w*...

Normalmente, las escrituras curvas se observan estadísticamente más en mujeres que en hombres y las angulosas, viceversa, pero no se puede confiar en este dato, puesto que podría haber más de una sorpresa al descubrir quién es el autor de la escritura que se va a analizar.

Ángulo-curva *m, w, v*

ESCRITURA ANGULOSA

Interpretación grafológica

- Predominio de la lógica frente a la intuición.

- Predomino del sentimiento frente a la razón.

- Laboralmente, son personas muy tenaces, constantes y que se concentran bien en las tareas que realizan. Tienden a elegir puestos de responsabilidad o mando.

- Estas personas no se dejan hundir fácilmente ante los problemas y las situaciones adversas.

- Introversión. Sus relaciones sociales suelen ser conflictivas porque estas personas no tienden a adaptarse al medio. Pretenden que sea el medio quien se adapte a ellas.

- Buena canalización de la energía y fuerza «yoica» notable.

- Autocontrol que puede transformarse a ojos de los demás en frialdad. Tienden a ponerse límites en las relaciones humanas.

- La inflexibilidad suele presidir sus actos.

- Artificiosidad como mecanismo defensivo.

- Si los ángulos se encuentran mayoritariamente en la zona inferior de la escritura, la sensualidad no se vive con fluidez. Dificultades para lograr placer de carácter sexual.

- Junto a otros factores, agresividad de tipo secundario; es decir, que tarda un tiempo antes de reaccionar ante el detonante que le hace aflorar la parte agresiva.

Escritura angulosa

ESCRITURA CURVA

Interpretación grafológica

- Predominio de la intuición frente a la lógica.
- La pereza hace su aparición con frecuencia en este tipo de escrituras.
- Carácter suave que encaja bien en puestos de subordinación.
- Capacidad para convencer a los demás.
- Extraversión.
- Puede existir una inestabilidad en el ámbito emocional. Predomina el sentimiento.
- La fuerza «yoica» es menor en este tipo de escrituras.
- En las relaciones sociales: diplomacia y espontaneidad. Se adapta bien a las situaciones y a los medios en los que le toca desenvolverse.
- Se vive la sensualidad con naturalidad.
- La agresividad posee un carácter primario; es decir, que se reacciona con rapidez ante situaciones en las que el sujeto se siente atacado.

Escritura curva

ESCRITURA CUADRADA

Además de los dos tipos expuestos, hay también la escritura cuadrada. Se caracteriza porque los óvalos son cuadrados, aunque a veces esta particularidad también se extiende a letras como la *m*, la *n*, la *ñ* y la *u*.

Interpretación grafológica

- Represión en el terreno de la sensualidad.
- Artificiosidad. Le importan mucho las apariencias.
- Persona prejuiciosa.
- Fuerte desarrollo del «superyo». El sujeto vive esclavo de las normas y de los convencionalismos.

Hola Clara, soy Miguel, ya veo que eres grafologa, quiere decirte que yo tambien escribo y estudio Grafología

MEZCLA ÁNGULO-CURVA

Interpretación grafológica

- En grafología no se suele hacer mucha mención de estas escrituras mixtas, puesto que se trata de una mezcla de lo dicho tanto para la escritura angulosa como para la curva. Existe un equilibrio en todos los planos analizados.

EL ARCO Y LA GUIRNALDA

Se trata de dos conceptos nuevos que se van a introducir ahora. Para comprender lo que es un arco o una arcada en grafología, hay que fijarse en unas letras concretas: la *m*, la *n* y la *ñ*. Pues bien, a la hora de trazarlas, habrá que observar si el sujeto las cierra por arriba; es decir, formando un arco. Éste es un movimiento primario de defensa ante el medio que le rodea.

Arco *m, n, ñ*

$$\text{m} \quad \text{n} \quad \tilde{\text{n}}$$

Por el contrario, se habla de guirnaldas cuando las letras *m*, *n* y *ñ* se abren por arriba, llegando incluso a confundirse con la *u*, lo que puede dificultar la legibilidad de un escrito, especialmente cuando se unen a la *e* y la *i*.

Guirnalda *m, n, ñ*

$$\text{m} \quad \text{u} \quad \tilde{\text{u}}$$

Estos movimientos no son absolutos; y en muchos escritos se produce una mezcla entre el arco y la guirnalda.

A continuación se ofrece la interpretación grafológica de cada uno de estos casos:

ESCRITURA EN ARCADAS

Interpretación grafológica

- Introversión.
- Autocontrol.
- Reserva.
- Artificiosidad, fingimiento
- Ocultación.
- Adulación en busca de reconocimiento social.
- Egoísmo.

Escritura en arcadas

Tras arreglarme, reconozco que soy muy lenta, arreglo a Pablo y llega un momento muy divertido, ir a la guardería.

ESCRITURA EN GUIRNALDAS

Interpretación grafológica

- Extraversión.
- Capacidad de adaptación al medio.
- Espontaneidad.
- Si otros rasgos no lo impiden: sinceridad.
- Dulzura.
- Flexibilidad.
- Indecisión.
- Influenciabilidad.

Escritura en guirnaldas

te gustaría mucho que se me hiciese una observación o una estudio

MEZCLA ARCO-GUIRNALDA

Interpretación grafológica

- Esta escritura recoge elementos de los dos casos anteriores. Se puede hablar, por tanto, de un equilibrio entre los valores ya descritos.

ESCRITURA ARMÓNICA E INARMÓNICA

Estos dos son conceptos difíciles de explicar para quien no posee mucha experiencia en el campo grafológico, entre otras razones porque no son cuantificables y sólo se llega a tomar verdadera conciencia de lo que simbolizan con la práctica y la experiencia. Sin embargo, para que el lector se haga una idea, se puede decir que la armonía, en grafología, hace referencia a escrituras gráciles, rítmicas, equilibradas y organizadas según criterios estéticos.

Una escritura armónica, en buena parte, depende del nivel cultural de su autor, de su grado de adaptación y de la madurez psicológica de la que haga gala. No obstante, todos estos conceptos son tan sutiles y subjetivos que es complicado establecer una regla fija que marque cuáles son las escrituras armónicas y cuáles las inarmónicas.

Lógicamente, se habla de escritura inarmónica cuando ésta no cumple las pautas ya descritas, cuando carece de estética, de belleza en su conjunto. Todo ello puede ser propiciado por la existencia de desproporciones y desequilibrios detectables a lo largo del escrito, ya sean éstos en la presión, en el desarrollo de los trazados, en la distribución de las letras, palabras, líneas... En conjunto, la escritura se percibe vulgar.

En cualquier caso, con el tiempo se aprende a distinguirlas con cierta destreza, así que no debe inquietarse si al principio de sus prácticas no consigue dar con la clave de identificación de estos aspectos tan ambiguos como importantes.

ESCRITURA ARMÓNICA

Interpretación grafológica

- Sobriedad y sencillez.
- Equilibrio y armonía.
- Gracia.

- Orden.
- Claridad.

ESCRITURA INARMÓNICA

Interpretación grafológica

- Complicación.
- Vulgaridad.
- Confusión.
- Carácter inarmónico.
- Presunción.

SENCILLEZ Y COMPLICACIÓN

En este apartado se explica la diferencia entre varios tipos de escrituras muy diferentes entre sí, que marcan el grado de complejidad del autor del escrito que se quiere analizar.

ESCRITURA SENCILLA

En este tipo de escrituras se observa que los rasgos son austeros, evitan complicarse con movimientos superfluos en los finales de palabras o letras. Tampoco se aprecian movimientos que no vienen a cuento en los comienzos de palabra, en la zona superior de la escritura, en la zona inferior y en las mayúsculas. Por eso, algunos grafólogos llaman a este tipo de escritura «seca».

Interpretación grafológica

- Modestia.
- Lealtad.
- Ingenuidad.
- Sinceridad.
- Franqueza.
- En el plano negativo, la interpretación puede variar hacia la mediocridad y el espíritu de imitación.

ua acunierou, como ya sabes, alguuos hechos uo uuy agradables. No quiere decir ui hacer uada porpe couridoré pe uo em el

ESCRITURA SIMPLIFICADA

Los rasgos en este tipo de escrituras se reducen a su mínima expresión. Es más, se llegan a simplificar algunas partes de la escritura sin que por ello se llegue a dificultar la legibilidad. De hecho, la legibilidad es lo que dará la pauta para saber si la escritura que se quiere analizar pertenece a esta categoría. Se habla de escritura simplificada siempre y cuando la legibilidad no se vea afectada. Otro de los rasgos que se debe tener en cuenta es que las mayúsculas suelen hacerse de forma tipográfica.

Interpretación grafológica

- Capacidad de síntesis.
- Sentido práctico de la vida.
- Buena capacidad de concentración.
- Los procesos mentales se desarrollan con rapidez.
- El rendimiento laboral nos habla de cantidad de trabajo producido frente a la calidad.
- Positivismo.
- Van a lo fundamental de las cosas.
- Sencillez y claridad en sus planteamientos.

Escritura simplificada

yo también quería contribuir con mi pequeño grano de arena en tu nuevo libro sobre Grapología; espero que esta "letruja" te sirva para algo. La verdad es que, usando siempre

ESCRITURA COMPLICADA

Este tipo de escritura se caracteriza por la presencia de rasgos innecesarios, adornos, gestos regresivos, etc., visibles a lo largo del escrito. Si se observa en su conjunto una escritura simplificada y otra complicada, en seguida quedan claros ambos conceptos.

Interpretación grafológica

- Confusión en el plano de las ideas.
- Imaginación desarreglada. Tendencia a huir de la realidad para refugiarse en la fantasía.
- Tendencia a la dispersión en cuanto a la energía se refiere y, por tanto, a la pérdida de tiempo en cuestiones innecesarias.
- Emociones desbordadas y fuerza «yoica» variable.
- Tendencia a reelaborar las historias con datos propios.
- Desconfianza.
- Tendencia a vivir la jornada por anticipado.
- Cuanto más complicada sea la escritura más problemas de carácter psicológico tendrá su autor.

Escritura complicada

ESCRITURA ADORNADA

Este tipo de escrituras no llegan a ser tan regresivas y elaboradas como la complicada, aunque también en ellas se aprecian movimientos que adornan las letras fuera de lo normal. Estos escritos suelen denotar rasgos de artificio, aunque pueden ser elegantes.

Interpretación grafológica

- Tendencia a los adornos y a la pomposidad en todos los campos (la forma de expresarse, de contar las cosas, la vestimenta, etc.).
- Capacidad de seducción.
- Imaginación.
- Originalidad.
- Deficiente canalización de la energía y pérdidas de tiempo innecesarias.
- Se fijan más en la forma que en el fondo.
- Narcisismo.
- Posibles tendencias artísticas.
- Frivolidad.

Escritura adornada

ESCRITURA EXTRAÑA O BIZARRA

Este tipo de escritura se caracteriza porque posee componentes extravagantes, extraños. En muchas ocasiones, la escritura se vuelve ilegible. A veces parece que se insertan cosas en clave, una clave que sólo entiende quien la escribe. A lo largo del texto se aprecian adornos exagerados, que no tienen ninguna razón de ser. Se pasa de la originalidad a la extravagancia. Este tipo de escrituras pueden revelar al genio o al loco. Sin embargo, cuando se ven escrituras de esta clase, en seguida se distinguen del resto. No pasan desapercibidas.

Interpretación grafológica

- Fantasía desbordada, mal reglada.
- Carácter fuertemente independiente que no se deja influir por nadie.

- Alarde y ostentación.
- El sujeto quiere destacar y llamar la atención a toda costa.
- Posible esnobismo.
- Caprichoso.
- Original.
- Capacidad de creación.
- Orgullo.
- Inadaptación. Escapa de la norma.
- Exaltación.
- Compensación del sentimiento de inferioridad actuando con superioridad.
- Propensión a las intrigas y los misterios.

Escritura extraña o bizarra

ESCRITURA VULGAR

Este tipo de escritura se distingue porque sus rasgos son torpes o vulgares, no existiendo soltura de carácter gráfico. Los movimientos delatan desproporciones que no son estéticas y la escritura en su conjunto se presenta confusa.

Escritura vulgar

Interpretación grafológica

La vulgaridad gráfica puede interpretarse de dos maneras: inmadurez cultural o retraso mental. Éstas son las diferencias:

- Inmadurez cultural: a mayor falta de armonía, desorden, confusión y desproporción, mayor será la tosquedad, la vulgaridad y la grosería con la que se comporta la persona.

- Retraso mental: a mayor lentitud, monotonía, uniformidad y rasgos caligráficos, mayor será la falta de comprensión y asimilación…

ESCRITURAS CALIGRÁFICAS Y TIPOGRÁFICAS

Se exponen a continuación la escritura que sigue el modelo caligráfico y aquella que se aparta de éste prefiriendo el tipográfico. Dentro de esta categoría las variantes son:

ESCRITURA CALIGRÁFICA

La escritura caligráfica es aquella que, al examinarla, mantiene un gran parecido con los modelos caligráficos aprendidos. Es posible que existan algunas variaciones, pero serán mínimas.

Interpretación grafológica

- Subordinación.
- Introversión.
- Buena habilidad manual.
- El sujeto desea tener todo organizado y bien calibrado.
- Obediencia y rectitud de planteamientos.
- Acata lo establecido sin poner pegas.
- En el plano negativo hay que añadir principalmente artificiosidad y rigidez mental.
- Cuanto más se siga el modelo caligráfico, mayor será la rigidez.

Escritura caligráfica

ESCRITURA TIPOGRÁFICA

La escritura tipográfica, al contrario que la anterior, no sigue el patrón caligráfico. Para su desarrollo, en este caso se utilizan letras que imitan el modelo de imprenta. Como se verá, existen algunas variantes relacionadas con este apartado:

Sólo en mayúsculas. Las letras tipográficas sólo abarcan las mayúsculas.

Interpretación grafológica

- Cultura.
- Lucidez.
- Imaginación reglada.
- La energía se aprovecha bien.
- Puede ser síntoma de austeridad espiritual.

Ocasional. En este caso no son sólo las mayúsculas las que se hacen de manera tipográfica, sino el total de la escritura. Sin embargo, se utilizará sólo ocasionalmente, al rellenar impresos, formularios y documentos en general. También se emplea cuando se quiere destacar algo (una nota, por ejemplo) para que no puedan existir malos entendidos. Otra de las posibilidades es que las letras se hagan tipográficas en minúsculas, mayúsculas o que se escriba todo el texto en mayúsculas tipográficas. Sin embargo, la escritura habitual de la persona no será tipográfica.

A veces veremos este tipo de escritura como consecuencia de una deformación profesional: rotulistas, arquitectos, dibujantes publicitarios, aparejadores, etc.

Interpretación grafológica

- Deseo de que se nos comprenda bien.
- Tendencia a puntualizar para evitar malos entendidos.
- Junto a otros rasgos nos puede indicar que la persona es escrupulosa.

Habitual. Este tipo de escritura, igual que el anterior, se produce toda en mayúsculas, o en mayúsculas y minúsculas, pero siguiendo el modelo de imprenta o máquina de escribir de forma habitual (cartas personales, apuntes y todo tipo de escritos).

Interpretación grafológica

- Dificultad para superar el sentimiento de inferioridad.
- Lógica.
- Autocontrol excesivo.
- Introversión.
- Fuerte artificiosidad.
- Se ejerce una coacción excesiva del «yo», proyectando una imagen de sí mismo que no es real.
- Ocultación de los fallos o las deficiencias personales.

Escritura tipográfica

9.

La dirección de las líneas

Este nuevo parámetro ofrece muchos datos interesantes sobre la escritura que se quiere analizar. Sin embargo, antes de entrar en interpretaciones, se explicará la simbología de la dirección de las líneas.

Los renglones representan la capacidad de resistencia ante las adversidades, la manera de afrontarlas, así como la forma en la que se ponen en práctica los nuevos proyectos y las iniciativas.

Por otra parte, la dirección de las líneas señala también el carácter optimista o pesimista del autor del escrito, aunque habrá que aprender a distinguir si dicho aspecto es una verdadera filosofía de vida o un estado anímico pasajero...

Merece la pena recordar aquí los experimentos realizados con hipnosis que ya expusimos en la primera parte de este libro. Por tanto, nos será de mucha utilidad conocer si la dirección de las líneas del escrito es o no la habitual.

CÓMO SE MIDE

Para medir la dirección de las líneas pueden utilizarse varios sistemas:

- Observación visual.
- Doblar el soporte donde se encuentra el escrito.
- Emplear el cartabón y el transportador.

Observación visual: una manera de comprobar la inclinación de las líneas consiste en girar el papel 90°, de tal manera que mirando las líneas desde el margen izquierdo se pueda observar el recorrido que éstas efectúan en el papel. Así podrá comprobarse el grado de rectitud.

Doblar el soporte donde se encuentra el escrito: este método es igualmente muy sencillo. Consiste en doblar el papel exactamente por la mitad para apreciar cómo quedan las líneas cuando se ha efectuado esta operación.

Emplear el cartabón y el transportador: este sistema ofrece valores exactos. Se sitúa una regla en el borde del margen izquierdo y, con la ayuda de un lápiz, se trazan líneas rectas. Después se dibujan líneas que sigan el recorrido de la escritura y, posteriormente, con el transportador se descubrirán los grados de ascenso-descenso de cada línea.

Medición de la dirección de las líneas

Ayer me levante me fui a trabajar, mas tarde acudi al hospital con mi padre, porque se encontraba mal, cual fue la noticia que nos dijeron que lo tenian que internar durante 5 dias por

GRADOS DE DIRECCIÓN

LÍNEAS ASCENDENTES

La media de ascenso no sobrepasa los 10° con relación a la horizontal.

Interpretación grafológica

- Carácter optimista.
- Resistencia ante la adversidad.
- Vitalidad.
- Imaginación.
- Grado de aspiraciones elevado, pero muchas veces las metas estarán en consonancia con sus posibilidades.
- Inclinación por los puestos de mando.

Hola de nuevo Clara, dijo de nuevo ya que es la segunda vez que de escribo, la primera carta no llegó a su destino,

LÍNEAS MUY ASCENDENTES

La media de ascenso de las líneas puede llegar a 10° con relación a la horizontal. Algunos grafólogos señalan 5°. La media puede estar entre ambos.

Interpretación grafológica

- Ambición exagerada. Siempre quiere más de lo que ha conseguido hasta el momento, aunque haya sido mucho, lo que puede generar un sentimiento de frustración.
- Persona entusiasta y apasionada.
- Exaltación, puede llegar a perder el contacto con la realidad.
- Actividad febril.
- Extraversión.
- Tendencia a saltarse las reglas establecidas.
- Estado de ánimo eufórico.
- A veces, es interesante contrastar la escritura con otras anteriores para ver si la euforia puede ser producto de un estado ciclotímico.
- La fiebre que provocan algunas enfermedades (por ejemplo, la tuberculosis) puede ser la causante de euforia pasajera.

My mother was in Europe many years ago, and did something similar to this. The admiration she received was quite surprising, and came with interest, but also with

LÍNEAS HORIZONTALES

En este tipo de escritura, la mayoría de las líneas son horizontales o rectas en relación con el borde izquierdo del papel.

Interpretación grafológica

▪ Capacidad para controlar los estados anímicos.

▪ Tranquilidad.

▪ Ponderación.

▪ Madurez.

▪ Carácter equilibrado.

Líneas horizontales

Acabo de venir de comer junto a dos amigos que trabajan en lo mismo que yo. Uno de ellos es un impresentable. Como decía la obra de Lope de Vega, es como el perro del hortelano. Su trabajo principal es dedicarse a desacreditar a los colegas del sector sin caer en la cuenta,

LÍNEAS DESCENDENTES

La media de descenso de las líneas no supera los 5° con relación a la horizontal.

Interpretación grafológica

▪ Si el descenso es esporádico, puede indicar cansancio, apatía o enfermedad.

▪ Si el descenso es habitual, el sujeto se desanima con facilidad, tiende a la depresión, su grado de aspiraciones no es muy elevado. Es introvertido y no aguanta bien las presiones externas, por lo que desarrolla un mecanismo de defensa basado en la obstinación. Junto a otros rasgos, posible timidez y cobardía.

Líneas descendentes

— la diferenciación de las t's func estatales y la asignación de los mismos a t's órganos, xo evitar la concentración del poder en una única mano. En evitar la formulación de un poder autocrático.

NOTA: La manera más adecuada para hacer nuestra interpretación en estos casos es estudiar la firma y la rúbrica.

LÍNEAS MUY DESCENDENTES

La media de descenso de las líneas supera los 5° con relación a la horizontal.

Interpretación grafológica

- Si no hay un motivo justificado como fatiga o alguna enfermedad, se trata de un carácter marcadamente depresivo que le impide desenvolverse con naturalidad en la vida.
- Tendencia acusada a la frustración.
- A veces, este tipo de escrituras pueden delatar tendencias suicidas y comportamientos autodestructivos. Al hacer esta interpretación hay que tener mucho cuidado y analizar otros rasgos para no equivocarse: la firma, la rúbrica y los óvalos, especialmente.
- El sujeto tiende a ponerse a sí mismo cortapisas y trabas de todo tipo, que únicamente contribuyen a hundirle más en un pozo sin fondo.
- Desesperación.

Líneas muy descendentes

VARIANTES EN LA DIRECCIÓN DE LAS LÍNEAS

En la dirección de las líneas podemos encontrar variantes que afectan a los propios renglones. Dichos aspectos a valorar son:

RECTILÍNEA O DE LÍNEAS RECTAS

Este tipo de escritura tiene las líneas rectas, ya sean ascendentes u horizontales. Sin embargo, no se debe confundir con las líneas rígidas, de las que hablaremos después.

Interpretación grafológica

- Constancia a la hora de emprender nuevos proyectos.
- El estado anímico es estable.
- Madurez emocional.

LÍNEAS RÍGIDAS

Este tipo de escritura se caracteriza porque las líneas son demasiado perfectas, como si el autor las hubiese realizado con una plantilla. La monotonía es, por tanto, asombrosa. En estos casos, hay que descartar la utilización de falsilla. El uso de la falsilla supone un artificio exagerado. Se quiere dar una imagen artificial de uno mismo, que sea superior a la que se sabe que se puede llegar a alcanzar con la propia escritura. Si no hubiese falsilla, la valoración sería la siguiente:

Interpretación grafológica

- Fuerte autocensura interna.
- Principios morales rígidos y conducta acorde con ellos.
- Fuerte convencionalismo.
- Acusado sentido del deber que dicta comportamientos inflexibles.

LÍNEAS SINUOSAS

A simple vista, la dirección de las líneas o los renglones se vuelve serpentina. Se observan oscilaciones entre lo ascendente y lo descendente, sin encontrar su sitio en el papel. Es parecido al desplazamiento de una serpiente.

Interpretación grafológica

- Diplomacia.
- Posibles cambios de humor.
- Flexibilidad.
- Amabilidad carente de naturalidad.
- Puede ser un rasgo que nos indique que el sujeto miente de manera sistemática acomodándose a lo que sabe que las personas quieren escuchar.
- También es propia de oportunistas.

Líneas sinuosas

Hola stoy escribiendo porque me han dicho que me van a decir como soy por unas letritas de nada No me creo nada aunque si acierta me comprare un libro para aprender.

SINUOSA EN PALABRAS

Puede ocurrir que la sinuosidad sólo afecte a algunas palabras y no al conjunto de la escritura.

Interpretación grafológica

- Sensibilidad.
- Capacidad para adaptarse al medio.
- Creencias poco asentadas.
- Intuición.
- Desarreglos en la emotividad. Le cuesta controlarla.
- Excitabilidad a flor de piel.

Sinuosa en palabras

Eran las seis de la mañana cuando el sol apareció por el horizonte.

ESCRITURA CÓNCAVA

En este tipo de escritura se observa que inicialmente las líneas caen. No obstante, hacia la mitad del recorrido comienzan a ascender nuevamente hasta situarse en la misma posición que tenían al comienzo del escrito. En pocas palabras, descienden para después ascender.

Interpretación grafológica

- El sujeto inicia los proyectos y, a medida que se desarrollan parece «perder fuelle», se desalienta. Sin embargo, poco a poco tiende a sobreponerse a las adversidades. Capacidad de resistencia.
- Introversión.
- Puede ser uno de los movimientos que indican ciclotimia, pero siempre junto a otros rasgos.

Escritura cóncava

Salimos a pasear el otro día toda la familia después de una reunión para aclarar la situación en la que nos encontramos. No es una

ESCRITURA CONVEXA

En este caso, la escritura empieza con un ascenso importante, aunque termina descendiendo y, al final, cae más abajo incluso de donde se inició.

Interpretación grafológica

- La persona comienza los proyectos con buen ánimo, pero las dificultades minan su espíritu emprendedor. Muchas veces, no llega a concluir lo que se propone por abandono.
- Mala canalización de la energía.
- Falta de constancia.

Escritura convexa

Todos quieren jugar al futbol porque da mucho dinero y el dinero es algo que

IMBRICADA ASCENDENTE

En este tipo de escritura tiene lugar un fenómeno muy curioso: una palabra asciende sobre la horizontal de la línea, pero la palabra siguiente intenta volver a la horizontal produciéndose lo que se llama «imbricación». Es decir, se produce un efecto parecido a las escamas de los peces.

Interpretación grafológica

- Autocontrol del estado anímico que tiende a la euforia.
- Idealismo mal entendido. Metas de difícil consecución.
- Tendencia a sobreponerse ante al adversidad.
- Inestabilidad emocional.
- Oposición al ambiente.
- Cierta predisposición neurótica.

Imbricada ascendente

Hola a todos es fácil confundirse en este tipo de cosas. No sabría decir que es lo que está

IMBRICADA DESCENDENTE

Se trata del caso opuesto al que acabamos de estudiar. Pero, por el contrario, la palabra desciende respecto a la línea horizontal para después intentar retomarla en la siguiente palabra.

Interpretación grafológica

- Autocontrol del estado anímico, puesto que tiende a la depresión y al desaliento.
- Iniciativas prácticas que no llegan a buen puerto.
- Desarreglos emocionales.
- Tenacidad ante el desaliento.
- Introversión.

Imbricada descendente

No se si podré hacer lo que me han pedido por tratarse de algo complicado por mi forma de ser.

FINALES DE PALABRA QUE ASCIENDEN

Este tipo de escritura se caracteriza porque las líneas siguen un recorrido horizontal y, de repente, la última palabra o letras finales de ésta ascienden.

Interpretación grafológica

- Control consciente de la faceta optimista del carácter. Este control no siempre se consigue.
- Tendencia a rebelarse contra las imposiciones.
- Represión consciente que no puede ser del todo acallada.
- Extraversión.

FINALES DE PALABRA QUE DESCIENDEN

Este tipo de escritura se caracteriza porque las líneas siguen un recorrido horizontal y, de repente, la última palabra o las letras finales de ésta descienden. Este movimiento también se conoce como «rabo de zorro» por su parecido con la cola de este animal.

Interpretación grafológica

- Intenta controlar conscientemente las tendencias depresivas, pero el inconsciente le traiciona.
- Angustia.
- Melancolía.
- Posibles problemas de salud.

10.

La inclinación de las letras

En este capítulo se desarrollará un nuevo parámetro de gran interés para el análisis grafológico. Y lo es, entre otras cosas, porque la inclinación que poseen las letras de una escritura aporta una serie de datos sobre la personalidad de su autor.

Las letras simbolizan a la persona. El sujeto se dirige desde su propio «yo» hacia los demás. La inclinación es la manera o el camino de llegar hacia ellos (margen derecho). Por tanto, es comprensible que la información que se va a obtener de este nuevo aspecto de la escritura sirva para descubrir la capacidad de relación que el sujeto posee con su entorno.

Pero no es el único aspecto ni mucho menos, ya que no puede olvidarse que la escritura son gestos y, como tales, la inclinación representa la manera de acercarse a los demás: tímida, fría, afectiva, invasora, etc.

Las dotes de mando, el predominio de los parámetros lógica-intuición, la afectividad, la introversión-extraversión, la iniciativa en la vida, la capacidad de reflexión y de organización, la constancia, el autocontrol, el orden, la fuerza «yoica», etc.

CÓMO SE MIDE

Está claro que hay mucho que analizar, así que lo mejor es explicar cómo se mide este nuevo aspecto.

Para hacerlo, se debe regresar a un concepto del que ya se habló cuando se expuso cómo medir el tamaño: la línea inferior de la escritura. Después de trazarla, como se explica en el capítulo 7 dedicado al tamaño, se dibujan líneas hacia arriba, siguiendo la propia inclinación que tenga la escritura que se quiera analizar.

Lógicamente, donde mejor se observará esta trayectoria será en las letras que presenten crestas y pies. A continuación, se utilizará el transportador (como se recordará, ya usamos este instrumento para medir la dirección de las líneas). Para ello, debe acomodarse sobre el papel, siguiendo con exactitud la línea inferior de la escritura, y colocando, al mismo tiempo, el vértice central del transportador en los puntos de intersección de las líneas que se trazaron sobre cada letra.

Medición de la inclinación de las letras con transportador

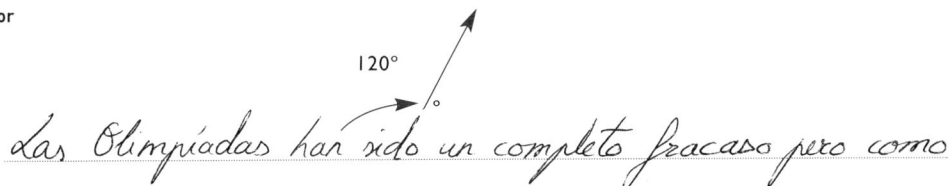

120°

Las Olimpíadas han sido un completo fracaso pero como

CUÁNTO DEBE MEDIRSE

Hay que medir más de una letra para hallar la media, puesto que los resultados de la medición de cada letra pueden variar.

El número de mediciones dependerán de la flexibilidad que se quiera imprimir al estudio y también de la muestra caligráfica de la que se disponga. Sin embargo, para tener una orientación precisa, se pueden medir tres renglones: el primero (más consciente), uno extraído de en medio y otro del final (más inconsciente). Después se calcula la media de los tres, obteniendo así un resultado bastante fiable.

Como dato adicional hay que comentar que, siempre que se disponga de material, también habrá que medir la firma. Sin embargo, de este aspecto se hablará más adelante, cuando se estudie la firma.

Otro detalle que debe tenerse en cuenta es que, cuando la inclinación resulte invertida (mirando hacia la izquierda), los valores serán inferiores a 90°, mientras que, cuando resulte inclinada (mirando hacia la derecha), los valores serán superiores a 90°.

GRADOS DE INCLINACIÓN

Una vez realizada la media, éstos son los diferentes grados de inclinación que se pueden encontrar en la escritura:

TUMBADA

Se dice que una escritura es tumbada cuando la inclinación media hacia la derecha es mayor de 135°.

Interpretación grafológica

- Extraversión acusada.
- El sujeto no se controla, no es capaz de controlar los sentimientos, los actos y los impulsos.
- Pasional.
- Persona que necesita comunicarse afectivamente con los demás para sentirse segura de sí misma.
- Afectividad desarreglada.
- Actividad frenética que le lleva a intentar desarrollar muchas tareas al mismo tiempo.
- Vehemencia.
- Subjetividad.
- Falta de tacto.
- Susceptibilidad.
- Irreflexión.
- Fácilmente influenciable.

Inclinación tumbada

INCLINADA

Se dice que una escritura es inclinada cuando la inclinación media hacia la derecha oscila entre 120° y 135°.

Interpretación grafológica

- Extraversión.
- Cordialidad.

- Persona entusiasta.
- Expansión afectiva.
- Amabilidad.
- Irreflexión.
- Falta de mesura.

Escritura inclinada

Querida Lilia, quizás te sorprenda esta carta porque hace por mucho de esto, pero como hace tiempo que no sé nada

MODERADAMENTE INCLINADA

Se dice que una escritura es moderadamente inclinada cuando la inclinación media oscila entre 90° y 120°.

Interpretación grafológica

- Extraversión.
- Equilibrio entre la razón y el sentimiento.
- Amabilidad.
- Deseos de aprender.
- Se controla bien sin perder la cordialidad con los demás.
- Persona convencional.
- Junto a otros rasgos negativos, su actitud puede volverse esclava de los convencionalismos.

**Escritura
moderadamente inclinada**

Thanks for your letter and card! I am 64 years of age, married and a Radio engineer from profession. Also I do own a little store here. In Amateur

VERTICAL O RECTA

Se dice que una escritura es vertical o recta cuando la inclinación media se ajusta a 90°.

Interpretación grafológica

- Predominio de la razón frente al sentimiento.

- Imparcialidad.

- Reflexión.

- Autocontrol de los impulsos, que pueden llegar a reprimirse.

- Temor a dejarse llevar por los sentimientos.

- Este tipo de inclinación suele aparecer en personas maduras.

- Persona reservada a la que le gusta tener todo calculado y que piensa antes de actuar.

- Junto a otros rasgos, la interpretación puede tornarse negativa: inflexibilidad, orgullo mal entendido, frialdad hacia el sufrimiento ajeno y sequedad.

- La fuerza del «yo» es potente.

Escritura vertical o recta

[Muestra de escritura manuscrita]

MODERADAMENTE INVERTIDA

Se dice que una escritura es moderadamente invertida cuando su media se inclina hacia la izquierda entre los 90° y 60°.

Interpretación grafológica

- Introversión.

- Cautela.

- Autocontrol.

- Desconfianza.

- Tendencia al sacrificio.

- Resignación.

- Disimulo llegando incluso a la mentira.

- Tendencia al aislamiento.

- Vive las presiones del ambiente como una losa, por lo que busca refugiarse en sí mismo.

- Persona que tiende a teorizar más que a llevar a cabo sus objetivos.

- Falta de confianza en los propios valores.

¿ Saber que sale una noticia tuya en el próximo número? . No se muy bien de que va... aunque he visto los diapositivos, eran de una

INVERTIDA

Se dice que una escritura es invertida cuando la media de la inclinación oscila entre los 60° y 45°.

Interpretación grafológica

- Fuerte introversión.
- Tendencia muy acusada a refugiarse en sí mismo.
- El entorno se vive como un elemento claramente hostil, lo que le puede conducir a la evasión mental.
- Retraimiento. El sujeto no aprovecha sus posibilidades personales.
- Dificultades para relacionarse con los demás.
- Desconfianza hacia los demás.
- Falta de integración.
- Represión de las manifestaciones afectivas. Posibles problemas psicológicos en este sentido. La persona sufre internamente.

Cantando en la mayoría de los coros consiguió todo lo que se había propuesto.

CAÍDA A LA IZQUIERDA

Se dice que una escritura está caída a la izquierda cuando la media de la inclinación no sobrepasa los 45°, lo que provoca este efecto.

Interpretación grafológica

- Se pueden aplicar los valores del epígrafe anterior aunque, en este caso, todo cobra mayor fuerza. Se trata, por tanto, de una persona problemática que sufre traumas afectivos de relativa importancia.

- Por fuera, parece una persona de hielo, incapaz de sentir lástima o de emocionarse con las cosas naturales que proporciona la vida. Sin embargo, por dentro, los sentimientos «bullen», propiciando un caos interno. Además, hay que añadir componentes depresivos que, junto a otros rasgos, pueden indicar una tendencia suicida.

- Egocentrismo.

- El sujeto no sabe cómo expresar con normalidad sus emociones.

- La agresividad es secundaria y suele proyectarse contra uno mismo, pues se reserva y se guarda como un pequeño tesoro.

Escritura caída a la izquierda

NOTA ACLARATORIA

En los casos de escrituras con tendencia a la inversión (invertida y caída a la izquierda), hay que valorar la posibilidad de que la persona sea zurda o que la posición a la hora de realizar el escrito no sea la adecuada. Si se tiene constancia fehaciente de esto, hay que valorar de una manera distinta este tipo de escrituras e incluso habría que darles interpretaciones contrarias a los valores invertidos en cuanto a la inclinación de las letras.

POSIBLES VARIACIONES EN LA INCLINACIÓN

Aunque la inclinación suele mantenerse con pequeñas variaciones, a veces pueden producirse casos en los que no siempre sea la misma. De todo esto se hablará a continuación. Antes de nada, éstas son las variantes que nos podemos encontrar:

INCLINACIÓN RÍGIDA O MONÓTONA

Se dice que una escritura posee inclinación rígida cuando no experimenta variaciones de ninguna clase. Da igual si la escritura es recta, inclinada o invertida; lo importante aquí es que, al trazar las líneas de abajo arriba para hacer las mediciones de la inclinación, éstas no presenten variaciones pareciendo hechas con una precisión demasiado artificial.

Interpretación grafológica

- Rigidez en los planteamientos. Estas personas no aceptan opiniones que no sean las suyas.
- Pretenden dominar los sentimientos, los impulsos y su manera de comportarse, lo que les vuelve un tanto artificiales.
- La terquedad puede hacer acto de presencia en sus acciones.
- Meticulosidad y orden. Lo quieren todo bajo control. Lógicamente, esto también afecta a las cuestiones laborales.
- Su aparente insensibilidad es una defensa contra lo que creen que puede hacer variar sus esquemas vitales.
- Predominio de la lógica frente a la intuición.

Escritura inclinación
rígida o monótona

is 90.000 pts. per month! Luckily, Shell pays. The Hague is incredibly expensive, I suppose because of the number of diplomats (and Shell employees) that live here. It seems impossible to go into the street without spending a couple of thousand pesetas. Also, I don't have the

INCLINACIÓN CONSTANTE

Este tipo de inclinación no debe ser confundida con la anterior. En estas escrituras hay una constancia en cuanto a su inclinación, ya sea la letra invertida, recta o inclinada. Sin embargo, no será tan rígida como en el caso anterior. Habrá que valorarla según el grado de inclinación al que pertenezca.

Interpretación grafológica

- Constancia en las tareas.
- Estabilidad en el carácter, lo que propicia una normal relación con las personas de su entorno.

- Predominio de la lógica frente a la intuición y de la razón frente al sentimiento.
- Autocontrol.
- Se asumen bien las presiones externas.
- Organización y capacidad de concentración.
- Es uno de los rasgos de la sinceridad.

Inclinación constante

Eran las cinco cuando llamaron a la puerta. Todo parecía tranquilo excepto la casa de al lado. El ladrido del perro no cesaba. Todo hacía pensar que se avecinaba un acontecimiento temido durante

ESCRITURA VIBRANTE

Se dice que una escritura es vibrante cuando presenta una pequeña oscilación, ya que al medir se comprueba que todas las letras no poseen el mismo grado de inclinación. Da igual si hablamos de escrituras invertidas, rectas o inclinadas.

Interpretación grafológica

- Con letra invertida: el sujeto teme ser excesivamente débil en el plano afectivo y sentimental. Intenta controlarse, pero no lo consigue.
- Con letra recta: la persona es sensible y emotiva por naturaleza. Sin embargo, se reprime aunque la vibración la delata.
- Con letra inclinada: afectividad y sensibilidad. Carácter tierno. Las emociones calan hondo en estas personas.

INCLINACIÓN DESIGUAL

Al observar este tipo de escritura, se advierte que presenta alternancia de letras invertidas, rectas e inclinadas.

Interpretación grafológica

- Capacidad de adaptación al medio. La persona tiende a adaptarse a lo que cree que los demás desean, lo que la convierte en amable, comprensiva y empática.
- En su aspecto más negativo, esta postura produce ambivalencia, dudas y vacilaciones cuya importancia depende del grado de variación.

- Inconstancia e inseguridad.
- Estas personas suelen cambiar con frecuencia de ocupaciones.
- Éste es uno de los rasgos de la amoralidad, especialmente con letra desordenada y descendente.
- Carácter caprichoso.
- Posible tendencia a la mitomanía.

Inclinación desigual

Le escribo la presente en respuesta a su anuncio publicado el viernes, día 27 de enero en el periódico "Mercado de Trabajo."

PALABRAS DE INCLINACIÓN DESIGUAL

Existen variaciones de inclinación sólo en determinadas palabras.

Interpretación grafológica

- Cuando el resultado es ocasional, no puede considerarse significativo, pero si se repite a lo largo del escrito e incluso se utilizan distintos colores para destacar algunas palabras, puede ser indicio de tendencias obsesivas.
- Si se hace inconscientemente, pone de manifiesto un choque emocional que posiblemente tendrá que ver con la palabra en cuestión cuya inclinación se modifica. Hay que intentar comprender qué puede simbolizar la palabra. Si esto se produce en una sola letra —y siempre en la misma—, también puede significar un choque emocional, aunque en este caso será más difícil descubrir qué lo ha provocado.

11.

La presión

Éste es un parámetro que, si bien es importante, no es sencillo de explicar en tanto en cuanto el material que ahora tiene en sus manos para hacer las comparaciones no es original. Sin embargo, conviene trabajar siempre que se pueda con manuscritos originales, no sólo porque la presión quedará mejor reflejada, sino porque incluso mediante el tacto se podrá comprobar si la presión de una escritura es mayor o menor en el reverso del papel sobre el que ha sido realizada.

En cualquier caso, lo que hay que entender desde un principio es el hecho de que son muchos los factores que influyen en la presión al escribir.

FACTORES QUE INFLUYEN EN LA PRESIÓN

Todos los factores que se exponen a continuación son datos y circunstancias que pueden hacer que la interpretación se vea modificada. Por tanto, es tarea del grafólogo investigar en qué condiciones se ha realizado el escrito. Los agentes que influyen en la presión de un escrito son los siguientes:

UTENSILIOS ESCRITURALES

Como es lógico, influyen y mucho. No es igual escribir con rotulador, bolígrafo, lápiz, pluma... E, incluso, si se escribe con rotulador, el trazo tampoco será igual dependiendo del grosor de la punta. Lo mismo pasará con los bolígrafos, los lápices, etc.

Asimismo, es interesante saber si el útil utilizado para la muestra se encuentra en condiciones adecuadas ante escritos en los que la presión se vuelve pastosa, rota o irregular.

Además de lo expuesto anteriormente, conviene resaltar que las personas tienen tendencia a escoger aquellos útiles que, en principio, van más con su personalidad.

TINTA

La fluidez de la tinta también puede marcar diferencias al escribir. Si la tinta no fluye como debiera, puede hacer que el escrito presente unas características anormales que induzcan a error.

SOPORTE O PAPEL

Los diferentes tipos de papel con que se escribe también pueden hacer que la presión del escrito varíe, aunque se utilice el mismo utensilio.

SUPERFICIE

Es importante contemplar también el hecho de que la superficie sobre la que se apoya el papel mientras se realiza el escrito puede hacer que la presión se vea desvirtuada. Como es natural, no es igual escribir sobre una superficie rugosa que hacerlo sobre una lisa, etc.

CONDICIONES AMBIENTALES

Las posturas adoptadas al escribir y los estados anímicos y físicos también son importantes.

Diferentes útiles de escritura

¿QUÉ SE PUEDE AVERIGUAR A TRAVÉS DE LA PRESIÓN?

Los detalles que puede revelar la presión de una escritura son muchos, por lo que se debe tener cuidado a la hora de determinar los resultados del análisis. Lo ideal sería poder disponer de varios manuscritos, realizados con diferentes útiles y en distintos días, para poder comparar este aspecto tan importante.

La presión es un barómetro muy certero para conocer la energía vital de que dispone el sujeto que se quiere analizar. Además, servirá para medir el grado de agresividad de la persona en cuestión, así como la fuerza «yoica», el grado de autoconfianza, de introversión-extraversión, la iniciativa, la timidez, el grado de realismo-idealismo, etc.

Igualmente, la presión es uno de los aspectos que pueden dar la voz de alarma en cuanto a posibles grafopatologías.

LOS GRADOS DE PRESIÓN

A continuación se exponen e interpretan los diferentes grados de presión que puede poseer una escritura:

PRESIÓN FLOJA

También conocida como «deficiente». El sujeto tiende a apoyar poco el útil sobre el papel, lo que propicia la existencia de fallos de presión que pueden interrumpir el trazo o crear zonas claras dentro del conjunto de la escritura.

Interpretación grafológica

- La condición física es delicada y quebradiza.
- Introversión.
- Falta de constancia en las tareas que desempeña, especialmente las físicas, para las que no está muy bien dotado. La energía parece esfumarse de un plumazo.
- Concentración deficiente.
- Idealismo.
- Delicadeza y espiritualidad.
- Sensibilidad.
- Naturaleza perezosa.

- Existe cierta apatía a la hora de desarrollar las iniciativas. Laboralmente, prefiere los trabajos intelectuales que no requieran esfuerzos físicos y en los que se le dicten unas pautas de actuación.
- Indecisión.
- Timidez.

Presión floja

Cantábamos todos juntos el día de Navidad y toda la familia estaba feliz en esos

PRESIÓN BLANDA

Sus principales características son la presencia de curvas, poco grado de presión y ejecución lenta. Se suele asociar a escrituras de líneas descendentes.

Interpretación grafológica

- Capacidad de adaptación al medio.
- Afabilidad.
- Lealtad.
- Capacidad de aguante.
- Facilidad de trato.
- Puede dejarse influir excesivamente por las opiniones ajenas.
- Tendencia a la inactividad.

Presión blanda

En cualquier lugar del mundo Se pueden encontrar personas que quieran estas vidas en soledad

PRESIÓN LIGERA

También llamada «fina». En este tipo de escritura, aunque se observa regularidad en cuanto al grado de presión, se advierte que el trazado es muy fino.

Interpretación grafológica

- Introversión.
- Persona delicada, sensible e introspectiva.
- Sagacidad.
- El trato es suave.
- Muchas veces, este tipo de presión delata escasa fuerza física.
- Desarrollo del sentido auditivo. Facilidad para la música, etc.
- Junto a otros rasgos, se descubre al tímido que deja de hacer cosas en la vida por no hacerse notar o por temor a exponer sus criterios. A veces, se acompaña de falta de personalidad.

Presión ligera

Las hormigas son insectos sociales que buscan larvas y pupas en hormigueros vecinos para hacerlas sus esclavos

PRESIÓN NORMAL

También llamada «mediana». En este tipo de escritura, los trazos se mantienen firmes aunque sin exageraciones. Esta clase de presión es la más común.

Interpretación grafológica

- En general se produce un equilibrio en los campos que hemos estudiado durante los apartados anteriores.
- Persona adaptable en su justa medida, sin llegar a ser manipulable.
- Equilibrio entre la flexibilidad y la rectitud de criterios.
- Equilibro entre razón y sentimiento.
- Vitalidad física normal.
- Equilibrio entre la lógica y la intuición.

- Está capacitado para ejercer tanto puestos de mando como subordinados.
- Agresividad media.

PRESIÓN FIRME

Este tipo de presión se distingue porque se nota que la persona ha apretado con firmeza a la hora de realizar el escrito. Además, se observa que existe profundidad y regularidad en los trazos. Por otra parte, este tipo de presión se suele dar en escrituras en las que se observa un predominio del ángulo.

Interpretación grafológica

- Vitalidad física y tono vital saludable.
- Extraversión.
- Constancia y tenacidad.
- Capacidad de mando. Personas que no suelen dejarse impresionar por las influencias del ambiente.
- Audacia y realismo.
- Decisión
- Iniciativa.
- Materialismo.
- Fogosidad en cuanto a la sensualidad.
- Con rasgos negativos, despotismo, intransigencia y cabezonería.
- En este caso, la agresividad es mayor que en los anteriores.

Presión firme

Estoy esperando que llegue el mes de julio, para irme de vacaciones. Queda poco, pero son los días más duros, ya que lo deseo profundamente.

PRESIÓN FUERTE

También denominada «pesada». Este tipo de escritura se caracteriza porque la persona, al escribir, imprime mucha fuerza, de tal manera que, a veces, el papel llega a romperse. Si se da la vuelta al papel, advertiremos mejor este particular.

Interpretación grafológica

- Gran resistencia física y tono vital saludable si los trazos son netos o limpios.
- Extraversión.
- Tenacidad y capacidad de iniciativa (sobre todo en escrituras angulosas).
- Sensualidad y materialismo (si la escritura presenta un bajo nivel gráfico,[11] podemos estar ante una persona que encierra cierto caudal agresivo).
- El sujeto posee criterios propios y no suele hacer caso a consejos o advertencias de otras personas.

Presión fuerte

EL TRAZADO Y LA PRESIÓN

A continuación se analizan los trazos sin tener en cuenta la fuerza con la que hayan sido impresos. Dentro de esta categoría se pueden distinguir las siguientes variantes:

NETA O LIMPIA

En este caso, los contornos de los trazos son perfectos. Muchas veces va acompañado de presión homogénea.

Interpretación grafológica

- Constancia.
- Predominio de la razón frente al sentimiento.
- Persona a la que le gusta que todo se encuentre perfectamente delimitado, claro y realizado con pulcritud.
- Es uno de los rasgos de la buena memoria.
- Nobleza.

11. El nivel gráfico se relaciona con la forma gráfica y con la preparación intelectual. Conviene aclarar que, aunque una escritura presente un bajo nivel de forma o gráfico, eso no quiere decir que la persona no sea inteligente. Hay personas que por su naturaleza poseen una gran inteligencia.

Hola, me llamo Ava y estoy aquí en Castellana 12 tomándome una copa porque siempre vengo aquí y hay bastante gente que conozco que también acostumbra a venir aquí.

PASTOSA

Antes de nada, hay que asegurarse, en la medida de nuestras posibilidades, de que el útil con el que se ha realizado la muestra caligráfica no se encuentre en malas condiciones. Una forma de hacerlo es contar con varios escritos diferentes e investigar si en ellos aparecen las siguientes peculiaridades:

Con pluma: excesos de tinta, borrones, óvalos cegados, contornos mal ejecutados y suciedades.

Con bolígrafo: además de lo ya expuesto, junto al trazo hay una línea prácticamente invisible que sigue a éste. Esto sucede por apoyar la mano incorrectamente de tal manera que el papel roza con la parte que sujeta a la bola con la que se escribe.

Interpretación grafológica

- Se trata de uno de los signos que indican fatiga, tanto física como psíquica.
- Pesimismo.
- Problemas para mantener la atención en algo durante mucho tiempo.
- En el plano sexual, fantasía erótica de carácter mórbido.
- Acusado grado de agresividad.
- Excesos que conducen al agotamiento (gastronómicos, con la bebida, intoxicaciones...).
- Posible trastorno psíquico.
- Grafopatológicamente, se puede interpretar como un rasgo de trastornos circulatorios.
- Autocontrol nulo.

(Véase capítulo 19, «La letra de los asesinos»)

EN RELIEVE

Se trata de un tipo de escritura que nace producto de una variación en la inclinación al escribir. Puede haber un pequeño giro que la provoque. En cualquier caso, la consecuencia de este proceso hace que existan diferencias en la distribución de la tinta, que se pueden dar incluso en una misma letra o trazo.

Interpretación grafológica

- Sentido de la estética.
- Capacidades artísticas que pueden desarrollarse en varias facetas (dibujo, diseño, arquitectura, etc.).
- Buena memoria si la persona se siente motivada en las tareas que desempeña.
- En el sentido negativo, habría que añadir que el sujeto vive más centrado en el cuerpo y su sensualidad que en cultivar el espíritu.

FUSIFORME

Este tipo de escritura se caracteriza por un aumento repentino de la presión y también por el grosor de algunos trazos que se ejecutan de arriba abajo, especialmente en las crestas, aunque también puede encontrarse en las jambas.

Hay que señalar que esta clase de escritura no se advierte con facilidad con bolígrafos, lápices o rotuladores. Se aprecia mejor cuando el útil empleado es la pluma.

Fusiforme

En la villa de Madrid á primero de Junio de mil ochocientos setenta y seis: ante mí el infras

Interpretación grafológica

- El sujeto puede tener reacciones desproporcionadas, que no vienen a cuento, cuya intención es provocar.

- Narcisismo y exhibicionismo.
- Carácter materialista y sensual.
- En el plano instintivo, la sensualidad y la sexualidad no se viven con normalidad.
- Posible latencia histeroide.
- Finura y buena educación.
- Necesidad de hacerse notar frente a los demás.
- Carácter explosivo.

EN ROSARIO O TEMBLOROSA

Se trata de un tipo de escritura que posee variaciones en la presión vertical, temblores y el dibujo del trazo es similar a las cuentas del rosario, de ahí su nombre. Se detecta mejor con pluma, pero también se aprecia con bolígrafo o rotulador.

Interpretación grafológica

- Grafopatológicamente, se puede hablar de problemas de tipo cardíaco cuando los temblores se producen en la zona central, en los óvalos principalmente.
- Las condiciones ambientales pueden influir, así como los esfuerzos físicos.
- Puede darse en escrituras correspondientes a personas con serios problemas de alcoholismo y en toxicomanías más o menos graves.
- El temor y el estrés, en un momento determinado, pueden provocar impactos de estas características en la escritura.
- El temblor es también síntoma de vejez y de enfermedades como el Parkinson.

En rosario o temblorosa

La tarde se rota tu sonrisa
para darle luz a la Luna

CON ROTURAS O BRISADOS

Este tipo de escritura se caracteriza por la presencia de interrupciones o cortes súbitos durante la ejecución de los trazados de las letras. Es decir, cuando se escribe no se marcan algunas partes de éstas. A veces no es fácil detectar estas particularidades, por lo que es necesario poner mucha atención. Hay que descartar que estas roturas no obedezcan a problemas con los útiles y el soporte (papel inadecuado, etc.).

Interpretación grafológica

- Grafopatológicamente, las roturas son producto de un espasmo neuromuscular, de carácter coronario, hormonal o nervioso. Se ven con frecuencia en casos de obesidad, cardiopatías y tuberculosis pulmonar.

- Posible ansiedad y angustia provocada por los trastornos que acabamos de describir.

- Temores como consecuencia de la timidez.

Si los brisados están en la zona superior, pueden significar miedo a expresar lo que se piensa. Si están en la zona inferior, miedo a reaccionar instintivamente.

Con roturas o brisados

SECA

Se dice que una escritura posee presión seca cuando no se observa relieve, los trazos son finos y la presión uniforme. Casi siempre será angulosa y rígida. Visualmente, resulta áspera e incómoda.

Interpretación grafológica

- Carácter seco y resentido.

- Trato áspero.

- Buena dosis de energía.

- Persona práctica, que va al grano.

- Irritable, no permite que se establezca una relación cordial.

- Persona cortante y susceptible.

- Junto a otros rasgos, crueldad.

Escritura con presión seca

PRESIÓN SEGÚN LA DIRECCIÓN DE LOS TRAZOS

Según sea la presión en los trazos, también pueden sacarse conclusiones para realizar un informe grafológico. En este caso, se pueden dar dos variantes:

ESCRITURA CON PRESIÓN VERTICAL

En este tipo de escritura, se advierte que se ejerce mayor presión en los trazos verticales que en los horizontales. La presión se aplica de arriba abajo (no confundir con la escritura fusiforme).

Interpretación grafológica

- Introversión.

- Deseos de autoafirmarse y de cultivar la personalidad.

- Capacidad de mando.

- Obstinación y cabezonería.

- Egoísmo.

ESCRITURA CON PRESIÓN HORIZONTAL

En este tipo de escritura, se advierte que se ejerce mayor presión en los trazos horizontales que en los verticales. La presión se muestra en letras como la *t* y, en general, en los trazos que se proyectan horizontalmente.

Interpretación grafológica

- La persona, en este caso, busca realizarse, pero lo hace a través de terceros, proyectando en ellos su influencia.
- Extraversión.
- Iniciativa.
- Carácter sociable.
- En el plano negativo, puede observarse cierta irritabilidad e impaciencia.

REGULARIDAD EN LA PRESIÓN

Éstas son las variantes que ofrece este parámetro:

ESCRITURA CON PRESIÓN DESIGUAL

Una escritura tiene presión desigual cuando existen cambios de presión a lo largo del escrito: en unas zonas aumenta, en otras disminuye...

Interpretación grafológica

- Persona dubitativa.
- Inconstancia, especialmente en el plano afectivo.
- Predominio de la intuición frente a la lógica.
- El sujeto no tiene mucha confianza en sí mismo.
- Irritabilidad y cambios bruscos de humor.
- Pérdidas de energía o mala canalización de ésta.

Escritura con presión desigual

ESCRITURA CON PRESIÓN UNIFORME

Se dice que una escritura tiene presión uniforme cuando no existen cambios de presión a lo largo del escrito o, si los hay, éstos son mínimos.

Interpretación grafológica

- Seguridad en uno mismo.
- Constancia, especialmente en el terreno afectivo.
- Buena dosis de energía.
- Predominio de la intuición frente a la lógica.
- Es uno de los rasgos del carácter estable.

Escritura con presión uniforme

12.

La velocidad

La velocidad o rapidez con la que se escribe es uno de los parámetros más interesantes y, a la vez, más difíciles de comprobar, a no ser que se pueda observar a la persona que queremos analizar mientras escribe. Si ella está presente, se le pueden realizar una serie de pruebas utilizando un simple cronómetro.

Es evidente que cada persona tiene una forma de escribir y de manifestar su personalidad. Una manera más de hacerlo es imprimiendo la propia velocidad a un escrito.

Gracias a la velocidad de la escritura, se descubren diferentes aspectos de la persona como, por ejemplo, la rapidez con la que se ejecutan los procesos mentales, la eficacia con la que se llevan a cabo las empresas, el predominio de la lógica o la intuición, el oído musical, el grado de introversión-extraversión, etc.

FACTORES QUE INFLUYEN EN LA VELOCIDAD

Es importante contar con varias muestras de la escritura que se quiere analizar, ya que hay ciertos factores que pueden condicionar la velocidad de un escrito. Por ejemplo, al tomar apuntes, se tiende a realizar peor el trazado de las letras para aumentar la velocidad y poder seguir así tomando notas; lo mismo sucede durante un dictado.

Éstos son los factores que pueden influir en la velocidad:

CONDICIONES AMBIENTALES

Tales como el frío; el calor; los ruidos de fondo, que interrumpen la concentración; las posturas incómodas al escribir; la presencia de personas alrededor, ya que pueden causar impactos emocionales, etc.

ESTADOS ANÍMICOS

Euforia, apatía, temor, etc.

CONDICIONES PERSONALES

El hábito de escritura que tengamos, la habilidad manual, la forma de coger el útil, etc.

LA VELOCIDAD DEL TRAZADO

Conviene aclarar que una cosa es la velocidad global de la escritura, que puede ser calculada estableciendo una prueba cronométrica y realizando posteriormente un cómputo basándose en letras por minuto (L/M), y otra diferente es la velocidad que se imprime en cada trazo o velocidad del trazado.

Aunque se trata de conceptos diferentes, son complementarios. Como norma general, a menor velocidad del trazado, menor será la velocidad global de la escritura y, a mayor velocidad del trazado, mayor será la velocidad global. De todos modos, no siempre se cumple esta regla.

Cuando no se puede realizar la prueba cronométrica, la investigación de los trazos de la escritura ayudará a saber cuál es la velocidad con la que están realizados. Al principio puede resultar complicado, pero con un poco de experiencia se termina dominando este aspecto.

CÓMO SE MIDE LA VELOCIDAD GLOBAL DE LA ESCRITURA

A continuación se explica cómo se mide con exactitud la velocidad de la escritura. Únicamente se precisa un cronómetro.

Como ya se ha dicho, es importante que las condiciones ambientales sean las adecuadas para realizar esta prueba. Una vez que se haya comprobado que la persona está situada cómodamente, se le solicitará que empiece a escribir algo intrascendente de la manera que lo hace normalmente. En estos primeros momentos puede surgir en la persona un bloqueo mental. Para evitarlo, estos primeros renglones no se contabilizarán en la medición; suponen una especie de calentamiento.

Cuando se estime conveniente, se pedirá a la persona que haga una raya vertical y que continúe escribiendo, ésta servirá como referencia a la hora de contabilizar las letras. A continuación, se dejará que la persona escriba durante un minuto y se le pedirá que vuelva a hacer una raya.

Todo lo contenido entre una raya y otra es lo que va a dar la clave de la velocidad a la que escribe.

Si se quiere tener aún mayor seguridad, se puede hacer una prueba que dure tres minutos en lugar de uno.

Medición de la velocidad de la escritura (177 letras/minuto)

Salió a la calle. Todo estaba oscuro. Era de noche y sin embargo llovía… Quien quiera entenderlo que lo entienda pero en contra de la incoherencia que pueda aparentar es lo más coherente e incluso gracioso que se ha podido leer en mucho tiempo. Los locos dicen que desde un

CÓMO SE CONTABILIZAN LOS SIGNOS GRÁFICOS

A la hora de hacer el cómputo de los signos gráficos, conviene saber que no se cuentan las letras sin más, sino que se deben contar también los signos de puntuación accesorios: los guiones, las diéresis, los signos de admiración y de interrogación, así como todo rasgo ajeno que se haya añadido, por ejemplo, los acentos. Las letras acentuadas se contarán como dos en lugar de una. No así los puntos de la *i*, que no se valorarán, igual que la barra de la *t* y el signo superior de la *ñ*. Sin embargo, sí se contarán como dobles las siguientes letras: *w*, *rr*, *ll* y *ch*.

GRADOS DE VELOCIDAD

Una vez se disponga de los resultados de la medición, puede clasificarse la escritura dentro de los siguientes apartados:

ESCRITURA LENTA (MENOS DE 100 LETRAS POR MINUTO)

Muchas veces este tipo de escritura se corresponde con rasgos gráficos torpes o mal hechos, que revelan un bajo nivel gráfico. Sin embargo, también se puede dar el caso de escrituras cuya ejecución sea buena y, sin embargo, sean lentas. En ellas se suelen advertir exageraciones y adornos innecesarios.

Interpretación grafológica

- Con letra mal ejecutada, problemas de asimilación y de comprensión.
- Torpeza, poca cultura, bajo nivel gráfico.
- Posibles problemas de carácter motor.
- Con letra bien ejecutada, persona reflexiva a la que le gusta hacer bien las tareas.
- La lentitud en la escritura puede deberse a un bloqueo afectivo o a una posible tendencia obsesiva.

ESCRITURA MESURADA O PAUSADA (DE 100 A 130 LETRAS POR MINUTO)

La escritura es mesurada, pero la ejecución de sus rasgos suele ser correcta. Al escribir con mesura se suele tener tendencia a cuidar los detalles y la arquitectura gráfica.

Interpretación grafológica

- Persona pausada, mesurada.
- Prudencia
- Equilibrio y serenidad.
- Realismo y reflexión.
- Autodominio.
- Constancia.
- En el sentido negativo, pereza, pasividad, pedantería y cabezonería.
- Si la escritura está mal ejecutada, se puede añadir lo expuesto en el apartado anterior.

ESCRITURA NORMAL (DE 130 A 160 LETRAS POR MINUTO)

Este tipo de escritura suele corresponderse con una ejecución normal con simplificaciones y legibilidad.

Interpretación grafológica

- Equilibrio entre introversión-extraversión.
- Agilidad de ideas.
- Equilibrio entre calidad y cantidad en el trabajo producido.

ESCRITURA RÁPIDA (DE 160 A 200 LETRAS POR MINUTO)

En este tipo de escritura suelen abundar las simplificaciones y la vibración. También acostumbra a ser algo inclinada a la derecha porque la rapidez la impulsa hacia ese lado. Conviene tener cuidado con el tema de las simplificaciones y no dejarse guiar sólo por ellas, ya que hay personas que escriben con lentitud y, sin embargo, hacen simplificaciones en la escritura.

Interpretación grafológica

- Extraversión.
- Persona dinámica y activa.
- Buena asimilación y comprensión de las ideas.
- Predominio de la cantidad sobre la calidad en el trabajo producido.

ESCRITURA PRECIPITADA (MÁS DE 200 LETRAS POR MINUTO)

Muchas veces, este tipo de escritura resulta ilegible. Las simplificaciones son exageradas y conducen a la ilegibilidad. Letras, sílabas o palabras, en ocasiones, son sustituidas por rayas horizontales.

Interpretación grafológica

- Fuerte extraversión.
- Persona que tiende a la precipitación y la irreflexión.
- Impaciencia e irritabilidad.
- Cierta angustia y posible latencia histeroide.

ESCRITURA DE VELOCIDAD DESIGUAL

Este tipo de escritura se caracteriza porque, en la misma muestra caligráfica, se observan rasgos y señales tanto de precipitación como de mesura.

Interpretación grafológica

- Si estos cambios de velocidad se observan en palabras concretas, suele indicar la presencia de un impacto emocional que ha recibido el autor del escrito (lapsus cálami). Se interpretaría como un rasgo emotivo.
- La persona desea frenar su ardor, sus tendencias y sus necesidades a través del consciente.
- Dudas y vacilaciones.
- Inconstancia.
- Versatilidad.
- Son personas que se dejan influir por el ambiente que las rodea.

TIPOS DE ESCRITURA POR SU APARIENCIA EXTERNA

ESCRITURA LANZADA

En este tipo de escritura se observa que los finales tienden a proyectarse hacia la derecha. Además, los rasgos horizontales también se prolongan. Esto se observa fácilmente en letras como la *t* o la *ñ*, así como en los puntos. También es característico de este tipo de escritura la inexistencia del margen derecho.

Interpretación grafológica

- Ímpetu y empuje.
- Extraversión.
- Tendencia a expandirse.
- Persona espontánea y afable.
- En el plano negativo es señal de pérdidas más o menos frecuentes de control, imprudencia, cólera y mal genio, impulsividad y brutalidad.

ESCRITURA CONTENIDA

En este tipo de escritura se observan, a lo largo del escrito, interrupciones limpias en los movimientos que se dirigen hacia la derecha. Por ejemplo, en las barras de la *t*, en los finales de línea, palabra o letra, etc.

Interpretación grafológica

- Autocontrol de los impulsos.
- Reflexión.

- Introversión.
- Persona comedida.
- En el plano negativo, retraimiento, timidez y disimulo. Miedo al compromiso. Reserva e incluso falta de sinceridad. Persona artificiosa.

VARIACIONES EN LA VELOCIDAD

ESCRITURA ACELERADA

Se distingue porque a lo largo del escrito aumenta el ritmo de la rapidez, acelerándose la ejecución.

Interpretación grafológica

- La persona intenta acabar lo más rápido posible todo aquello que emprende; a pesar de que inicialmente quiera tomarse su tiempo a la hora de ejecutar las tareas, finalmente no lo consigue.
- Impaciencia.
- Sociabilidad cambiante.

ESCRITURA RETARDADA

Se distingue porque, a lo largo del escrito, la velocidad disminuye.

Interpretación grafológica

- La persona inicia las tareas con empuje y ánimo, pero el desánimo y la fatiga terminan por desmoralizarla.
- Disminución de la energía, aunque la ejecución final suele ser buena.
- Poca sociabilidad o, al menos, sociabilidad controlada.

RASGOS O MOVIMIENTOS QUE AUMENTAN
LA VELOCIDAD DE LA ESCRITURA

A la hora de valorar cuál es la velocidad a la que se ha realizado un escrito, conviene saber que hay algunos rasgos o movimientos que pueden conducir al aumento de la velocidad. Éstos servirán como guía en la investigación. A continuación se ofrecen los más relevantes:

- Escritura pequeña.
- Escritura baja o rebajada.
- Concreción y simplificaciones.

- Escritura curva o redondeada.
- Escrituras ligadas (uniones altas, barras de la *t* que se unen a la letra siguiente, puntos de la *i* que se unen a la letra siguiente).
- Escritura fluida.
- Ejecución neta o limpia y, normalmente, sin vuelta atrás.
- Líneas ascendentes u horizontales.
- El margen izquierdo tiende a ensancharse o es desigual.
- Escritura que tiende a decrecer.
- Predominio de la presión horizontal.
- Los puntos se colocan con imprecisión o inexactitud.
- Escritura progresiva. Los rasgos se prolongan hacia la derecha.

RASGOS O MOVIMIENTOS QUE RETRASAN LA VELOCIDAD DE LA ESCRITURA

Al igual que hay rasgos o movimientos que tienden a acelerar la velocidad a la que se escribe, también hay otros que la retrasan. Conocerlos es una buena ayuda para descubrir a qué velocidad se ha realizado un escrito. A continuación se ofrece una lista de los más importantes:

- Rasgos regresivos y envolventes.
- Escritura alta o sobrealzada.
- Rasgos y adornos innecesarios.
- Escritura de tamaño grande.
- Escritura angulosa.
- Escrituras fraccionadas, reenganchadas o desligadas.
- Temblores, brisados o torsiones.
- Retoques y enmiendas. Subrayados y añadidos. Tachaduras.
- Mayúsculas, crestas y pies reinflados.
- Líneas descendentes o tortuosas.
- Predominio de la presión vertical.
- El margen izquierdo es regular o se estrecha.
- Escritura creciente.

13.

La cohesión

Éste es realmente un capítulo de especial interés porque la cohesión, o continuidad de los elementos, no debe ser tomada a la ligera. Sin duda, se trata de una fuente de información muy relevante desde el punto de vista grafológico.

Cuando se habla de cohesión, se hace referencia a los impulsos que nos llevan a unir unas letras con otras dentro de una palabra; es decir, es un parámetro que nos señala la continuidad o discontinuidad de este impulso (movimiento de izquierda a derecha) en la escritura.

Entre otras cosas, servirá para evaluar el predomino de lógica-intuición, el grado de reflexión-irreflexión, cómo es la relación que se establece con los demás y la capacidad de síntesis.

VARIACIONES EN LA COHESIÓN

La cohesión en la escritura puede presentar muchas variaciones, que se clasifican en ocho variantes:

ESCRITURA LIGADA

Este tipo de escritura se caracteriza porque casi todas las letras están unidas dentro de la palabra. Únicamente se apreciarán separaciones cuando haya que hacer la barra de la *t* (esta letra normalmente se hace de dos trazos), o bien cuando se deban poner los signos de puntuación. Pero aun así, se observará que la *t* y los signos de puntuación tenderán a estar unidos a la letra siguiente.

Interpretación grafológica

- Buena memoria.
- Persona cultivada.
- Extraversión.
- Capacidad para realizar los proyectos que se proponen.
- Espontaneidad.
- Continuidad. Carácter dinámico.
- Predominio de la lógica frente a la intuición.
- En su faceta negativa, rutina, mimetismo y falta de originalidad.

Escritura ligada

ESCRITURA AGRUPADA

En general, este tipo de escritura se distingue porque existen grupos de unión (agrupamientos de tres, de dos o de cuatro letras). Es decir, hay una mezcla de letras ligadas y desligadas.

Escritura agrupada

Interpretación grafológica

- Equilibrio entre introversión-extraversión.
- Equilibrio entre lógica-intuición.

- Equilibrio entre la capacidad de síntesis y de análisis.
- Fácil asimilación de conceptos e ideas.
- Persona habilidosa.
- En su faceta negativa, contención de los impulsos, indecisión.

ESCRITURA DESLIGADA

Este tipo de escritura se caracteriza porque las letras se encuentran desligadas. Quizá se vea alguna letra unida a otra, pero lo habitual será que las letras aparezcan sin cohesión entre sí.

Interpretación grafológica

- Introversión.
- Intuición.
- Son personas que generalmente tienen muchas ideas, pero que encuentran dificultades para llevarlas a la práctica.
- Originalidad.
- Huida de la monotonía.
- Falta de visión práctica de la vida.
- Tendencia al aislamiento y a la introspección.
- Este tipo de escritura se suele presentar en paragnostas y artistas.
- Egoísmo.

Escritura desligada

ESCRITURA FRAGMENTADA

En este tipo de escritura, que suele ser desligada, se producen, además, fragmentaciones dentro de la misma letra. Los trazos de las letras no se hacen de una sola vez.

Interpretación grafológica

- Persona impresionable.
- Intuición.
- Este tipo de escritura refleja que la persona está bajo el yugo de la

duda y la incertidumbre, lo que le genera temores y miedos internos.

- En cualquier caso, este tipo de escritura revela un profundo desequilibrio interno, ya sea físico o psíquico.
- Fuerte emotividad.
- Inconstancia.
- Este tipo de escritura se puede observar en ancianos y también en personas que presentan algún tipo de retraso mental.

Escritura fragmentada

Malo eres, malo eres, lo repiten una y otra vez y no aguanto la situación mucho tiempo más. Todo tiene un límite

ESCRITURA REENGANCHADA

Es una modalidad de escritura que puede llegar a confundir al principiante en grafología. Esto es debido a que visualmente la escritura parece estar ligada, aunque con un poco de atención se advierte que es un ligado sólo aparente. Lo que realmente se aprecia es un «reenganche» de las letras que ofrece esta falsa impresión de continuidad.

Interpretación grafológica

- Falta de costumbre de escribir. Este tipo de escritura es frecuente y normal en niños que están aprendiendo a escribir.
- Problemas en la coordinación de los movimientos.
- Cansancio de tipo senil.
- Se observa también en adultos con problemas mentales.

Escritura reenganchada

Sola en la ciudad era un programa que emitían en telemadrid y que se ponía a altas horas de la madrugada. Tenía bastante audiencia teniendo en cuenta la hora. Se trataba de escuchar a todo aquel que llamaba contando un problema, una alegría, un sueño, cualquier tema era bueno

EXCESIVAMENTE LIGADA O CON LIGADO ANORMAL ENTRE PALABRAS

En este tipo de escritura no sólo se unen las letras entre sí, sino que sucede lo mismo con las palabras, aunque éstas siguen guardando la distancia ortográfica adecuada. Sin embargo, no se levanta el útil a la hora de hacer el escrito.

Interpretación grafológica

- A estas personas las ideas les fluyen con agilidad.
- Es uno de los rasgos de la extraversión.
- Asimilación de carácter intelectual.
- Buena memoria.
- Fuerte actividad de carácter mental.
- En el plano negativo, tendencia a la precipitación, miedo a perder el hilo de las ideas que se quieren comunicar, exagerada actividad mental y peligro de caer en manías de carácter obsesivo.

Escritura excesivamente ligada o con ligado anormal entre palabras

MAYÚSCULAS UNIDAS A LAS MINÚSCULAS

Éste es un tipo de escritura que se caracteriza porque proporcionalmente, si se establece una media, existe tendencia a unir las mayúsculas con la letra siguiente. Hay que destacar que hay algunas mayúsculas cuya unión a la letra que sigue no es sencilla o natural. Por ejemplo: *N*, *T*, *V* y *F*. Si estas letras estuviesen ligadas a la siguiente, nuestra interpretación, en este caso, se vería reforzada.

Interpretación grafológica

- Tendencia a actuar antes de reflexionar. La persona se decide rápido y luego se da cuenta de que no ha sopesado los pros y los contras.
- También suele dar el primer paso en situaciones en las que normalmente cuesta hacerlo.
- Afabilidad.

- Persona que se entrega a otros con facilidad y a la que le gusta el contacto humano.

- Altruismo.

- En el plano negativo, precipitación y egoísmo.

Si se observa que las uniones de la mayúscula con la letra siguiente se hacen con un gancho, se interpreta como interés. La persona se esconde bajo un manto altruista, pero realmente alberga intereses ocultos.

**Mayúsculas
unidas a las minúsculas**

MAYÚSCULAS DESLIGADAS DE LAS MINÚSCULAS

Éste es el caso contrario al anterior. En este tipo de escritura, las mayúsculas no aparecen ligadas a las minúsculas siguientes.

Interpretación grafológica

- Tendencia a la reflexión. La persona se toma su tiempo antes de decidirse por algo. Quiere evitar la improvisación que dé al traste con sus esperanzas.

- En el plano negativo, dudas e incertidumbre que impiden tomar una decisión (esto es especialmente notable en escrituras con las barras de la letra *t* y con los puntos de la letra *i* situados en la zona de la izquierda).

- Con mayúsculas altas: engreimiento.

**Mayúsculas
desligadas de las minúsculas**

ANOMALÍAS EN LA COHESIÓN

ESCRITURA RETOCADA

Pueden darse dos clases de retoques; los pequeños (que mejoran la legibilidad) y los retoques compulsivos u obsesivos, que terminan emborronando la hoja de papel (que empeoran la legibilidad).

Los retoques, en general, tienen su origen en los deseos del sujeto de que todo quede claro y se le entienda a la perfección.

Interpretación grafológica

- Retoques pequeños: impaciencia controlada o rectificada por la razón, tendencia a fijarse en los detalles de las cosas y deseos de claridad. El consciente enmienda los reflejos del inconsciente.
- Retoques compulsivos y grandes que dificultan la lectura del escrito: ansiedad, indecisión, tendencia a la inhibición e irritabilidad. Vacilación o mezquindad.
- Puede ser un rasgo gráfico de neurosis obsesiva.

Escritura retocada

ESCRITURA ROTA

También llamada brisada. Este tipo de escritura se caracteriza por la rotura o interrupción de los trazos. Visualmente da la impresión de que la tinta no fluye con normalidad. Por eso hay que comprobar que las interrupciones no se deban a eso. Para detectarlo, conviene observar que, si el útil no se encuentra en buenas condiciones y la presión de la mano es correcta, quedará una especie de huella brillante uniendo la escritura.

Interpretación grafológica

- Este tipo de escritura, cuando no se debe a un fallo del útil, denota fatiga y cansancio.

- También puede ser un síntoma de problemas pulmonares o cardíacos.
- Otras veces, es un rasgo que denota angustia y/o bloqueos emocionales.

Escritura rota

[texto manuscrito]

ESCRITURA TRÉMULA

En esta escritura se observa que el trazado es titubeante y hasta tembloroso. Consulte también lo expuesto en el capítulo 11 sobre la presión «en rosario».

Interpretación grafológica

- Emociones que provocan temores.
- Se puede observar en casos de dependencia del alcohol y de otros tipos de drogas.
- Además es uno de los rasgos de la ancianidad.
- Convalecencia.
- Astenia.

Escritura trémula

[texto manuscrito]

LA COHESIÓN Y LA VIVACIDAD

ESCRITURA MONÓTONA

Se trata de un tipo de escritura fría, en la que no existe variación. Esto es debido a que no tiene ritmo ni vibración. Parece hecha por una mano robotizada. Suele darse asociada a escrituras lentas.

Interpretación grafológica

- Frialdad y carácter apático.
- Constancia.
- Tranquilidad.
- Dominio de las emociones.
- Firmeza en las convicciones.
- En el plano negativo, fingimiento, persona dirigida por los convencionalismos, impenetrable, cuya pobreza mental es notoria.

En el terreno de las patologías hay que valorar la posibilidad de que existan enfermedades como la esquizofrenia, neurastenia, epilepsia, melancolía e incluso quizá paranoia.

Escritura monótona

ESCRITURA VARIADA

Este tipo de escritura se caracteriza por su movilidad y ritmo. Pueden existir minúsculas variaciones en la inclinación, el tamaño, la dirección, la arquitectura gráfica, etc., pero sin que lleguen a ser, en ningún caso, importantes.

Escritura variada

Interpretación grafológica

- Persona emotiva y espontánea.
- Elasticidad en los planteamientos.
- Sensibilidad.
- Persona receptiva.
- En el plano negativo, inconstancia. Se cambia de parecer con extrema rapidez.

LA COHESIÓN Y EL GRADO DE AVANCE

En este apartado pueden encontrarse los siguientes tipos de escritura:

ESCRITURA PROGRESIVA

Se observan movimientos en progresión hacia la derecha. Se dice que una escritura es progresiva cuando los movimientos gráficos que se hacen facilitan un ahorro de energía y esfuerzo. La escritura avanza claramente y los rasgos tienden a mirar hacia la derecha con agilidad, sin complicaciones, detenciones o adornos innecesarios que dificulten el desarrollo progresivo.

Interpretación grafológica

- Extraversión.
- Agilidad mental.
- Deseos de encarar la vida con ilusión y optimismo.
- Sinceridad.
- Donación a los demás sincera y equilibrada.
- El sujeto comprende en seguida la visión de los demás.
- En el plano negativo, el sujeto puede dejarse influenciar con excesiva facilidad. Impaciencia, irritabilidad y verborrea.

Escritura progresiva

ESCRITURA REGRESIVA

Se dice que una escritura es regresiva cuando los movimientos gráficos tienden a regresar hacia la zona de la izquierda. En definitiva, los movimientos se invierten y se recrean en el retroceso en lugar del avance.

Interpretación grafológica

- Introversión.
- Individualidad.
- Introspección.
- Reserva y prudencia.
- En el plano negativo, egoísmo, la persona mira por sus intereses y su posible actitud sociable viene condicionada por esto. Persona celosa, resentida y susceptible. Excesivo apego a la familia y a las vivencias del pasado.

Escritura regresiva

Como pase el tiempo hace una semana que han terminado mis vacaciones, y parece que hace un siglo.

14.

Los óvalos

Los óvalos son una representación gráfica del «yo». Simbolizan el ego de la persona y, por eso mismo, se trata de un capítulo tremendamente importante desde el punto de vista grafológico.

Conviene señalar que hay autores que incluyen el estudio de los óvalos en el capítulo referente a la cohesión. Sin embargo, es preferible desglosarlos en un capítulo aparte para no provocar confusión en el lector.

Los óvalos, ya se ha comentado al definir el cuerpo central de la escritura, corresponden a letras concretas como la *a* y la *o*. Sin embargo, hay letras que también son susceptibles de tener óvalos, como pueden ser *b*, *g*, *p*, *d* y *q*.

Una vez aclarado este aspecto, puede ahondarse un poco más en la simbología del óvalo, que es, como ya se ha apuntado, una representación del «yo». En este sentido es muy interesante examinar los óvalos en la escritura, ya que las pequeñas variaciones que se producen en éstos pueden dar la clave de la interpretación en relación con los sentimientos más íntimos de la persona. Para ello, habrá que fijarse en los trazos iniciales, en el recorrido, en su forma (arquitectura gráfica) y en los trazos finales.

A continuación se analizán los aspectos más importantes en relación con el óvalo.

EL GRADO DE ABREACIÓN

En este plano deberemos observar:

- La forma de abrir los óvalos y el lugar donde se produce la abertura (óvalos abiertos).
- La forma de cerrar los óvalos y el lugar donde se produce el cierre (óvalos cerrados).

Dentro de estas posibilidades hay que constatar que los óvalos pueden presentarse abiertos o cerrados, aunque en el cierre del óvalo se descubrirán además algunas variantes, como los llamados óvalos rellenos.

ÓVALOS ABIERTOS

La abertura de los óvalos es la clave para saber cómo se relaciona el «yo íntimo» con los demás. Evidentemente, cuanto más abierto se encuentre el óvalo menores serán las trabas que ponga la persona a la hora de comunicarse con quienes le rodean.

Desde el punto de vista simbólico, los demás se encuentran situados frente al sujeto. Precisamente por este motivo hay que observar el lugar en el que se produce la abertura, para comprender hacia quién se abre (simbólicamente hablando) el autor de la escritura que queremos analizar.

Éstos son los tipos de óvalos que corresponden a este grupo:

Óvalos abiertos ligeramente por la zona de arriba o por la zona de la derecha. En este tipo de escritura los óvalos de la *a* y la *o*, aparecen abiertos, ligeramente, por la zona de arriba o por la derecha. Este tipo de abreación también puede verse en otras letras que presentan óvalos.

Interpretación grafológica

- La persona abre sus sentimientos a los demás sin problemas de comunicación.
- Sinceridad y espontaneidad.
- Extraversión.
- El sujeto se comunica con habilidad.
- En el plano negativo, indiscreción y tendencia al cotilleo. No sabe guardar secretos.

Óvalos muy abiertos por la zona de arriba. Se observa que, cuando la persona abre demasiado los óvalos por la zona de arriba, la *a* y la *o* pueden llegar a confundirse con la *u*.

Interpretación grafológica

- Deseos profundos de comunicarse con los demás.
- Capacidad de admiración.
- Deseos de expansión.
- En el plano negativo, la persona se vuelve vulnerable por ser demasiado influenciable y crédula. Tiende a tener una gran necesidad de contar sus intimidades y, en general, no escuchan mucho a los demás. Poca capacidad de reflexión.

Óvalos abiertos por la zona de la izquierda. En este caso, los óvalos también están abiertos, aunque la zona de abertura es la de la izquierda.

Interpretación grafológica

- La persona se mide mucho a la hora de hacer confidencias a otros. Normalmente, no las hace a desconocidos, sólo a quienes están más próximos (familiares y amigos íntimos).
- El sujeto reflexiona antes de comunicarse abiertamente, posiblemente debido a malas experiencias. Reserva.
- En el plano negativo, ocultación de la manera de ser, persona huidiza y con tendencia a reprimir sus pensamientos.

Óvalos abiertos por la zona de la izquierda y con un bucle en la zona de la derecha. Este tipo de óvalos se reconocen porque inicialmente se abren en la zona de la izquierda, pero presentan en la zona de la derecha un pequeño bucle.

Interpretación grafológica

- La persona tiende a autocensurarse antes de abrirse a los demás. Es como si quisiese mostrar sólo una parte de sí misma.
- El sujeto sabe cómo adornar las situaciones en su beneficio, aunque para ello tenga que ocultar información a terceros.
- En el plano negativo, hipocresía y facilidad para inducir al engaño. Capacidad para engatusar.

Óvalos abiertos por la zona de abajo. Aunque se producen con poca frecuencia, este tipo de óvalos, por su apariencia, también se denominan «invertidos».

Interpretación grafológica

- La persona trata de salvaguardar su «yo íntimo».
- Este tipo de óvalos sólo presentan un sentido negativo, existiendo ocultación de la personalidad, ya sea porque la persona se siente inferior frente a los demás o por ser hipócrita y malintencionada, es decir, que trama cosas premeditadamente a espaldas de los demás.

ÓVALOS CERRADOS

Desde el punto de vista simbólico, los óvalos cerrados simbolizan la reserva del sujeto hacia los demás. Las personas que hacen este tipo de óvalos no se dan a los demás con facilidad. Además se pone de manifiesto el grado de sinceridad que tiene la persona. Lo más importante en estos casos es estudiar el punto de cierre del óvalo.

Éstas son las variantes que podemos encontrar dentro de esta categoría:

Óvalos cerrados por la zona de arriba o por la zona de la derecha. Este tipo de óvalos se reconocen porque el cierre se produce en la zona de arriba o en la zona de la derecha.

Interpretación grafológica

- Persona introvertida y reservada.
- El sujeto es capaz de guardar secretos sin hacer alarde de que conoce más información que el resto. Discreción.
- Controla bien las emociones y la parte afectiva.
- En el plano negativo, excesiva prudencia que puede convertirse en una actitud defensiva y de desconfianza. Persona acomodaticia.

Óvalos cerrados por la zona de la izquierda. Este tipo de óvalos se caracterizan porque el cierre se encuentra en la zona de la izquierda.

Interpretación grafológica

- Introversión.
- Carácter reflexivo.
- Prudencia y reserva excesiva. El sujeto percibe el ambiente como algo que puede dañarle, por lo que prefiere refugiarse en sí mismo.
- En el plano negativo, persona calculadora que hace las cosas con la intención de obtener beneficios para sí misma. Timidez. Sujeto de mente cerrada.

Óvalos cerrados por la zona de abajo. Este tipo de óvalos se caracterizan por estar cerrados por la zona de abajo. Conviene explicar que, en estos casos, pueden darse dos clases de interpretaciones que estarán determinadas por la velocidad del trazado.

Interpretación grafológica

- Si los óvalos han sido trazados con rapidez y el conjunto de la escritura es legible y claro, la persona tiende a sintetizar y se adapta bien al medio en el que se desenvuelve.
- Si los óvalos han sido trazados con lentitud y torpeza, y el conjunto de la escritura es ilegible

y confusa, falta de escrúpulos. Persona interesada que hace las cosas para obtener algún tipo de provecho propio.

Óvalos cerrados con un pequeño bucle. Este tipo de óvalos se caracterizan porque en el cierre se hace un pequeño bucle, a veces tan pequeño que no se distingue con facilidad sin ayuda de la lupa. Este tipo de óvalos son bastante frecuentes en niños pequeños, que quieren ocultar algo para evitar una reprimenda.

Interpretación grafológica

- El sujeto esconde un secreto.
- Es un síntoma de ocultación. La persona no desea que se llegue a conocer la naturaleza del secreto y lo enmascara y oculta para evitar que se sepa públicamente.

Óvalos que presentan un pequeño bucle interno. Este tipo de óvalos poseen un pequeño bucle en su zona interna.

Interpretación grafológica

- Persona coqueta.
- El sujeto necesita el aplauso de los demás para sentirse bien.
- En el plano negativo, narcisismo. Necesidad de afecto.

Óvalos cerrados con un bucle final. Los óvalos pueden presentarse cerrados en la zona superior de la derecha o al final del trazado del óvalo.

Interpretación grafológica

- Personalidad diplomática y reservada.
- Discreción y astucia.
- La persona cuida atentamente sus expresiones y su lenguaje, adecuándolos para proyectar una imagen positiva de sí misma.
- Autocontrol.

- En el plano negativo, el sujeto no suele decir la verdad por temor a que ésta le perjudique en la consecución de sus intereses. Personalidad intrigante y acaparadora. Tendencia a disimular y a ocultar datos importantes. El sujeto utiliza la táctica de provocar equívoco para beneficiarse de las situaciones.

Óvalos cerrados con dos bucles. Estos óvalos se caracterizan por estar cerrados con dos bucles. Visualmente, da la impresión de que fuesen dos letras *e* juntas.

Interpretación grafológica

- Diplomacia.
- En el plano negativo, el sujeto es un simulador nato. La falta de sinceridad forma parte de su vida. La persona está tan acostumbrada a las falsedades que puede llegar a confundir sus propias mentiras con la realidad. Tiene dos caras, igual que sus óvalos. Posible escisión de la personalidad.

Óvalos cerrados trazando una doble vuelta. Este tipo de óvalos se caracterizan porque han sido trazados dando una doble vuelta. A veces, ésta puede ser confundida con un óvalo de vuelta sencilla por llegar a superponerse el trazado presentando el aspecto de que hubiese sido realizado en un solo trazo. Pero, si se presta atención al recorrido, se aprende a distinguirlo con facilidad.

Interpretación grafológica

- En el plano negativo, ocultación, mentira, hipocresía o falsedad. La persona tiende a enmarañar las cosas adrede. Intrigas, egocentrismo e intereses ocultos.

Óvalos cerrados y empastados. La apariencia visual de estos óvalos es la de un borrón, dejando la escritura sucia y empastada. Antes de hacer la interpretación hay que descartar un mal funcionamiento del útil, sobre todo de la pluma.

Interpretación grafológica

- Posible fatiga de carácter físico o mental que puede ser pasajera.
- En el plano negativo, es uno de los rasgos de la histeria. Anulación de la personalidad.

Rasgo inicial largo formando el bucle de cierre. Este tipo de óvalos se caracterizan porque en ellos se ha realizado un bucle inicial situado a la izquierda del óvalo. Si el bucle se encuentra en la parte de la derecha, la interpretación se torna más negativa.

Interpretación grafológica

- Carácter firme.
- En el plano negativo, trepa. Utiliza las amistades para medrar llegando a ponerlas en compromisos.

LA FORMA

Éste es el último aspecto con relación al óvalo, aunque se trata de un detalle que ofrece dos variantes, ya que el óvalo puede ser anguloso o curvo.

Éstas son las diferentes variaciones dentro de este apartado:

ÓVALOS ANGULOSOS

Los óvalos son formas gráficas que poseen movimientos curvos y redondeados. Se dice que los óvalos son angulosos cuando estas formas gráficas se transforman en ángulos y picos.

Interpretación grafológica

- Carácter duro, constante y fuerte.
- Este tipo de óvalos son propios de una persona que posee una gran dosis de energía.
- En el plano negativo, este tipo de óvalos nos hablan de alguien cuyos criterios mentales son ex-

cesivamente rígidos e inflexibles. Es incapaz de meterse en la piel de quienes le rodean.

Óvalos angulosos en la zona superior. En este caso, el ángulo se forma en la zona superior. Además, este tipo de óvalos suelen estar cerrados.

Interpretación grafológica

- El sujeto no olvida con facilidad los desaires recibidos, pudiendo llegar a desarrollar una faceta vengativa.
- Obstinación.
- Resistencia en el terreno ideológico.

Óvalos angulosos en la zona inferior. En este caso, el ángulo aparece en la zona inferior. Además, este tipo de óvalos suelen estar cerrados.

Interpretación grafológica

- Es propio de una persona resentida que no olvida las ofensas recibidas, con la que el trato se hace complicado porque se caracteriza por ser muy susceptible y cabezota.
- Este rasgo no deja de ser una forma de agresividad.

Óvalos con ángulos variables en el mismo escrito. Cuando se detecten ángulos en los óvalos de una escritura, habrá que fijarse en si son todos iguales o si presentan variaciones en cuanto a la intensidad y las formas de los mismos.

Interpretación grafológica

- Persona que navega entre el resentimiento y el olvido. Se adapta a las circunstancias y a sus intereses a la hora de decantarse por uno u otro comportamiento.

ÓVALOS MUY CURVOS

Este tipo de óvalos se distinguen por ser perfectamente curvos tanto en la zona superior como en la inferior. La forma puede ser redonda u ovalada.

Interpretación grafológica

- Este tipo de óvalos son propios de personas ingenuas y limpias.
- En el plano negativo, es posible que esta misma ingenuidad se vuelva contra ellos haciéndolos demasiado crédulos.

Óvalos más curvos por la zona superior. Este tipo de óvalos se caracterizan porque la zona superior es más curva y suave que la inferior.

Interpretación grafológica

- La persona no tiene buena memoria para las ofensas, no se resiente por las malas acciones recibidas.
- Credulidad.
- La persona no se encierra en sus ideas. Da una oportunidad a los demás y está dispuesta a dejarse convencer.

Óvalos más curvos por la zona inferior. Este tipo de óvalos se caracterizan porque la zona inferior es más curva y suave que la superior.

Interpretación grafológica

- El sujeto no alberga rencores de ningún tipo.
- Dulzura, paciencia y comprensión hacia los demás.

ÓVALOS PERFECTAMENTE REDONDOS

El óvalo adopta la forma de un canuto, parece haber sido realizado con una plantilla redonda.

Interpretación grafológica

- Reserva y diplomacia.
- Naturaleza conciliadora.
- En el plano negativo, no deja de ser un rasgo de ocultación y de hipocresía. La persona está demasiado pendiente de lo que hacen o dicen los demás. Vigila los movimientos ajenos.

ÓVALOS CON FORMA DE ESPIRAL

En este caso, estos óvalos se caracterizan porque poseen forma de espiral que se enrosca al final. Los óvalos pueden estar cerrados o no.

Interpretación grafológica

- Persona emotiva.
- En el plano negativo, narcisista y egocéntrica. Necesita la constante atención de los demás para sentirse bien. Siempre quiere ser el centro, lo que le hace mostrarse falsamente sociable con los otros.

ÓVALOS CON FORMA LISA

Este tipo de óvalos se caracterizan porque en ellos no se observan deformaciones de ningún tipo, ni en las partes ascendentes ni en las descendentes que conforman el óvalo.

Interpretación grafológica

- Sinceridad.
- Respeto hacia las cosas ajenas.

LAS DEFORMACIONES

No todos los óvalos de las muestras caligráficas estarán perfectamente constituidos en cuanto a la forma se refiere. Puede darse el caso de que los óvalos se encuentren deformados.

Dentro de este apartado existen las siguientes variaciones:

ÓVALOS APLASTADOS

Esta deformación en los óvalos hace que se desarrollen horizontalmente. Es como si algo les impidiese crecer verticalmente.

Interpretación grafológica

- La persona mantiene fuertes luchas internas porque se siente aplastada por el ambiente, que le parece demasiado estricto.
- Personalidad sumisa.

ÓVALOS OPRIMIDOS

Éste es el caso contrario al anterior: el óvalo parece desarrollarse verticalmente, adoptando una forma sobrealzada. Es como si no pudiese desarrollarse horizontalmente de manera adecuada.

Interpretación grafológica

- Inseguridad interior compensada con orgullo.
- Es posible que el sujeto haya experimentado una serie de problemas sociales que le lleven a sentirse mal con el ambiente.
- Sentimiento de opresión.

ÓVALOS CON PROTUBERANCIAS EN LA ZONA DE LA DERECHA

Este tipo de óvalos se caracterizan porque el rasgo, que asciende desde la zona de la derecha, avanza hacia el lado de la derecha, y termina introduciéndose en la zona central o del «yo». Este tipo de óvalos pueden estar cerrados o no.

Interpretación grafológica

- Tendencia a la apropiación indebida.
- Falta de respeto hacia la propiedad ajena.

ÓVALOS SEPARADOS DEL PALOTE

En estos casos el óvalo tiende a escindirse del palote. Esta escisión puede producirse en varias letras que tienen óvalos, tales como la *a*, *q*, *d* y *g*. La escisión puede ser total (la letra se hace en dos veces) o parcial (queda unida por un trazo pero no en su posición natural).

Interpretación grafológica

- Aunque la interpretación variará en función de la letra en la que se produzca la escisión o separación del palote, en general indica deseos de escapar del ambiente, de vivir de los demás sin aportar nada a cambio. Malestar de carácter social y/o familiar.
- Si la separación se produce en la letra *a*, indica tensiones en el ambiente familiar o amistoso,

con las personas más cercanas al sujeto. Deseos de evasión.

- Si la separación se produce en la letra *d*, choque ideológico con quienes le rodean. Necesidad de huir del entorno.

- Si la separación se produce en la letra *g*, deseos de evadirse en el plano sexual.

- Si la separación se produce en la letra *q*, al sujeto no le llena el ambiente laboral o profesional. Problemas de adaptación a este medio.

15.

Los gestos tipo

En la vida diaria uno se encuentra con personas que poseen algo que las caracteriza, que les confiere una particular forma de ser. Se trata de un signo indeleble, que persiste como una huella personal e intransferible y que hace que incluso se las denomine con motes o apodos. Por establecer un símil, podría decirse que, cuando un buen caricaturista tiene frente a sí a una persona determinada, tenderá a exagerar un rasgo singular que es propio de ella. Del mismo modo, un buen imitador siempre se fijará en las particularidades que un sujeto posee para poder establecer la base de su imitación.

Pues bien, cuando se habla de gestos tipo se trata precisamente de esto, aunque, claro está, llevado al campo de la grafología. Por tanto, en este capítulo se hablará de los gestos o tics que puede tener una persona a la hora de escribir, aquellos rasgos o movimientos gráficos que hace indefectiblemente, aun cuando no lo desee, porque forman parte de su manera de ser.

A continuación se ofrece una explicación de los más importantes:

EL «GOLPE DE LÁTIGO»

Este movimiento se caracteriza porque inicialmente forma un lazo para luego impulsarse hacia la zona derecha y superior de la escritura. Este gesto suele observarse en la letra *t*, ya sea minúscula o mayúscula, en la *d* minúscula y, en general, en los finales de la escritura. La mejor manera de entender este movimiento es compararlo con el impulso que se toma cuando se lanza una piedra: al principio la mano retrocede para tomar fuerza, después avanza y se proyecta para arrojarla.

Interpretación grafológica

- Tendencia a la réplica. El sujeto no suele callarse. Tiende a contestar sin medirse.
- Audacia y espíritu combativo.
- En el sentido negativo, es un movimiento que no está exento de violencia. Tendencia a imponer los criterios propios frente a los de los demás. Egoísmo. Falta de consideración hacia los demás. Despotismo.
- No lo aparentan pero tienen un genio incontrolado que, una vez que estalla, es difícil de parar.

EL «GOLPE DE SABLE»

Se trata de un movimiento similar al anterior. Sin embargo, en este caso, no es un movimiento curvo, sino cortante y seco como la hoja de un sable. Este gesto se puede observar, principalmente, en la letra *t* mayúscula y minúscula, así como en los pies de la escritura. Curiosamente, este trazo se ve con frecuencia en la letra de personas dedicadas a la carrera militar.

Interpretación grafológica

- Audacia.
- Carácter activo y dinámico.
- La persona se defiende a las primeras de cambio, replicando agresivamente.
- En el sentido negativo, irritabilidad a flor de piel. Siente cualquier comentario como un ataque personal y se defiende de ellos atacando. Tendencia a la cólera y al odio. Su criterio debe prevalecer sobre el de los demás por imposición. Inflexibilidad. Agresividad.

EL «SIGNO DEL ESCORPIÓN»

Se conoce bajo este nombre a las puntas afiladas que se pueden observar en los pies de la escritura.

Interpretación grafológica

- Aunque a lo largo de todo este estudio se ha insistido en que no se deben interpretar los rasgos por separado, lo cierto es que a éste no se le puede asignar un sentido positivo. En cualquier caso, un grafólogo *amateur* debería abstenerse de interpretaciones precipitadas al respecto. Equivocarse en este aspecto sería considerado un error grave.

- Se trata de un signo de maldad.

- Junto a otros elementos, tales como presión fuerte y empastada, escritura angulosa en la base, finales en maza o aguja, etc., puede ser indicio de instintos criminales. Recordemos que el grado de criminalidad puede tener muchas variantes. No nos referimos únicamente al criminal que llega al asesinato, sino también a personas que disfrutan haciendo daño a sus semejantes, incluyendo, por supuesto, a los animales.

EL «DIENTE DE JABALÍ»

Este rasgo se puede observar al final de las letras *n*, *h* y *m* (mayúsculas o minúsculas). Como se ve en el ejemplo, se trata de un movimiento parecido al del «signo del escorpión», aunque en sentido inverso.

Interpretación grafológica

- Para este caso, hay que seguir la misma recomendación que la observada en el epígrafe anterior. Pues también es un rasgo que no tiene aspecto positivo.

- Maldad y crueldad, e incluso posibles instintos criminales.

LAS TORSIONES

Este gesto se caracteriza porque los trazos que deberían ser rectos sufren una torcedura o desviación. Estas torceduras se aprecian principalmente en las crestas y en los pies de la escritura.

Interpretación grafológica

- Puede ser el indicio de una convalecencia postoperatoria y de algunas patologías.
- Ansiedad, tortura y sufrimientos interiores.
- *Surmenage*.
- La persona, en lugar de luchar contra la adversidad, tiende a recrearse en el propio sufrimiento. Inestabilidad.
- Puede ser una señal de bloqueo de la libido.

LAS ESPIRALES O «CONCHAS»

Este gesto consiste en un movimiento en espiral, también llamado concha, que se produce principalmente en las letras mayúsculas, en la c (mayúscula o minúscula) y en los trazos iniciales o finales.

Interpretación grafológica

- Coquetería.
- Narcisismo y egocentrismo.
- Deseos de hacerse notar.
- Persona caprichosa y egoísta.
- Si las espirales están en la zona final, tendencia al acaparamiento e inadaptación.
- Si las espirales están en la zona inferior y van hacia atrás (sentido inverso), posible tendencia cleptómana. Falta de lealtad e hipocresía.

LA SERPENTINA

Este gesto se observa, preferentemente, en las letras *n*, *m* y *u*, aunque tampoco son infrecuentes en la barra de la *t*. Se trata de un movimiento en forma de «serpentina». De ahí su nombre. Suele observarse con asiduidad en la letra de los políticos y también en la de humoristas.

Interpretación grafológica

- Buen humor. Persona graciosa y simpática.
- Las ideas surgen con rapidez y espontaneidad.
- En el sentido negativo, hipocresía. El sujeto tiende a mostrar su mejor cara para complacer a los demás, aunque luego olvida con facilidad los compromisos y las promesas que ha realizado. Picardía.

LOS GANCHOS O ANZUELOS

Estos gestos son en realidad ramificaciones de los ángulos. Los ganchos o anzuelos son movimientos regresivos que pueden darse en diversas letras como la barra de la *t*. Además, se encuentran también en los finales de palabra o de letra. Si los ganchos son muy grandes, se les llama arpones.

Interpretación grafológica

- En general, persona tenaz que consigue las cosas gracias al tesón y la constancia, aunque también es un rasgo agresivo y de acaparamiento. La interpretación dependerá en buena parte de la situación del gancho.
- Si el gancho (anguloso o curvo, pero pequeño) se encuentra en el rasgo inicial de la letras, persona que aprende de sus errores y experiencias.
- Si el gancho se encuentra al final de la barra de la *t* y mira hacia abajo, iniciativa y realización junto con tesón para alcanzar las metas propuestas.
- Si el gancho se encuentra al final de la barra de la *t* y mira hacia arriba, acaparamiento intelectual de las ideas de otros.
- Si el gancho se encuentra en la zona de la izquierda de la barra de la *t*, tenacidad y resistencia. A la persona le gusta acabar lo que empieza.
- Si el arpón se encuentra situado en los trazos

verticales, posibles trastornos psíquicos, puede que de carácter epiléptico, depresiones, etc.

LOS FINALES EN MAZA

Este gesto se caracteriza por un incremento progresivo de la presión que se detiene bruscamente, haciendo que toda la energía de la mano se cargue al final de los trazos. Visualmente se observa una punta de trazo cuadrado.

Interpretación grafológica

- En escrituras de buen nivel gráfico, la persona es brusca y tiene tendencia a mostrarse cortante con los demás. Trato difícil. No controla su carácter. Las reacciones son desproporcionadas.
- En escrituras de bajo nivel gráfico, además de lo expuesto anteriormente, brutalidad que puede llegar al uso de la violencia. Tendencia a dominar a los demás.

LOS FINALES EN AGUJA

Este gesto se caracteriza porque la barra de la *t* y los finales de palabra y letra terminan en afiladas agujas puntiagudas (agujas en sentido horizontal). Este tipo de rasgo también puede darse en sentido vertical.

Interpretación grafológica

- En general, las agujas son síntoma de mordacidad y propias de personas que tienden a herir a los demás con sus comentarios.
- Si las agujas se encuentran situadas en sentido horizontal, capacidad de observación. Persona mal pensada e irónica que hiere a los demás con sus comentarios mordaces y desagradables.
- Si las agujas se encuentran situadas en sentido vertical, se trata de uno de los signos reforzantes de la maldad y también de la violencia («signo del escorpión»).

LOS BUCLES Y LAZOS

Este tipo de gestos se pueden ver en algunas letras como la *m, n, ñ* y *u*. En ellas se forman bucles que ofrecen el aspecto de la letra *e*. Además, se puede observar este mismo movimiento por partida doble. Es lo que denominamos dobles lazadas.

Interpretación grafológica

- En el primer caso, si los bucles aparecen unidos a letras abiertas, simpatía y capacidad para crear situaciones humorísticas. Este tipo de rasgos son frecuentes en letras de humoristas. Si los bucles se encuentran en escrituras de bajo nivel gráfico, egocentrismo.
- En el segundo caso (dobles bucles o dobles lazadas), gracia, habilidad manual y capacidad para expresarse. En escrituras de bajo nivel gráfico, tendencia a intrigar.
- Si las dobles lazadas se encuentran en la zona superior, gran desarrollo imaginativo.
- Si las dobles lazadas aparecen en la zona inferior, deseos de placer sexual egoísta, masturbación, tendencia al acaparamiento.

LOS INFLADOS

Suelen observarse especialmente en las letras mayúsculas. Este gesto las convierte en algo que no son, las infla a lo alto y a lo ancho, también mediante el uso del bucle.

Interpretación grafológica

- Este tipo de gestos pueden esconder un fuerte sentimiento de inferioridad. Quien necesita inflar su escritura, necesita inflar su personalidad.
- Vanidad. Necesidad de exhibirse ante los demás para sentirse bien.
- Este gesto, unido a otros, puede ser un síntoma psicopatológico.

LOS MOVIMIENTOS TRIANGULARES

Estos gestos de forma triangular se pueden observar principalmente en los pies de las letras *y*, *f*, *g*, *z* y *s*, así como en los óvalos del cuerpo central.

Interpretación grafológica

- Persona mandona que quiere dominar a los demás a toda costa. Si tiene ocasión, no permite su desarrollo integral. Lo mangonea todo y en todo tiene que imponer su criterio. Quiere ser «el perejil de todas las salsas» mediante la imposición, sin importarle lo que opinen los demás.

LA «GARRA DE GATO»

Este gesto recibe este nombre debido a su similitud con el órgano felino. Son trazos en los que se observa una curva en arco que llega a meterse en la zona inferior, más abajo del renglón.

Desde el punto de vista simbólico se interpreta como deseos de «arañar», tanto bienes, como dinero y objetos materiales, y guardarlos para sí.

Interpretación grafológica

- Tendencia al acaparamiento material. Evidentemente, cuanto mayor sea el rasgo, mayor será el afán del sujeto por hacerse con bienes materiales. Éste es uno de los rasgos de la deshonestidad.

16.

La firma

Aunque, desde el punto de vista grafológico, firma y rúbrica son dos conceptos inseparables, es preferible desglosarlos en dos capítulos diferentes. El motivo no es otro que darle a conocer, poco a poco, los entresijos de estos dos aspectos tan interesantes como importantes para la grafología. Una vez comprendidos con sencillez, usted será capaz de interpretar casi todas las firmas que se le pongan delante.

Sin embargo, antes de empezar con la interpretación debe conocerse el significado de la firma, que procede del latín *afirmare*. En efecto, vale la pena detenerse un momento a valorar la importancia del verbo firmar. Cuando se realiza este acto, uno se está responsabilizando de algo. Si se firma un cheque, no sólo se está consintiendo pagar algo, sino que se da fe de que la cantidad que se refleja en el talón está disponible en la cuenta. De igual modo sucede cuando se firma el cargo de la tarjeta de crédito u otro tipo de pagos. Pues bien, al firmar una carta, de alguna manera, uno se responsabiliza del contenido de ésta.

El acto de firmar, en definitiva, no por cotidiano deja de ser una acción que puede entrañar ciertas consecuencias. Recuerdo el caso de una joven que trabajaba en una empresa cuya actividad, sospechaba ella, no era precisamente cristalina. Los clientes realizaban demasiadas devoluciones, lo cual, según me explicó, era indicio de que algo no funcionaba como debería en aquellos productos. Cada vez que recibía la devolución de uno de los artículos, realizaba un garabato que no se correspondía con su firma. Al preguntarle el porqué de este proceder, me dijo que era por si pasaba algo, que ella no deseaba responsabilizarse de esos paquetes. Es decir, que desconfiaba de la empresa y no quería verse comprometida. La firma es, pues, un acto de responsabilidad.

EL SIMBOLISMO DE LA FIRMA

Al igual que el resto de los conceptos grafológicos que se han explicado, la firma posee su propia simbología y es indispensable conocerla para poder interpretar fielmente este parámetro.

Mientras que el texto simboliza el «yo social» y muestra cómo se mueve el sujeto en su ambiente, la firma es el reflejo más fiel del «yo íntimo».

Para Max Pulver, la firma es una biografía abreviada del autor. Pulver no se equivocaba en absoluto, ya que el caudal de información que ofrece el estudio de la firma es inconmensurable.

El texto es la cara con la que uno se presenta ante los demás, ante la sociedad. La firma, en cambio, esconde el «yo íntimo y personal».

EL SIMBOLISMO DEL NOMBRE Y LOS APELLIDOS

Cada persona es un mundo. Un pequeño caleidoscopio con sus propios condicionantes y sus propias vivencias en la infancia y en su desarrollo vital. Esta trayectoria en parte se verá marcada por lo que le ha tocado vivir. Por eso, es complicado establecer la simbología del nombre y los apellidos, y nunca debe darse nada por sentado.

Es aconsejable que el grafólogo principiante no tema preguntar antes de realizar una interpretación comprometida. Es posible que, antes de hacerlo, ya tenga una teoría sobre lo que puede simbolizar una firma. Sin embargo, preguntar —si hay ocasión de hacerlo— es la mejor manera de asegurarse de que se está en lo correcto.

Esto se comprende mejor con un ejemplo. Conozco el caso de una persona que creció sin padre. Yo sé su historia y por eso es más fácil «adivinar» el simbolismo de su firma y observar la existencia de símbolos de subvaloración en ella. Esta persona firma con su nombre, pero el primer apellido (que normalmente representa al padre) no es el de la figura paterna, sino el su madre. Lógicamente, la figura materna ha terminado por cobrar un protagonismo por encima del padre.

Evidentemente, sin conocer su pasado podría ser fácil errar. Por eso, los símbolos que se ofrecen a continuación son meramente orientativos. No obstante, conviene apostillar que servirán para el grueso de los casos (80 %), lo cual es una ayuda para interpretar correctamente una firma.

EL NOMBRE PUEDE SIMBOLIZAR...

El entorno familiar, la infancia, el padre-madre, el abuelo-abuela, los tíos, los padrinos, las madrinas y el éxito profesional.

EL PRIMER APELLIDO PUEDE SIMBOLIZAR...

El padre, la sociedad, la madre en algunos países (Brasil y Portugal, principalmente), la madre para hijos que han crecido sin la figura paterna (madres solteras o que han enviudado prematuramente), el orfanato (para quienes han crecido en uno) y el marido (en algunos casos).

EL SEGUNDO APELLIDO PUEDE SIMBOLIZAR...

La madre y al marido antiguamente (por ejemplo: Carmen Romero de González).

Algunos casos especiales son los de los monarcas, el Papa y otros altos representantes de la Iglesia. Todos ellos, como símbolo de elevación, firman, por lo común, sólo con el nombre.

LAS SUBVALORACIONES EN LA FIRMA

Lamentablemente, muchas personas no han tenido una vida afortunada. Hay quienes han sufrido situaciones poco amables durante la infancia. Todo eso deja una impronta que puede verse reflejada en la firma, son las heridas del alma.

Por todo ello, a continuación se exponen algunos criterios para saber cuáles son los elementos que pueden constituir una faceta de subvaloración en la firma:

- Poner una inicial en lugar de lo que corresponda (nombre o primer apellido). Por ejemplo, cuando ponemos el nombre, una inicial y el segundo apellido, estamos subvalorando la parte paterna.

Se consideran excepciones los siguientes casos: si el primer apellido es vulgar o muy común, o si el apellido materno posee cierto rango, lo cual no quiere decir que necesariamente se esté infravalorando el primero.

Otra excepción es que la inicial que se ponga sea la del segundo apellido. En España, lo normal es firmar con el primer apellido. Por eso, poner el segundo, aunque sea en forma de inicial, significaría una sobrevaloración de la parte materna.

Por otra parte, firmar sólo con las iniciales representa una desvalorización absoluta de la personalidad y de todos los símbolos que la componen.

- Tachar con la rúbrica una parte o varias partes de la firma. Por ejemplo, tachar el apellido paterno con la rúbrica.

- Suprimir cualquier elemento de los que componen la firma (nombre o apellidos).

- Realizar con menor tamaño algunas de las partes de la firma (por ejemplo, el nombre con respecto al apellido).

- Realizar con menor legibilidad algunas de las partes de la firma (que el nombre, por ejemplo, no sea legible frente al apellido).

- Realizar con menor presión algunas de las partes de la firma (por ejemplo, presionar mejor el nombre frente al apellido).

- Que el orden de ejecución habitual de la firma se vea alterado (nombre y apellidos). Por ejemplo, si aparece primero el apellido y luego el nombre, habrá una subvaloración de lo que simboliza este último.

- Realizar escritura temblorosa o vacilante sólo en una de las partes de la firma (puede haber un impacto emocional sobre el símbolo que se vea alterado).

- Realizar la firma en dos renglones (se subvalora lo que queda debajo, salvo que lo que quede en la línea inferior sea el apellido de la madre, que como no es normal en España, se considera una sobrevaloración de esta figura).

- Realizar uno de los componentes con menor atención, con enmiendas, etc.
- Realizar imbricados descendentes (en escalera) indicará una subvaloración de la parte de la firma en la que se observe un descenso final en la palabra.
- Realizar una parte de la firma más estrecha que otra.

LA LETRA INICIAL DE LA FIRMA

Conviene explicar que la letra inicial, que simboliza el nombre, es una especie de estandarte. Sucede lo mismo con la mayúscula inicial de una carta. Se trata de un símbolo que va a poner de manifiesto las ambiciones personales.

Por ello, conviene saber cuáles son los parámetros grafológicos que dan la pauta. Gracias a éstos se puede saber más cosas sobre el autor de la firma:

LA ALTURA DE LA INICIAL

La altura indicará la importancia que se concede a uno mismo frente a los demás.

Normal. La altura de la inicial se considera normal cuando tiene entre dos y tres veces la altura del cuerpo central.

Interpretación grafológica

- Se trata de una persona que se encuentra a gusto consigo misma.
- Sus metas son equilibradas, justas y realistas.
- No se presiona a sí misma si no logra lo que quiere. Busca su camino despacio, pero con paso firme.

Pequeña. La altura de la inicial se considera pequeña cuando no llega a la medida normal.

Interpretación grafológica

- Estas personas no tienen muchas metas en la vida.
- Prefieren pasar inadvertidas.
- Posible sentimiento de inferioridad.

Grande. La altura de la inicial se considera grande cuando supera la medida normal, pero si no la sobrepasa más de cinco veces.

Interpretación grafológica

- El sujeto lucha por ascender, no se conforma con lo que ya tiene.
- Susceptibilidad. Es fácil herir su amor propio. No acepta críticas con facilidad, las achaca a la envidia.
- Necesita que se le reconozcan sus méritos constantemente, lo que puede generar insatisfacción.

Muy grande. La altura de la inicial se considera muy grande cuando supera la medida normal en más de cinco veces.

Interpretación grafológica

- Orgullo desmedido, sensación de autosuficiencia.
- Sed de poder y de reconocimiento.
- Metas inasequibles que frustran al sujeto. En realidad, no sabe bien lo que quiere, pero ante todo, tiene que destacar por encima de los demás.

LA ANCHURA DE LA INICIAL

La anchura nos revelará la firmeza con la que se camina por la vida.

Normal. La anchura de la inicial se considera normal cuando representa el 70 % de la altura y el 50 % de la distancia entre letras.

Interpretación grafológica

- Seguridad y aplomo dentro de la norma (sin hacer ostentaciones, ni ser víctimas de miedos o temores injustificados).
- Sabe cómo debe ser su posición frente a los demás (sin retraerse, sin avasallar).

Pequeña. La anchura de la inicial se considera pequeña cuando no llega a los parámetros considerados normales.

Interpretación grafológica

- Temor a proyectarse socialmente.
- Inhibición y timidez.
- Inseguridad y vacilación.

Grande. La anchura de la inicial se considera grande cuando sobrepasa los parámetros considerados normales.

Interpretación grafológica

- Expansión invasora. Los demás se pueden sentir atacados en su terreno.
- Fuerza y empuje.
- Aplomo a la hora de presentarse ante los demás.

LA FIRMA Y SU SITUACIÓN EN LA PÁGINA

La situación horizontal de la firma, con relación a la página, representa cómo se sitúa el sujeto en el tiempo y el espacio y cómo es el contacto que desarrolla con los demás. Si es posible, conviene analizar este aspecto sirviéndose de varias firmas realizadas en los últimos diez años. Así se podrá estudiar cómo ha sido la evolución de la persona en este terreno. A continuación se ofrecen las variantes que se pueden encontrar en esta categoría:

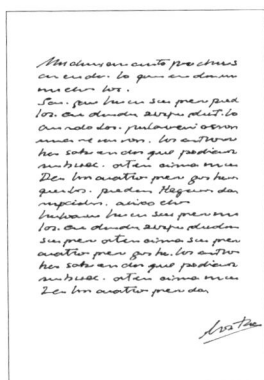

SITUADA MUY A LA DERECHA

Veremos que en estos casos se trata de un avance excesivo de la firma con relación a la zona de la derecha, llegando a rozar el borde del papel.

Interpretación grafológica

- Afán por conseguir las cosas de forma inmediata.
- Precipitación.
- Apasionamiento.
- Irreflexión.
- Persona ansiosa.
- Junto a otros rasgos, el sujeto puede volverse temerario.
- No mide las consecuencias de sus actos.

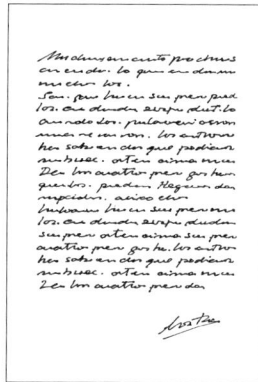

SITUADA A LA DERECHA

La firma aparece situada en la zona derecha del papel.

Interpretación grafológica

- Seguridad en sí mismo.
- Persona extravertida.
- Iniciativa.

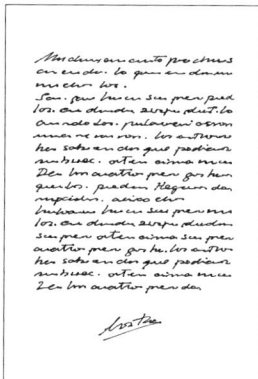

SITUADA EN EL CENTRO

La firma aparece situada en el centro del papel.

Interpretación grafológica

- Capacidad para controlar las emociones.
- Reflexión y madurez.

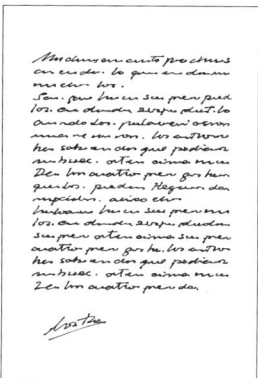

SITUADA A LA IZQUIERDA

La firma aparece situada en la zona de la izquierda, aunque moderadamente.

Interpretación grafológica

- Introversión.
- Prudencia.
- Junto a otros rasgos que lo confirmen, inhibición y timidez.
- Falta de iniciativa e indecisión.

SITUADA MUY A LA IZQUIERDA

La firma aparece situada muy a la izquierda, llegando a rozar el borde del papel.

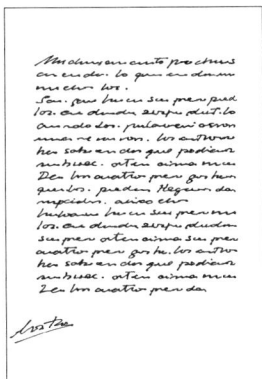

Interpretación grafológica

- Temores que le hacen huir de los demás.
- Carácter fuertemente introvertido.
- Tendencia a la represión.
- Esta forma de situar la firma en la página, a veces se observa en personas con tendencia al suicidio o que incluso ya lo han intentado. Sin embargo, todo esto debe ser valorado en función de otros rasgos que lo corroboren.

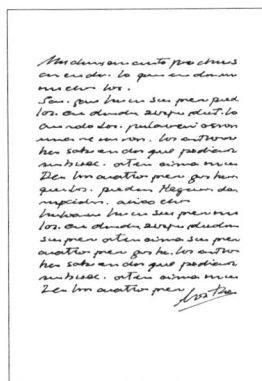

SITUADA JUSTO AL ACABAR DE ESCRIBIR

La firma cae justo después de finalizar el escrito, sin una ubicación concreta. Antes de analizar, conviene estudiar varias firmas para comprobar si siempre sucede lo mismo en todas ellas. Esto es importante porque, dependiendo del final del escrito, la firma puede estar situada a la derecha, en el centro o a la izquierda.

Interpretación grafológica

- Tendencia a depender de los demás.
- Fuerte inseguridad.
- Capacidad de adaptación.

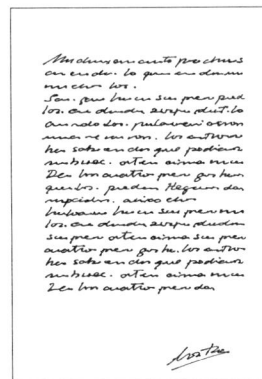

SITUADA CADA VEZ EN UNA POSICIÓN DIFERENTE

Nuevamente, hay que disponer de varias firmas para analizar este aspecto, pero si se da el caso, la firma se realiza cada vez en una situación distinta como si no se siguiese un patrón o criterio.

Interpretación grafológica

- Inmadurez.
- Indecisión.
- Persona que se arrima a la sombra del árbol que mejor la cobija.

LA FIRMA Y SU PROXIMIDAD CON RELACIÓN AL TEXTO

En este nuevo epígrafe se estudiará la posición de la firma con relación al texto, independientemente de si está situada en la zona de la derecha, en el centro o en la izquierda del papel.

Las variantes que se pueden encontrar son las siguientes:

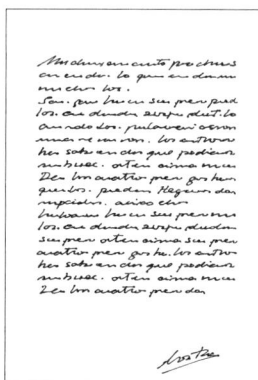

FIRMA ALEJADA DEL TEXTO

La firma parece huir del texto alejándose de él.

Interpretación grafológica

- Introversión.
- El sujeto pone barreras para que los demás no se le acerquen. Éstas pueden estar disfrazadas con una cortesía excesiva que realmente puede encerrar un orgullo mal entendido.

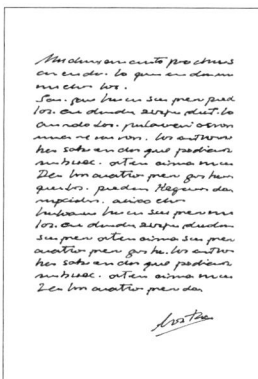

FIRMA LIGERAMENTE ALEJADA DEL TEXTO

La firma se aleja del texto aunque de manera moderada.

Interpretación grafológica

- El sujeto trata a los demás con corrección, de forma educada.
- Al principio evita darse a los demás.

FIRMA PRÓXIMA AL TEXTO, SIN LLEGAR A ROZARLO

Para poder valorar este tipo de posición de la firma con relación al texto, hay que cerciorarse de que la proximidad de la firma (sin llegar a rozar el texto) no se haya producido circunstancialmente. Para comprobar esto, hay que fijarse especialmente en si hay suficiente espacio libre en el papel. Si no lo hay, no se podrá tener en cuenta esta interpretación.

Interpretación grafológica

- Extraversión.
- Trato cálido y respetuoso.
- La persona sabe mantener un equilibrio en el trato social. Presta su ayuda, pero sin llegar a invadir el terreno de los demás.

FIRMA ROZANDO EL TEXTO

La firma o algunos de sus complementos (rúbrica, la letra mayúscula, etc.) llegan a invadir el texto, rozándolo o pisándolo. Sin embargo, sólo se podrá valorar este aspecto en caso de que exista suficiente espacio en el papel.

Interpretación grafológica

- Tendencia a invadir el terreno de los demás, a tomarse demasiadas confianzas cuando nadie se las ha dado.
- Falta de respeto hacia los demás.

FIRMA REALIZADA SOBRE EL MARGEN IZQUIERDO

Hay personas que después de escribir el texto firman en el margen izquierdo. Y esto se hace en este margen porque normalmente es donde queda más blanco. El sujeto se queda sin papel y, en vez de coger una nueva hoja, firma en el margen. Sin embargo, suele darse en cartas a familiares o amigos íntimos.

Interpretación grafológica

- Si no se hace en cartas a familiares o amigos, denota mal gusto. La persona se toma excesivas confianzas.

PRESENCIA DE TEXTO Y FIRMA EN LOS MÁRGENES

Se trata de cartas que presentan texto en los márgenes, en los que también se ha firmado.

Interpretación grafológica

- El sujeto no termina de despedirse. Parece que le cueste arrancar, incidiendo una y otra vez en cosas ya comentadas. Despedidas interminables. Persona pesada que no tiene en cuenta que el tiempo de los demás vale lo mismo que el suyo.
- Tendencia al olvido y mala planificación del tiempo.
- Mal gusto.
- Tacañería o ahorro excesivo en cosas que no lo merecen.

ESCRIBIR SOBRE EL TEXTO Y FIRMAR

Antiguamente, lo hacían algunas personas de clase alta como moda, sobre todo en las tarjetas postales. En estos casos, la lectura del texto se vuelve complicada. No es muy frecuente en la actualidad.

Interpretación grafológica

- Falta de respeto hacia los demás.
- Altanería y desdén.
- Las conversaciones se hacen interminables.

LA DIRECCIÓN DEL TEXTO DE LA FIRMA

Otro de los aspectos que deben valorarse para poder interpretar con corrección una firma es la dirección que adopta el texto de la misma; es decir, las letras que la componen, ya sean legibles o ilegibles.

La dirección del texto de la firma simboliza la ambición del sujeto y, sobre todo, el camino empleado para tratar de conseguir sus metas.

Para medir el grado de ascenso o descenso de la dirección del texto de la firma, se procede tal como ya se ha explicado al estudiar la dirección de las líneas (véase capítulo 9).

A continuación, se exponen las variantes que se pueden encontrar en este nuevo parámetro:

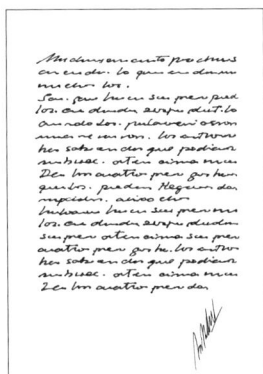

FIRMA ASCENDENTE EN VERTICAL

En este caso, la firma asciende en vertical, como si fuera una flecha, hacia la zona superior de la escritura.

Interpretación grafológica

- Tendencia a escapar a la realidad.
- Utopía.
- Altruismo.
- El sujeto desea unas metas que están totalmente fuera de este planeta, imposibles de conseguir.
- Idealismo exacerbado.
- Búsqueda de la figura divina.

FIRMA MUY ASCENDENTE

La firma asciende más de 10° sobre la línea horizontal de la escritura.

Interpretación grafológica

- El sujeto posee unas pretensiones excesivamente elevadas, imposibles de lograr, lo que le termina por generar una fuerte frustración. Nunca está contento con lo que tiene, todo le parece poco y siempre quiere más. Éste es el camino más directo para lograr la infelicidad, ya que la persona ni siquiera es consciente de su utópica situación.

FIRMA ASCENDENTE

El ascenso de la firma no sobrepasa los 10°.

Interpretación grafológica

- El sujeto desea mejorar su posición, pero siempre trazándose metas asequibles y realistas.
- Su consecución dependerá en buena medida del tesón y del ahínco que ponga la persona en conseguirlas.
- No existen conflictos ni frustraciones. La persona se toma su tiempo sin marcarse plazos que puedan generarle ansiedad.

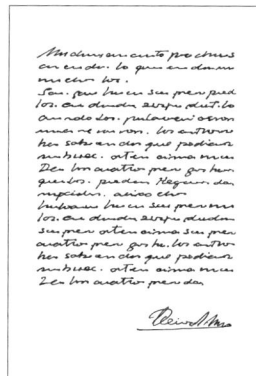

FIRMA HORIZONTAL

Veremos que la dirección del texto de la firma es horizontal.

Interpretación grafológica

- Este tipo de firma nos habla de madurez y autocontrol.
- El sujeto sabe qué debe hacer para controlar sus estados anímicos.
- Esta firma no significa que la persona no tenga ambiciones o inquietudes laborales, sino que probablemente ya ha terminado por colmar sus expectativas en el plano profesional.

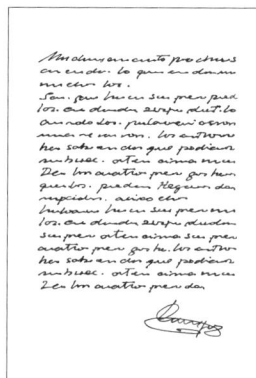

FIRMA DESCENDENTE

La firma desciende menos de 10° por debajo la línea horizontal de la escritura.

Interpretación grafológica

- El descenso de la firma es indicio de tristeza, enfermedad o cansancio. La clave de la interpretación aparecerá después de analizar otras firmas del sujeto, o mediante la observación del texto, para descubrir rasgos que confirmen o desmientan la apreciación. No obstante, en general, el cansancio, la enfermedad o la tristeza suelen ser aspectos pasajeros.

- Posible herida en el plano íntimo de la personalidad.

FIRMA MUY DESCENDENTE

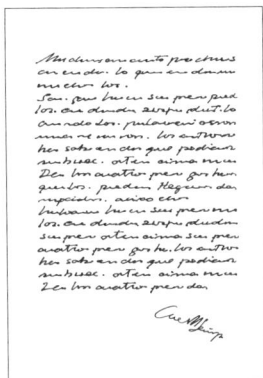

La firma desciende más de 10º por debajo de la línea horizontal de la escritura.

Interpretación grafológica

- Al producirse un descenso mayor, se trata un factor depresivo más acusado. La persona no ve las cosas claras y, sobre todo, no cree que éstas tengan solución. Se siente abatida.
- Si la firma, además, se sitúa en la zona de la izquierda, es posible que exista una tendencia de carácter suicida. Es conveniente ser prudente a la hora que realizar este tipo de interpretaciones.

FIRMA DESCENDENTE EN VERTICAL

(1906)

(1913)

(1920)

(1929)

(29. 4. 1945)
(Testamento)

En este caso, la firma desciende en vertical, como si fuera una flecha, hacia la zona inferior de la escritura. Un ejemplo claro de esto es la evolución de la firma de Adolf Hitler. Como se ve en los ejemplos, con el transcurso del tiempo, su firma terminó cayendo en picado.

Interpretación grafológica

- Estos casos revelan una notable tendencia hacia la autodestrucción. La persona lo ve todo negro y siniestro. No encuentra otra salida más que lanzarse hacia el abismo.
- Tendencias suicidas se encuentre donde se encuentre situada la firma.

Firmas de Adolf Hitler

¿CÓMO DESCUBRIR SI LA AMBICIÓN ES NOBLE O INNOBLE?

Ser ambicioso no es malo, siempre y cuando la ambición no sea utópica o demasiado elevada. Esto podría crear frustración al no llegar nunca a lograrse lo que se desea. Sin embargo, lo que sí puede convertirse en algo negativo es el hecho de estar dispuesto a hacer cualquier cosa con tal de conseguir las metas que se ambicionan.

Por eso lo importante es aprender a descubrir quién podría ser capaz de traicionar a otros con tal de medrar y lograr así sus objetivos. Esto es lo que se llama ambición innoble. Y eso es precisamente lo que se expone a continuación: distinción entre la ambición noble y la innoble.

RASGOS GRAFOLÓGICOS DE LA AMBICIÓN NOBLE

En estos casos, la persona quiere superarse a sí misma y lo hace a través de su trabajo y del esfuerzo personal, sin llegar a «pisar» a los que le rodean.

- Para que la ambición sea noble, el texto de la firma debe formar una línea recta. Esto simbolizará la rectitud de las intenciones del sujeto que no admite sobornos o concesiones ante las posibles tentaciones de mejorar de manera ilícita.
- La firma debe ser legible (símbolo de la autenticidad de la persona. El sujeto no emplea la ocultación ni la mentira en su lucha por el ascenso en la vida).
- La rúbrica debe ser sencilla o ausente (símbolo de seguridad en uno mismo y de apertura hacia los demás).
- El tamaño de las letras de la firma será igual o algo mayor al texto de la escritura. Esto simboliza que la persona está exenta de sentimientos de inferioridad que pudieran llevarla a cometer actos innobles.

- La firma será ascendente, pero no superará los 10° sobre la línea horizontal (símbolo de la ambición).

RASGOS GRAFOLÓGICOS DE LA AMBICIÓN INNOBLE

Se considera que la ambición se torna egoísta cuando la persona es capaz de dañar a otros conscientemente, con la finalidad de quitárselos de en medio en su carrera ascendente hacia la consecución de sus metas. La forma de actuar se vuelve egoísta, innoble, interesada y engañosa.

- El texto de la firma debe ser ondulado. Esto es señal de que la persona se arrima a otros interesadamente. Optará por un criterio u otro en función de sus intereses.
- La firma debe ser ilegible o complicada. Se trata de un símbolo de ocultación. El sujeto se resiste a dar la cara, a mostrarse tal como es si eso va a hacer que pierda oportunidades de ascender. La ilegibilidad marca también un descontento con la propia manera de ser, lo que indica un «yo» débil. La ilegibilidad es, además, un signo de falta de compromiso con los demás y con uno mismo. Ante la duda, no reconocerá sus actos.
- La rúbrica será complicada. Esto representa que la persona tiene capacidad de manipulación y de intrigar embrollando las cosas de manera que ella salga favorecida en perjuicio de otros, sin que parezca que ha tenido alguna responsabilidad en ello. Estas personas suelen aplicar la política del viejo refrán «A río revuelto, ganancia de pescadores».
- El tamaño de las letras de la firma será grande. Este nuevo dato, sumado a los anteriores, indica que la persona se considera superior a los demás, aunque siente que no se la valora en su justa medida y, en cierto modo, intenta compensar las supuestas injusticias hacia ella cometidas.
- La firma será muy ascendente (más de 10° sobre la línea horizontal). Piensa que para conseguir lo que desea es necesario anular a los demás. Cualquier ascenso en la vida, bien merece el uso de tácticas poco ortodoxas.

LAS DIFERENCIAS ENTRE LA FIRMA Y EL TEXTO

Ya se ha explicado que el estudio de la firma era uno de los aspectos más importantes y complejos a los que se debe enfrentar un grafólogo para poder descubrir los entresijos del carácter humano.

Pues bien, ahora se va a introducir un nuevo parámetro, ya que no basta con analizar la firma sin más. Si se quieren obtener conclusiones fiables, es imprescindible comparar la firma con el resto de la escritura.

No hay que olvidar que el texto representa el «yo social», (cómo uno se muestra ante los demás), mientras que la firma simboliza el «yo íntimo» (cómo es uno en el plano personal). Como regla general, cuanta mayor igualdad se observe entre el texto y la firma, mayor armonía, equilibrio, autenticidad y fuerza «yoica» existirá entre estos dos planos. La igualdad entre texto y firma es algo así como mostrar un letrero que diga: «Soy auténtico. Me comporto como pienso. No estoy fingiendo.»

Por el contrario, las diferencias, grandes o pequeñas, en cualquier sentido, darán la clave para descubrir que no existe equilibrio entre estos dos planos. El letrero, en este caso, dirá: «No soy auténtico. No me comporto como pienso. Estoy fingiendo.»

Las diferencias entre ambos planos ofrecerán datos sobre posibles conflictos, frustraciones, dobleces, complejos y otros aspectos relevantes de la personalidad que hacen que el sujeto se comporte con cierta falsedad. Lógicamente, cuanto mayores sean las diferencias, mayor será el desacuerdo entre los planos íntimo y social.

A continuación se muestran las principales diferencias que se pueden descubrir desde el punto de vista grafológico:

LAS DIFERENCIAS EN LA LEGIBILIDAD

Texto legible, firma ilegible. El texto, aplicando lo que ya conocemos sobre la legibilidad (véase lo explicado sobre la legibilidad-ilegibilidad en el capítulo 5), se lee adecuadamente, pero la firma es ilegible.

Interpretación grafológica

- El sujeto es abierto y claro en el plano social, sin embargo, en el plano íntimo deja bastante que desear. La claridad y el compromiso brillan por su ausencia.

- La ilegibilidad de la firma puede deberse a varios motivos, escurrir el bulto, no querer asumir responsabilidades, no estar de acuerdo con lo que se hace, etc. Saber qué interpretación aplicar dependerá del resto de datos que nos aporte la escritura y la firma.

Texto legible, firma ilegible

Texto ilegible, o semilegible, y firma legible. Éste es el caso contrario; la firma es legible, pero el texto es ilegible o poco legible con respecto a la firma.

Interpretación grafológica

- La persona percibe el ambiente que la rodea como algo que puede causarle problemas. No se fía de lo que ve a su alrededor y procura mostrarse cauta.
- En el plano íntimo es abierto y claro. Tiene confianza en sí mismo, pero no acaba de estar contento con su desarrollo en el plano social o profesional.

Texto ilegible, o semilegible, y firma legible

LAS DIFERENCIAS EN EL TAMAÑO

El texto de la carta es mayor que el texto de la firma. Se observa que la escritura, en su conjunto, es de mayor tamaño que las letras que componen la firma. (Véase lo explicado sobre el tamaño en el capítulo 7.)

Interpretación grafológica

- Existe cierto sentimiento de inferioridad. El sujeto piensa que desempeña un papel, social o laboral, que no le corresponde, bien por no estar capacitado para ello, bien por haber llegado a éste saltándose algunos pasos. Conviene aclarar que el «sentimiento» puede ser normal, lo que empieza a considerarse patológico es cuando ese sentimiento se transforma en un «complejo». El sentimiento actúa en el plano consciente, mientras que el complejo tiene su campo de acción en el inconsciente.

- Si las diferencias fuesen muy notables, es decir, si la firma apareciese representada mucho más pequeña que el texto, habría un posible complejo de inferioridad. La persona cree que es inferior y no se concede la importancia que debería, porque piensa que no merece esa atención. Este tipo de complejos casi siempre derivan de experiencias negativas durante las etapas de aprendizaje.

Texto mayor que el texto de la firma

El texto es menor que el texto de la firma. La escritura en su conjunto es de menor tamaño que las letras que componen la firma.

Interpretación grafológica

- El sujeto cree que podría desempeñar un papel social o profesional más elevado del que realiza. Podría hablarse de cierto sentimiento de superioridad con respecto a la media.

- Cuando la diferencia de tamaño es muy grande, es decir, cuando la firma es mucho mayor que el texto, la persona piensa que se la valora por debajo de sus posibilidades y cree que es claramente superior a los demás. Actitud paranoide en este sentido, susceptibilidad o supercompensación del sentimiento de inferioridad. El sujeto es orgulloso y no quiere reconocer su inferioridad, por eso se muestra superior y despectivo con los demás.

Texto menor que el texto de la firma

El texto es de igual tamaño que la firma. En este caso no existen desigualdades de tamaño.

Interpretación grafológica

- Se trata de una persona que se valora en su justa medida, reconociendo sus cualidades y sus defectos. No tiene inquietudes en el plano social o laboral porque se siente cómoda.

[texto manuscrito] resido en Barcelona, hace un par de meses, y estoy encantada por sta hermosa ciudad. Saludos. Lucecia.

LAS DIFERENCIAS EN LA INCLINACIÓN

Texto recto y firma inclinada (a la derecha). Aplicando lo que ya se ha explicado sobre la inclinación (véase capítulo 10), el conjunto de la escritura es recta mientras que la firma está inclinada hacia la derecha.

Interpretación grafológica

- Se trata de una persona cordial, amistosa y afectuosa en el plano íntimo. Sin embargo, en el plano social se comporta con frialdad. Tiende a controlarse debido al ambiente en el que tiene que desarrollar su actividad.

[texto manuscrito] A mi mejor amigo con cariño

Texto recto y firma invertida (inclinada a la izquierda). La escritura, en su conjunto, es recta, mientras que la firma es invertida o inclinada a la izquierda.

Interpretación grafológica

- Se trata de una persona cuyo trato social es correcto, quizá frío, pero justo. Sin embargo, en el plano íntimo no se encuentra satisfecha. Tiene miedos y temores escondidos, sentimientos ocultos de insatisfacción personal que trata de controlar cuando se muestra ante los demás en el plano social o laboral.

Texto recto y firma invertida

Texto inclinado (a la derecha) y firma recta. La escritura, en su conjunto, es inclinada, mientras que la firma es recta.

Interpretación grafológica

- Desde los puntos de vista social y laboral se podría decir que esta persona se muestra extravertida y amigable. Seguramente, desempeña un trabajo que la condiciona en este sentido, debe mostrar siempre su mejor cara (trato al público, comercial, etc.). Sin embargo, en el plano íntimo es reservada y fría. El ambiente íntimo no es el más adecuado para ella.

Texto inclinado y firma recta

Texto inclinado (a la derecha) y firma invertida (inclinada hacia la izquierda). La escritura, en su conjunto, es inclinada, mientras que la firma es invertida.

Interpretación grafológica

- Se trata de un caso chocante: la persona se comporta con temor y falta de cordialidad, llegando a resultar huraña y de trato áspero en el plano íntimo. No ofrece opción a los demás para que la conozcan. Por el contrario, en los planos social y laboral se muestra cordial, amigable, extravertida y afectuosa. Se trata de una escisión tan grande entre ambos planos que hace sospechar un arrastre de problemas desde la infancia.

Texto inclinado y firma invertida

Texto invertido (inclinado hacia la izquierda) y firma recta. La escritura, en su conjunto, es invertida, mientras que la firma es recta.

Texto invertido y firma recta

Interpretación grafológica

- El sujeto se muestra introvertido y poco afable en los planos social y profesional. No está a gusto y los demás lo notan. Es desconfiado y de trato complicado. Sin embargo, en el plano íntimo es justo y correcto, aunque tampoco demasiado afectuoso.

Texto invertido (inclinado hacia la izquierda) y firma inclinada (hacia la derecha). La escritura, en su conjunto, es invertida, mientras que la firma es inclinada.

Interpretación grafológica

- En el plano íntimo se muestra cordial, extravertido y afable. Sin embargo, en los planos social y profesional es reservado y desconfiado. No se encuentra bien en el ambiente que le rodea, quizá por un exceso de competitividad.

Texto invertido y firma inclinada

LAS DIFERENCIAS EN LA FORMA

Texto anguloso y firma curva. Aplicando lo que se ha explicado sobre la forma de la escritura (véase capítulo 8), el texto es anguloso mientras que la firma es curva.

Interpretación grafológica

- En los planos social y profesional se muestra intransigente, duro, recto y muy exigente. El trato con esta persona se hace bastante difícil. Sin embargo, en el plano íntimo es cordial y afectuoso. Curiosa dicotomía.

Texto anguloso y firma curva

Texto curvo y firma angulosa. La escritura es curva mientras que la firma presenta numerosos ángulos.

Interpretación grafológica

- El sujeto se siente cómodo en los planos social y laboral. Se muestra amable y simpático. Pero en el plano personal es duro, exigente, difícil de tratar. Está tenso. Quizá sus relaciones con los más íntimos no sean satisfactorias.

Texto curvo y firma angulosa

por la presente te comunic

Texto en arcadas y firma en guirnaldas. La escritura es en arcadas (con arcos) y la firma en guirnaldas.

Interpretación grafológica

- En los planos social y profesional se muestra reservado y misterioso. Da la impresión de que oculta algo. Adula a los demás y siembra desconfianza a su paso. Sin embargo, en el plano íntimo es cordial, cariñoso y afable. Parece otra persona.

Texto en arcadas y
firma en guirnaldas

Chicos super simpaticos al colegio
bueno ya te escribire una prosima
carta contandotelo todo con mas
detalle   Se despide tu amiga
Elena Cruz

Texto en guirnaldas y firma en arcadas. La escritura es en guirnaldas, mientras que la firma presenta arcadas.

Interpretación grafológica

▪ En los planos social y profesional se muestra encantador, amable, siempre dispuesto a echar una mano a los demás. La gente confía en él. Sin embargo, no hace todo esto por convencimiento. Lo que quiere es medrar, ascender. Íntimamente es seco, reservado y poco sociable.

Texto en guirnaldas
y firma en arcadas

LAS DIFERENCIAS EN LA DIRECCIÓN DE LAS LÍNEAS

Texto recto y firma descendente. Aplicando lo que ya se ha explicado sobre la dirección de las líneas (véase capítulo 9), el texto es recto y la firma, en cambio, desciende.

Interpretación grafológica

▪ Se trata de una persona que intenta sobreponerse a los demás, pero internamente se encuentra hundida. Cuanto mayor sea el descenso, mayor será el peso que arrastra. Sin embargo, los demás no se dan cuenta de nada porque se autocontrola bien. No quiere que nadie note por lo que está pasando.

Texto recto
y firma descendente

Texto recto y firma ascendente. La dirección de las líneas es recta, mientras que la firma asciende.

Interpretación grafológica

- Esta persona, internamente, es positiva y optimista. Quiere superarse y confía en sus posibilidades. Sin embargo, en el plano social y profesional se controla intentando que sus emociones internas no se trasluzcan al exterior.

Texto recto y firma ascendente

Van a dar a la mar que es el mayor allí van los señoríos dispuestos a se acabar e consumir

Texto descendente y firma recta. Veremos que la dirección de las líneas del texto desciende, mientras que la firma es recta.

Interpretación grafológica

- Es posible que el sujeto haya sufrido alguna de estas influencias en su vida: una enfermedad pasajera, fatiga o cansancio ocasional, un disgusto o una mala noticia laboral. Sin embargo, esto no afecta a la firma, al plano más íntimo.

Texto descendente y firma recta

nuestra dejan de ocupar su lugar de independencia y solidaridad en los medios de comunicación.

Un beso

Carlos

Texto descendente y firma ascendente. La dirección de las líneas del texto desciende, mientras que la firma es ascendente.

Interpretación grafológica

- Es un indicio de que algo no marcha bien en la vida del sujeto. Las causas pueden ser variadas: problemas de salud, decepciones personales o profesionales u otras causas. Pero la persona no se hunde, es animosa y optimista y está convencida de poder salir adelante ante cualquier contratiempo que se presente.

Texto descendente
y firma ascendente

estoy deseando irme y quizás me quede allí para siempre.

Texto ascendente y firma descendente. La dirección de las líneas del texto asciende, mientras que la firma desciende.

Interpretación grafológica

- Social y profesionalmente se muestra alegre, chispeante y dicharachero, pero internamente no es así. Se trata de una pose ante los demás para no demostrar que se encuentra abatido, triste y cansado. Finge estar bien, pero en realidad se encuentra mal y los problemas se acumulan.

Texto ascendente
y firma descendente

y no está nada mal pero vamos a perder porque siempre para lo mismo. Parece que somos buenas y luego nada, a freír espárragos. No falla.

Texto ascendente y firma recta. La dirección de las líneas es ascendente, mientras que la firma es recta.

Interpretación grafológica

- En su vida privada es controlado, comedido y serio. Sin embargo, en su vida social y profesional se muestra alegre y animado. Tal vez obre así por conveniencia. Sabe que presentando la mejor cara se obtienen mayores beneficios.

Texto ascendente y firma recta

Todas las personas son iguales, sin embargo en este momente, le vide cambia ante la estruendose noche pues en realidad no hey igualdad sino diferentes semejanzas.

LAS DIFERENCIAS EN LA PRESIÓN

Texto de presión firme y firma de presión débil. Aplicando lo que se ha explicado sobre la presión (véase capítulo 11), el texto tiene una presión firme, mientras que la firma es débil.

Interpretación grafológica

- En los planos social y profesional se muestra fuerte, enérgico, absolutamente activo y vital. Sin embargo, en el plano íntimo carece de esa fuerza, le falta la energía.

Texto de presión débil y firma de presión firme. La presión del texto es débil, mientras que la firma tiene una presión firme.

Interpretación grafológica

- En los planos social y profesional desarrolla poca energía. Es posible que desempeñe un trabajo como subordinado en el que emplee poco esfuerzo. Sin embargo, en el plano íntimo imprime esa energía que escatima en el plano laboral.

LAS DIFERENCIAS EN LA VELOCIDAD

Texto de escritura rápida y firma mesurada. Aplicando lo que se ha explicado sobre la velocidad de la escritura (véase capítulo 12), el texto tiene una velocidad rápida, mientras la firma es mesurada o pausada.

Interpretación grafológica

- En los planos social y laboral es rápido, está atento a todo y desarrolla una gran agilidad. Pero en el plano personal se toma las cosas con calma, medita mucho las cosas antes de tomar decisiones.

Texto de escritura mesurada y firma rápida. El texto tiene una velocidad mesurada, mientras que la firma se hace con rapidez.

Interpretación grafológica

- En los planos social y laboral no desarrolla la misma rapidez y agilidad que en el plano íntimo. No da todo lo que puede, evita pérdidas de energía innecesarias.

17.

La rúbrica

La rúbrica es otro de los conceptos que despiertan un gran interés entre los grafólogos. Se puede decir que firma y rúbrica se encuentran íntimamente ligadas. Es interesante destacar que es posible encontrar firmas que no poseen rúbrica y rúbricas que no llevan asociadas un nombre. Sin embargo, lo usual es que en el Documento Nacional de Identidad figure una firma y su correspondiente rúbrica.

El término «rúbrica» tiene su origen en el latín y significa «rojo». Este color se usaba en los países latinos después de firmar. Al pie de la firma se escribía con tinta roja *scripsit firmavit recognovit*. Esta expresión tenía como objeto ofrecer un mayor valor al acto de firmar.

Con el tiempo, estas palabras se deformaron transformándose en un garabato, una especie de lazada, realizada a continuación de la firma, hasta convertirse en lo que hoy conocemos como rúbrica.

EL SIMBOLISMO DE LA RÚBRICA

La rúbrica, al igual que ocurre con la firma, simboliza la parte más íntima del sujeto: el concepto que tiene de sí mismo. Pero la rúbrica, además, permite descubrir cómo son las ambiciones personales y los mecanismos defensivos que utiliza para salvaguardar su intimidad de los demás.

Existe un dicho grafológico muy significativo que da una idea de lo que representa la firma: «A más rúbrica, menos personalidad y, a menos rúbrica, más personalidad». En efecto, así es. Las personas que tienden a realizar complicadas rúbricas, por lo general, suelen albergar una serie de carencias e incluso complejos más o menos inconscientes.

Como es lógico suponer, al igual que existen muchos tipos diferentes de firmas, también hay multitud de maneras de rubricar. A continuación se ofrecerán las más importantes, que nos ayudarán a poder interpretar casi cualquier rúbrica.

LA RÚBRICA Y SU SITUACIÓN CON RESPECTO A LA FIRMA

En este apartado se analiza la situación de la rúbrica con relación a la propia firma. Gracias a este parámetro, se puede saber cómo se siente el sujeto en cuanto a proximidad con respecto a aquellos que le rodean y en especial con las personas más cercanas.

Rúbrica alejada de la firma. La rúbrica se encuentra lejos de la firma.
Interpretación grafológica

- Se trata de una forma de autoprotección. Por algún motivo, el sujeto tiende a poner barreras entre su parte más íntima y las personas que le rodean, incluyendo a quienes le son más cercanos.

Rúbrica alejada de la firma

Rúbrica cercana a la firma
Interpretación grafológica

- El sujeto se siente cercano al ambiente que le rodea.
- Facilidad para relacionarse con los demás.

Rúbrica cercana a la firma

Rúbrica que invade el texto. La rúbrica tiende a invadir el texto de la carta. Normalmente, la invasión se producirá por medio de alguno de los trazos superiores de la rúbrica. Lógicamente, a mayor invasión, más debe acentuarse la interpretación.

Interpretación grafológica

- Tendencia a invadir el terreno de los demás.
- Capacidad expansiva.

Rúbrica que invade el texto

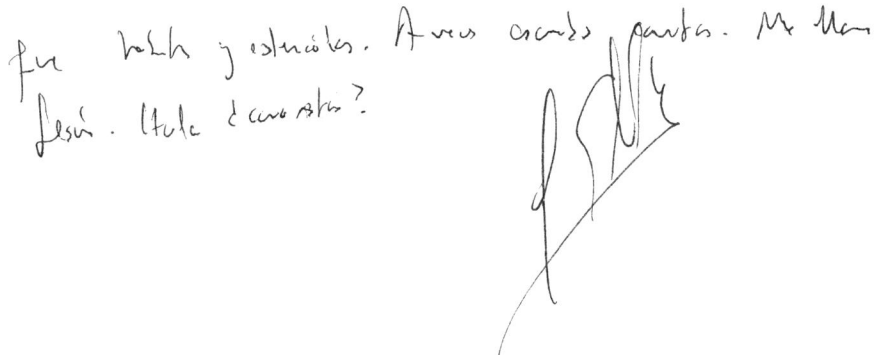

Rúbrica que tacha la firma. La rúbrica tacha la firma. Otra variante de tachadura que también debe tenerse en cuenta se produce cuando alguno de los rasgos de la rúbrica se superpone a las letras que componen la firma.

Interpretación grafológica

- A la hora de realizar la interpretación debe valorarse el grado de tachadura de la firma. Cuando la tachadura no es muy profusa, se interpreta como deseos de mejorar algunas facetas de la personalidad. En general, se trata de aspectos de la vida del sujeto que éste no ha terminado de asumir.

- Cuando la tachadura es muy evidente y la firma —en su conjunto— parece haberse transformado en un borrón o en una palabra equivocada que simplemente se tachó con saña, la interpretación cambia. La persona ya no sólo no se acepta tal como es, sino que carga a sus espaldas con un complejo de culpabilidad que limita sus movimientos en la vida. Se siente culpable y termina por bloquearse.

- Además, habrá que tener en cuenta qué parte se ha tachado. A veces, sucede que únicamente se tacha el nombre o sólo el apellido. Esto representa una forma de infravolación de la parte o partes tachadas y lógicamente de lo que éstas simbolizan.

Rúbrica que tacha la firma

Rubricar antes de firmar. Para descubrir si una rúbrica se ha realizado antes que la firma habrá que estudiar con sumo cuidado el desarrollo y la trayectoria que ésta presenta. Con un poco de práctica no resultará muy complicado averiguarlo.

Interpretación grafológica

- El sujeto tiene tendencia a planificar con antelación sus movimientos. No le gusta dejar las cosas a merced de la improvisación.
- Capacidad de organización. Persona cautelosa.

Rubricar antes de firmar

Rúbrica subrayando, mayor que la firma. Se observa la presencia de rasgos de la rúbrica debajo de la firma, y que superan el tamaño de ésta.

Interpretación grafológica

- El sujeto no se siente seguro de sí mismo y busca una «muleta» para que le ayude a sentirse mejor.
- Deseos de que se le reconozcan sus méritos. Bajo concepto de sí mismo. Tendencia al narcisismo.

Rúbrica subrayando, menor que la firma. Se observa la presencia de rasgos de la rúbrica debajo de la firma que no superan el tamaño de ésta.

Interpretación grafológica

- Pese a que el sujeto no se siente seguro de sí mismo, el grado de inseguridad es menor que en el caso anterior.
- Los deseos de reconocimiento son menores y el autoconcepto es más elevado. La persona evoluciona hacia la madurez afectiva.

Rúbrica subrayando, igual que la firma. Se observa la presencia de rasgos de la rúbrica debajo de la firma cuyo tamaño es igual a esta última.

Interpretación grafológica

- Aunque el sujeto siente la necesidad de apoyarse en la «muleta», su autoconcepto se encuentra más equilibrado.
- Valoración en su justa medida de sus cualidades y de sus defectos.

Rúbrica subrayando varias veces. En este tipo de rúbrica se repite el gesto del subrayado varias veces casi de forma obsesiva.

Interpretación grafológica

- El sujeto necesita hacerse notar constantemente, desea imponerse a toda costa. Este tipo de comportamiento, en realidad, puede estar escondiendo un sentimiento de inferioridad.

Rúbrica con una línea sobre el nombre. Este tipo de rúbrica se caracteriza por la existencia de una raya por encima del nombre. Esta raya, por ejemplo, también puede ser una mayúscula que se prolonga, como la barra de la *t*.

Interpretación grafológica

- El sujeto tiende a dominar a los que le rodean; al menos lo intenta.
- Cuando se enfada hace gala de un genio vivo que no es capaz de controlar adecuadamente.
- Este tipo de personas son impacientes y desean conseguir las cosas de inmediato.

El nombre aparece entre dos líneas. El nombre —y puede que también el apellido— aparece enmarcado entre dos líneas paralelas. Esto puede producirse porque la inicial del nombre se prolongue hacia la derecha, como en el caso de la letra *f*, y porque el nombre, además, aparece subrayado. Este tipo de rúbricas también son denominadas rúbricas en «carril».

Interpretación grafológica

- El sujeto prefiere acatar lo que se le dice. No tiene grandes pretensiones; se deja conducir con cierto espíritu servil.
- Tendencia a autolimitarse en la consecución de sus metas.

Rúbrica separando nombre y apellidos. La rúbrica o algunos rasgos de ésta separa el nombre y los apellidos con su trazado.

Interpretación grafológica

- Se trata de una especie de barrera invisible que simboliza que el sujeto —desde el plano inconsciente— desea separar el plano personal (nombre) del plano social o profesional (apellidos).

- Deseos de separar su infancia y juventud (nombre) de la etapa adulta (apellidos).

Rúbrica separando nombre y apellidos

Rúbrica que rodea la firma. Este tipo de firmas también se llaman «envolventes», debido a que envuelven la firma, ya sea parcialmente o en su totalidad.

Interpretación grafológica

- El sujeto necesita sentirse protegido y seguro en alto grado. Esta rúbrica es más frecuente en las etapas gráficas primarias (hasta la adolescencia) y tiende a desaparecer con la madurez.

- Se trata, además, de un rasgo de egocentrismo. No hay que olvidar que la rúbrica se asemeja por su forma a un óvalo y que éste simboliza el «yo» (véase capítulo 14 en referencia al óvalo).

Rúbrica que rodea la firma (envolvente)

EL TAMAÑO DE LA RÚBRICA

Mediante el estudio del tamaño de la rúbrica se aprende a conocer si el sujeto necesita protegerse de los demás y en qué grado. Las variantes que se pueden encontrar son las siguientes:

Sin rúbrica. Se trata de firmas que exclusivamente se componen del nombre y apellidos. Conviene aclarar que tan sólo un punto después de firmar ya se considera una rúbrica. Hay muchos países donde no se tiene por costumbre rubricar. Para éstos, esta interpretación no se valora porque se considera normal. En España, por ejemplo, sí se suele rubricar.

Interpretación grafológica

- Madurez psicológica.
- Fuerte individualidad. No necesita apoyarse en los demás para mantener su criterio.
- En escrituras de bajo nivel gráfico: simpleza.

Sin rúbrica

Con rúbrica pequeña

Con rúbrica pequeña. Se considera que una rúbrica es pequeña cuando no es demasiado grande y los trazos que la componen no son rebuscados ni muy inflados.

Interpretación grafológica

- No existe una gran necesidad de autoprotegerse de los demás.
- Su autoconfianza se encuentra más afianzada que en los casos en los que la rúbrica es grande.

Con rúbrica grande. Se considera que una rúbrica es grande cuando el tamaño de ésta es superior al de la firma o se compone de muchos trazos en su ejecución.

Interpretación grafológica

- El sujeto necesita autoprotegerse de los demás para sentirse seguro. Para ello utiliza constantemente mecanismos inconscientes que frenan que se abra a los demás.

Con rúbrica grande

LA RÚBRICA Y SU ESTRUCTURA

A continuación se analiza la rúbrica desde el punto de vista estructural. En general, cuanto menor sea la rúbrica más madura será la personalidad del sujeto. Éstas son las dos variantes:

Rúbrica complicada. Este tipo de rúbricas son complejas, enrevesadas, difíciles de imitar o falsificar debido al gran número de trazos que, muchas veces, se proyectan en todas direcciones formando un amasijo indescifrable.

Rúbrica complicada

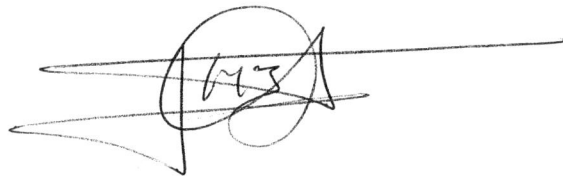

Interpretación grafológica

- Artificiosidad. El sujeto se recubre de un escudo inquebrantable, no permitiendo que nadie penetre en su interior.
- Disimulo e introversión.

- Necesita utilizar muchas «muletas» para sentirse seguro frente a los demás.

Rúbrica sencilla. Esta clase de rúbricas son sencillas, sin adornos innecesarios ni reinflados.

Interpretación grafológica

- El sujeto es espontáneo y —si no hay otros datos que contradigan esta interpretación— no presenta dobleces.
- Franqueza y autenticidad.
- No necesita utilizar muchas «muletas» para sentirse seguro frente a los demás.

Rúbrica sencilla

ÁNGULOS Y CURVAS EN LAS RÚBRICAS

En este apartado se expone cómo distinguir las rúbricas angulosas de las curvas y sus diferentes variantes en función de la situación de estos gestos. Éstas son las posibilidades que ofrece este parámetro.

Rúbrica angulosa. Se dice que una rúbrica es angulosa cuando en ella predominan los trazos angulosos frente a los curvos. (Para más información sobre el ángulo y la curva, véase el capítulo 8 referente a la arquitectura gráfica.)

Interpretación grafológica

- El sujeto se muestra duro y enérgico.
- Es uno de los rasgos de la introversión, lo que puede dificultar su contacto con los demás.
- Predomina en él la razón frente al sentimiento.

Rúbrica angulosa

Rúbrica curva. Se dice que una rúbrica es curva cuando en ella predominan los trazos curvos frente a los angulosos.

Interpretación grafológica

- Es uno de los rasgos de la extraversión, lo que facilitará que el contacto con los demás sea agradable y fluido.
- Diplomacia y astucia.
- Capacidad para convencer a los demás con sus maneras.

Rúbrica curva

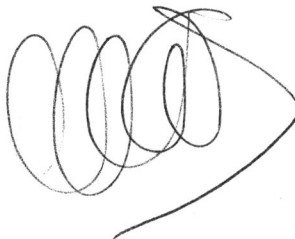

Rúbrica con bolsas. La rúbrica presenta un trazado que forma una especie de «bolsa» (movimiento curvo). Esta última puede estar situada en diferentes zonas: superior, inferior, izquierda o derecha.

Interpretación grafológica

- Si las bolsas aparecen en la zona superior, creatividad e imaginación.
- Si, por el contrario, las bolsas aparecen en la zona inferior, deseos de hacerse con bienes materiales. Sensualidad a flor de piel.
- Si las bolsas aparecen en la zona izquierda, indican tendencia a la regresión y a vivir en el pasado. Deseos de conseguir bienes materiales para la familia.
- Si las bolsas aparecen en la zona derecha, deseos de protegerse de los demás. Al sujeto le gusta poner en marcha nuevos proyectos.

Rúbrica con bolsas

Rúbrica con puntas. La rúbrica presenta puntas (movimiento anguloso). Éstas pueden estar situadas en diferentes zonas: superior, inferior, izquierda o derecha.

Interpretación grafológica

- Si las puntas aparecen en la zona superior, agresividad e irritabilidad de tipo primario. Seguramente el sujeto proyecta sus tendencias agresivas con mayor facilidad hacia las personas más próximas.

- Si las puntas están en la zona inferior, agresividad de tipo secundario. El sujeto no reacciona de inmediato cuando se siente atacado. Tendencia al resentimiento y a las consecuencias que éste conlleva.

- Si las puntas aparecen en la zona izquierda, agresividad proyectada hacia uno mismo. El sujeto se exige demasiado, se autoculpabiliza de las cosas o tiene limitaciones a la hora de relacionarse con los demás.

- Si se encuentran en la zona de la derecha, la agresividad se proyecta hacia los demás. El trato con este sujeto es complicado. Tiende a culpabilizar a los demás, les exige demasiado, critica o censura sus actuaciones, etc. La agresividad es un mecanismo de defensa. Además, las puntas en esta zona de la rúbrica señalan capacidad de observación.

Rúbrica con puntas

LA RÚBRICA Y SU GRADO DE PROGRESIÓN

La rúbrica también puede ser estudiada desde el punto de vista de la progresión-regresión. (Véase el capítulo 13 sobre la cohesión.) A continuación se analizan estas variantes:

Rúbrica regresiva. Se caracteriza porque sus rasgos y trayectoria se proyectan hacia la zona izquierda. Recuérdese que esta zona simboliza lo relacionado con la madre, el pasado y la familia en general.

Interpretación grafológica

- El sujeto posee una serie de limitaciones de tipo psicológico. Esto hace que no se desarrolle en este terreno de forma adecuada.
- Es indicio de regresión y timidez.

Rúbrica regresiva

Rúbrica progresiva. Se caracteriza porque sus rasgos y trayectoria se proyectan hacia la zona derecha. Recuérdese que esta zona simboliza el futuro, lo desconocido, el más allá, etc.

Interpretación grafológica

- El sujeto tiende a mostrarse extravertido, activo y emprendedor.

Rúbrica progresiva

LA RÚBRICA Y SU GRADO DE PROYECCIÓN

El estudio de la rúbrica también pasa por el análisis de su grado de proyección. Para ello deben conocerse las siguientes variantes:

Rúbrica contenida. Este tipo de rúbricas se realizan de manera contenida, controlando los gestos gráficos.

Interpretación grafológica

- El sujeto parece preocupado por controlar sus reacciones, gestos y actuaciones.
- La agresividad en estos casos es secundaria, es decir, que la persona no reacciona de inmediato ante las ofensas. Se piensa mucho las cosas antes de actuar.

Rúbrica proyectada. Este tipo de rúbricas se realizan sin contención hacia cualquier dirección, de forma disparada.

Interpretación grafológica

- La persona no se controla bien. Tiende a reaccionar agresivamente y con prontitud ante lo que considera afrentas, independientemente de que realmente lo sean (agresividad de tipo primario).

Rúbrica proyectada

ALGUNOS TIPOS DE RÚBRICAS

Hay muchísimos tipos de rúbricas, casi tantas como personas, aunque conociendo las leyes grafológicas se puede llegar a interpretar casi cualquier firma con su correspondiente rúbrica. A continuación se explican algunas de las más significativas:

Rúbrica con un bucle sencillo. La rúbrica se realiza con un bucle sencillo con forma de pequeño lazo.

Interpretación grafológica

- Siempre que no roce el nombre y los apellidos, carácter independiente, fantasioso y hábil.
- Si llegase a rozar la firma entremezclándose con ésta, fantasía desbordada y mal canalizada. Sentimiento de inferioridad no superado.

Rúbrica con un bucle sencillo

Rúbrica con múltiples bucles. En este tipo de rúbrica se observan varios bucles entremezclados entre sí.

Interpretación grafológica

- Este tipo de rúbrica indica que el sujeto posee la habilidad de enmarañar las cosas para obtener beneficios personales o económicos. Sigue la premisa del viejo refrán: «A río revuelto, ganancia de pescadores.»

- Persona fantasiosa que tiende a adornar las historias para que parezcan más atractivas e interesantes.

Rúbrica con múltiples bucles

El rasgo final regresa para hacer la inicial. En estos casos se realiza la firma en minúsculas y se rubrica. Sin llegar a levantar el útil, la rúbrica vuelve atrás para trazar la inicial del nombre.

Interpretación grafológica

- Capacidad de organización.

- Buenos reflejos.

- En el plano negativo, deseos de llamar la atención. Temor y autoprotección frente a los demás.

El rasgo final regresa para hacer la inicial

Rúbrica en zigzag. La rúbrica realiza un gesto en zigzag. Se trata de un movimiento precipitado y descontrolado.

Interpretación grafológica

- Carácter fogoso y entusiasta.

- En el plano negativo, señala que el sujeto se irrita sin que sepa controlarse. El mal genio se hace patente y es descargado sobre los demás.

Rúbrica con lazada. Este tipo de rúbrica puede ser una lazada en forma de hélice o cualquier otro lazo o nudo.

Interpretación grafológica

- Cordialidad en el trato con los demás.
- Habilidad para seducir con la palabra, los ademanes, etc.
- Coquetería. Ésta a veces se utiliza para llevar a las personas a su terreno.
- Tendencia a intrigar. Persona de poco fiar.

Rúbrica con lazada

Rúbrica en serpentina. Este tipo de rúbrica realiza trazos en zigzag, aunque en este caso son trazos curvos.

Interpretación grafológica

- El sujeto es un lobo con piel de cordero. Emplea buenas palabras y su trato es cordial y afectuoso, pero se trata en realidad de una máscara de la que se recubre para llegar a sus objetivos. Malicia. Astucia. Carácter sibilino e intrigante.

Rúbrica en serpentina

Rúbrica con dos rayas que se cruzan. Este tipo de rúbrica se caracteriza porque se realiza con dos rayas que se cruzan. Visualmente parece una cruz o una espada.

Interpretación grafológica

- Carácter beligerante.
- Tendencia a llevar la contraria por sistema.
- Contradicción y espíritu de lucha.
- Se pone a la defensiva con rapidez.

Rúbrica con dos rayas
que se cruzan

Rúbrica con un punto innecesario. Después de firmar y rubricar, el sujeto realiza un punto innecesario que puede estar situado al lado de la rúbrica o entremezclado con ésta.

Interpretación grafológica

- Carácter reflexivo y prudente.
- Le gusta dejar las cosas bien atadas y comprobar todo lo que se hace para evitar descuidos u olvidos.
- En el plano negativo indica tendencia al pesimismo y a la desconfianza.

Rúbrica con un punto
innecesario

Rúbrica con varios puntos innecesarios. Se observa que se sitúan varios puntos innecesarios y sin sentido después de firmar y rubricar. Este tipo de puntos son comunes en miembros de algunas sociedades secretas, aunque cuando esto sucede los puntos tienen una colocación simétrica o lógica.

Interpretación grafológica

- Si no tienen armonía ni lógica señalan sentimientos de inferioridad.
- Persona inquieta y que convive con los problemas.
- Éste es uno de los rasgos del llamado «cajero infiel», pero debe aparecer junto a otros rasgos de deshonestidad para poder valorarse.

Rúbrica con varios puntos innecesarios

Hacer una o varias rayas pequeñas cortando la firma. Este tipo de rúbrica se caracteriza porque una o dos rayas pequeñas cruzan la rúbrica. Visualmente puede dar la impresión de que se trata de una z girada hacia arriba.

Interpretación grafológica

- Detallismo.
- Necesidad de adornar las historias con detalles innecesarios. En vez de contar los hechos los transforma en el argumento de una película.
- Tendencia al exhibicionismo. Se está pendiente en todo momento de la reacción de los demás con respecto a sí mismo.

Una o varias rayas pequeñas cortando la firma

18.

Las letras más significativas

Mediante las leyes grafológicas es posible interpretar los diferentes tipos de escritura. Evidentemente, todas las letras (mayúsculas y minúsculas) tienen su interpretación. Sin embargo, hay algunas que por su especial interés merecen ser comentadas en este capítulo. Y es lo que se expone a continuación: el estudio de las letras más significativas desde el punto de vista grafológico.

Una de las letras que más interesan a los grafólogos es la *i* minúscula. Veamos por qué.

LA *i* MINÚSCULA Y LA PRECISIÓN

La letra *i* minúscula, y en concreto la forma de hacer el punto que acompaña a esta letra, simboliza la precisión con la que el sujeto hace las cosas. Esto también puede investigarse gracias a otros parámetros como los signos de puntuación y la letra *j* minúscula.

A continuación, se analizan las diferentes variantes, clasificadas por grupos, a la hora de realizar el punto de la *i*:

EL GRADO DE ALTURA

Muy alto. Se dice el que punto de la *i* es muy alto cuando su altura supera la de las crestas.

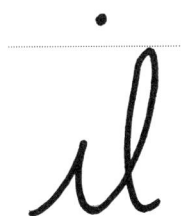

Interpretación grafológica

- Utopía y misticismo. El sujeto no pisa con los pies sobre la tierra. Los sueños ocupan buena parte de la vida de esta persona.

Alto. Se considera que el punto de la *i* es alto cuando se encuentra situado más arriba de lo común, pero sin llegar a sobrepasar el borde de las crestas.

Interpretación grafológica

- Predominio del espíritu sobre la materia.
- Idealismo y optimismo ante la vida y con relación a quienes nos rodean.

Normal. Se considera que el punto de la *i* es normal cuando se encuentra situado a una altura normal, ni muy alto ni muy bajo, tal como se muestra en el ejemplo.

Interpretación grafológica

- Equilibrio entre el plano espiritual y el plano material.
- Equilibrio entre el mundo ideal y el mundo real.

Bajo. Se considera que el punto de la *i* es bajo cuando se encuentra situado por debajo de lo que se considera normal, llegando a rozar la parte alta del palote de la letra.

Interpretación grafológica

- Realismo.
- El sujeto posee un sentido práctico de la vida.
- Positivismo y tendencia a lo material y sensual.

Caído. Se considera que el punto de la *i* está caído cuando queda más abajo que el palote de la letra. Conviene observar si se trata de algo habitual o, por el contrario, sólo se produce en una letra aislada. Para poder aplicar la interpretación que se ofrece seguidamente, este tipo de punto debe ser habitual.

Interpretación grafológica

- Cansancio.
- Depresión profunda.
- Fuerte agotamiento.
- Enfermedad.
- Tristeza y abatimiento.

EL GRADO DE AVANCE

Muy a la izquierda (retrasado). Se considera que el punto de la *i* se encuentra muy retrasado cuando está situado más atrás de la letra inmediatamente anterior a la *i*.

Interpretación grafológica

- Temor que llega a la cobardía.
- Introversión.
- Tendencia a la inseguridad. Al sujeto le cuesta decidirse y se desdice cuando ya había tomado una decisión. Falta de criterio propio.

A la izquierda (retrasado). Se considera que el punto de la *i* se encuentra retrasado cuando está situado a la izquierda del palote de la *i*, pero sin llegar a sobrepasar la letra inmediatamente anterior.

Interpretación grafológica

- Propio de personas introvertidas que dudan excesivamente antes de actuar.
- De la reflexión pasan a la paralización.

Centrado. Se considera que el punto de la *i* se encuentra centrado cuando está situado en el centro del palote, ni avanzado ni retrasado.

Interpretación grafológica

- El sujeto posee un equilibrio entre introversión y extraversión.

- Reflexión y ecuanimidad.
- Autocontrol e incluso puede que cierta frialdad (si otros rasgos lo corroboran).

A la derecha. Se considera que el punto de la *i* está situado en esta posición cuando se encuentra a la derecha del palote de la *i*, pero sin llegar a sobrepasar la letra siguiente.

Interpretación grafológica

- El sujeto se muestra cordial y afectuoso con los demás.
- Decisión e iniciativa. Impulsividad.
- Extraversión.

Muy a la derecha. Se considera que el punto de la *i* está situado en esta posición cuando se encuentra muy a la derecha del palote de la *i*, sobrepasando la letra siguiente.

Interpretación grafológica

- El sujeto se comporta de manera irreflexiva, especialmente en el plano sentimental.
- Impaciencia. Quiere conseguirlo todo en el acto.
- Vehemencia. Carácter apasionado.

EL GRADO DE REGULARIDAD

Puntos situados irregularmente. Se considera que los puntos de la *i* se encuentran irregularmente situados cuando el sujeto los traza de forma diferente, aparecen colocados a distintas alturas, están realizados con desiguales grados de avance e incluso se olvida de alguno.

Interpretación grafológica

- El sujeto es impreciso, tiene fallos de atención.
- Persona olvidadiza y que se distrae fácilmente.
- Precipitación.
- Irritabilidad.
- Versatilidad.
- Falta de concentración.

Puntos situados regularmente. Se considera que los puntos de la *i* se encuentran regularmente situados cuando el sujeto realiza los puntos de las *íes* de igual forma, cuando aparecen colocados a la misma altura y con el mismo grado de avance.

Interpretación grafológica

- El sujeto se muestra preciso y atento.
- Capacidad de concentración.
- Regularidad en las tareas.

DIFERENTES FORMAS DE HACER EL PUNTO DE LA *i*

Horizontal. Este tipo de punto parece una raya horizontal que se proyecta hacia la derecha.

Interpretación grafológica

- Carácter impaciente y dinámico.
- Decisión. Valor.
- Vivacidad intelectual.

Redondo, perfectamente realizado. Este tipo de punto perfecto ha sido realizado a conciencia y presenta cierta monotonía. Es frecuente en niños y adolescentes, pero no debería serlo cuando el sujeto ha alcanzado cierto grado de madurez.

Interpretación grafológica

- Inmadurez.
- Esnobismo y deseos de llamar la atención.
- Pérdida de energía.
- Fantasía mal encauzada.
- Mimetismo.

Redondo, espontáneo. Este punto no llega a ser redondo del todo, ni mucho menos perfecto como el anterior. Es espontáneo y ágil.

Interpretación grafológica

- Puede darse como consecuencia de una deformación profesional relacionada con las artes plásticas (dibujantes, caricaturistas, delineantes) y otras profesionales relacionadas con el desarrollo de facetas creativas.

- Simboliza deseos de salir del tópico y de ser visto como alguien original.
- En el plano negativo, puede deberse a una desviación de la imaginación y a cierta divagación.

Anguloso. El punto de la *i* se transforma en un ángulo. Los ángulos, en general, tienden a endurecer los gestos mientras que las curvas los dulcifican. Lo cierto es que puede haber varias formas de hacer el ángulo.

Interpretación grafológica

- Cerrado en ángulo. Desgaste imaginativo y de las energías. Obstinación y terquedad. Carácter enérgico, intransigente y duro. Las puntas en la zona superior nos indican irritabilidad.
- Abierto en ángulo. Desgaste de energía. Fantasía mal reglada. Carácter duro e intransigente. Tendencia a oponerse a los demás.

Con forma de acento. En estos casos, el punto de la *i* parece un acento. Puede haber varias formas de hacer el acento: vertical, hacia abajo, hacia arriba.

Interpretación grafológica

- Cuando el acento es vertical, es síntoma de vivacidad intelectual, inteligencia activa, viva y rápida.
- Cuando el acento mira hacia arriba, denota oposición al ambiente, descaro.
- Cuando el acento mira hacia abajo, indica terquedad en el sujeto.

Con forma de media luna. El punto de la *i* se transforma en una especie de media luna que puede adoptar varias formas: hacia arriba o hacia abajo.

Interpretación grafológica

- Con forma de media luna, mirando hacia abajo, desgaste de energía y de la imaginación. Se trata de una persona dúctil, suave, que se amolda bien a todas las situaciones, aunque también se refleja cierta tendencia a la obstinación.
- Con forma de media luna, mirando hacia arriba, el significado es el mismo que para el caso anterior. Sin embargo, en vez de obstinación se aprecia una tendencia a oponerse al ambiente.

Con forma de cuña. El punto de la *i* se transforma en una cuña. Puede presentarse de varias formas: hacia la izquierda o hacia la derecha.

Interpretación grafológica

- En forma de cuña, mirando hacia la izquierda, indica tendencias masoquistas desde el punto de vista psicológico. En sentido genérico, las personas que son proclives a hacer puntas hacia la izquierda, ya sea en el punto de la *i*, en la rúbrica, en la firma, etc., no ven salida a sus problemas y pesares. Siempre sufren, olvidándose de disfrutar de las cosas buenas que les ofrece la vida.
- En forma de cuña, mirando hacia la derecha, irritabilidad que se descarga en los demás. Tendencias sádicas desde el punto de vista psicológico, es decir, le gusta hacer daño a los demás, criticarlos, censurarlos sin piedad, etc. Carácter duro e intransigente.

Con forma de aspa. El punto de la *i* adopta forma de aspa o de cruz.

Interpretación grafológica

- La persona que hace este tipo de punto suele tener un comportamiento conflictivo. Su espíritu de lucha le supera. Contracción.

- La cruz puede simbolizar tendencias místicas.

Sin punto. Hay escrituras que carecen de los puntos de la *i*; es como si el autor se hubiese olvidado de hacerlos.

Interpretación grafológica

- Persona olvidadiza, distraída y descuidada.
- El sujeto no pierde el tiempo en hacer florituras, va al grano y se olvida de los detalles.

Punto muy débil. A simple vista, puede parecer que el sujeto se ha olvidado de poner los puntos. Sin embargo, con un poco de atención se advierte que están situados aunque débilmente presionados.

Interpretación grafológica

- En general, este tipo de puntos son propios de una persona tímida que no apoya bien el útil a la hora de escribir, simbolizando así sus inseguridades y temores.
- Inhibición. Le cuesta autoafirmarse.

Punto de presión normal. Los puntos tienen una presión intermedia (no están hechos ni muy débilmente ni muy presionados).

Interpretación grafológica

- Seguridad en uno mismo.
- Vitalidad.
- Autoafirmación de la personalidad.

Punto muy presionado. La presión de los puntos de la *i* es importante, gruesa y pesada. Los puntos destacan visiblemente en el escrito. Se trata del otro extremo que contrasta con los puntos débiles que se han explicado.

Interpretación grafológica

- El sujeto posee una energía que puede llegar a convertirse en un excedente hasta el extremo de transformarse en brutalidad.

- El sujeto ve la vida desde un punto de vista material y realista.
- Fuerte sensualidad.

Punto ligado a la letra siguiente. Los puntos de la *i* aparecen ligados a la letra inmediatamente siguiente.

Interpretación grafológica

- Dinamismo y agilidad mental.
- Predominio de la lógica frente a la intuición.

Punto ligado a la letra anterior. Los puntos de la *i* aparecen ligados a la letra inmediatamente anterior.

Interpretación grafológica

- Aunque el sujeto razona con lógica, éste es también un gesto defensivo, de autoprotección. Desconfianza y cautela.

Hacer el punto a continuación del palote. El punto se sitúa justo después de hacer el palote de la *i*. Este aspecto sólo se podrá valorar si se tiene la oportunidad de observar al sujeto mientras escribe.

Interpretación grafológica

- Le gusta hacer las cosas sobre la marcha. Quiere rematar las cosas según se van produciendo.

Hacer el punto después de escribir la palabra completa. El punto es colocado después de escribir la palabra completa. Es un gesto regresivo. Se vuelve atrás para hacer los puntos. Sin embargo, al igual que en el caso anterior, este aspecto sólo se puede valorar si se tiene la oportunidad de observar al sujeto mientras escribe.

Interpretación grafológica

- Se trata de un movimiento regresivo. El sujeto regresa para colocar los puntos. Le gusta volver sobre las tareas ya realizadas para comprobar que estén bien hechas. Si este gesto se convierte en algo convulsivo, puede encerrar un comportamiento obsesivo.

Hacer el punto sin interrumpir para nada el trazado de la palabra. Se hace el punto de la *i* sin interrumpir el trazado de la palabra. En este caso, sí se puede valorar este aspecto siguiendo los trazos de las letras, aunque habrá que prestar mucha atención al recorrido de la escritura. Sin embargo, con un poco de práctica se logra dominar este asunto.

Interpretación grafológica
- Es un síntoma de inseguridad y de angustia.

LA *t* MINÚSCULA Y LA CONSTANCIA

La letra *t* normalmente se compone de dos trazos: la barra y el palote. El primero es un trazo horizontal y el segundo un trazo vertical.

PALOTE

BARRA

Gracias al estudio de esta letra, se puede saber cómo es la constancia y la voluntad del sujeto, especialmente en lo que al trabajo se refiere. Los conceptos barra y palote serán empleados con asiduidad a partir de ahora.

LA PRESIÓN

Es interesante observar cómo el trazo vertical de la *t*, o sea, el palote o la cresta, puede ser realizado con un doble trazo, lo que no debe confundirnos a la hora de valorar la presión de esta letra.

La _t_ más presionada en el trazo vertical. El trazo vertical o palote de la _t_ se encuentra más presionado que el trazo horizontal o la barra.

Interpretación grafológica
- Se trata de un indicio de inseguridad.
- Necesidad de autoafirmarse.

La _t_ más presionada en el trazo horizontal. El trazo horizontal o barra de la _t_ se encuentra más presionado que el trazo vertical o palote.

Interpretación grafológica
- Necesidad de volcarse en los demás, hacia el exterior.

La _t_ con la misma presión en los dos trazos. Ambos trazos de la t presentan el mismo grado de presión.

Interpretación grafológica
- El «yo» se encuentra equilibrado.

EL GRADO DE ALTURA DE LA BARRA

Barra muy alta. Este tipo de barra se caracteriza por estar situada por encima de la cresta, sin llegar a tener un punto de contacto con el palote.

Interpretación grafológica
- Utopía.
- Tendencia a oponerse a los demás y a imponer su voluntad a toda costa.

Barra alta. Este tipo de barra se caracteriza por estar situada por encima de lo normal (del punto medio del palote), pero sin llegar a sobrepasar la cresta.

Interpretación grafológica
- El sujeto tiene dotes de mando y tiende a imponerse.
- En principio, salvo que otros rasgos lo contradi-

gan, estas personas pueden desarrollar satisfactoriamente puestos de mando.

Barra normal (en el punto intermedio). Este tipo de barra se caracteriza por estar situada en el punto medio del palote.

Interpretación grafológica

- Equilibrio entre los planos de imposición-sumisión. Es decir, sabe imponerse o someterse cuando la situación o el puesto de trabajo lo requiere.

Barra baja. Este tipo de barra se caracteriza por estar situada por debajo del punto medio del palote. Cuanto más baja sea, más se reforzará la interpretación.

Interpretación grafológica

- El sujeto tiende a la sumisión y a acatar las órdenes de los demás.
- Si otros rasgos no lo contradicen, la persona está dotada para trabajos en los que no necesite dirigir o mandar a otros.

Excepción relativa a la altura de la barra. En aquellos casos en los que la barra de la *t* se encuentra ligada a la letra inmediatamente siguiente, no podemos sacar ninguna conclusión respecto a la ubicación de la altura de la barra. La unión con la letra siguiente indica capacidad lógica.

EL GRADO DE AVANCE DE LA BARRA

Barra situada a la izquierda, sin tocar el palote. Este tipo de barra se caracteriza porque retrocede hacia la izquierda, sin llegar a tocar el palote. Se trata de un gesto fuerte.

Interpretación grafológica

▪ Es un movimiento defensivo, un retroceso que indica introversión, inseguridad, vacilación y temores que provocan cobardía.

Barra situada a la izquierda. Este tipo de barra se caracteriza por estar situada a la izquierda del palote, pero no llega a perder el contacto con éste.

Interpretación grafológica

▪ Exceso de prudencia y de reflexión. Esto puede llegar a perjudicar el empuje y la capacidad de acción del sujeto.

▪ Incertidumbre. Vacilación.

Barra bien centrada. Este tipo de barra se caracteriza por estar situada en el centro, de manera equilibrada a partes iguales tanto en el lado de la izquierda como en el de la derecha.

Interpretación grafológica

▪ Autocontrol de los impulsos.

▪ Reflexión que no impide la capacidad de acción.

▪ Ecuanimidad.

Barra situada a la derecha, sin tocar el palote. Este tipo de barra se caracteriza por estar colocada en el lado de la derecha del palote, sin llegar a tocarlo.

Interpretación grafológica

▪ El sujeto es demasiado impulsivo e irreflexivo.

▪ Impaciencia.

▪ Escaso autocontrol.

▪ Tendencia a correr riesgos innecesarios.

Barra situada a la derecha. Este tipo de barra se caracteriza por estar situada en el lado de la derecha del palote, pero nunca llega a perder el contacto con éste.

Interpretación grafológica

- Capacidad de decisión y de realización.
- Iniciativa y empuje a la hora de tomar decisiones o emprender nuevos proyectos.

LA LARGURA DE LA BARRA

Barra larga. Independientemente de los grados de altura o avance, la barra es larga aunque bien situada en el palote.

Interpretación grafológica

- Este sujeto tiene poca voluntad.
- Prisas, impaciencia, deseos de acción; todo ello mal canalizado.

Barra comedida. La barra es comedida, ni muy larga, ni muy corta.

Interpretación grafológica

- Sujeto que somete la voluntad a la razón.
- Buena canalización de la energía.

Barra corta. La barra de la *t* es corta, aunque bien situada en el palote.

Interpretación grafológica

- Autodominio que puede llegar a la represión.
- El sujeto es racional y no se deja llevar por los impulsos. Canaliza bien la energía y la administra en función de sus necesidades.

LA DIRECCIÓN DE LA BARRA

Barra mirando hacia arriba. La barra se proyecta hacia arriba. Este tipo de barra puede estar realizada en un solo trazo o en dos, tal como se muestra en los ejemplos.

Interpretación grafológica

- Oposición al ambiente. Cuanto más acusada sea esta barra, mayor y más sistemática será la tendencia a oponerse. Lo hará ante cualquier roce.

- Llevar la contraria, sea cual sea el planteamiento, proviene de querer llamar la atención.
- Cuando el sujeto se ve forzado a reconocer que está equivocado, toma como una ofensa personal esa pérdida de terreno frente a otros. Quiere tener la razón cueste lo que cueste.
- Todo esto es un síntoma de superficialidad.

Barra en posición horizontal. La barra se mantiene en posición horizontal. Ni sube ni baja.

Interpretación grafológica

- El sujeto es equilibrado a la hora de discutir. Sabe escuchar la postura contraria y admitir que se ha equivocado, si procede.

Barra mirando hacia abajo. La barra se proyecta hacia abajo, como si se aferrase a esa posición.

Interpretación grafológica

- Terquedad. El sujeto se aferra contra viento y marea a su postura, sin ceder un ápice. Es difícil que pueda apreciar el punto de vista de los demás. Sin embargo, la diferencia entre este tipo de barra de *t* con respecto a la que mira hacia arriba es que, en este caso, el sujeto sí que llega a reconocer que se ha equivocado. Sin embargo, lo hará por cortesía. Sus convicciones y creencias permanecerán inalterables, intactas.

DIFERENTES FORMAS DE HACER LA BARRA DE LA *t*

A continuación se recogen algunas formas de hacer la barra de la *t*, así como su interpretación:

Barra en forma de cuña. La barra de la *t* adopta forma de cuña. Ésta puede mirar hacia la izquierda o hacia la derecha.

Interpretación grafológica

- Si la cuña mira hacia la izquierda, tendencias masoquistas.
- Si la cuña mira hacia la derecha, tendencias sádicas.

Barra en forma de aguja, mirando a la derecha. La barra de la *t* posee una punta de aguja que mira hacia la derecha. Se trata de un gesto tipo. (Más datos en el capítulo 15.)

Interpretación grafológica

- Tendencias sádicas.
- Persona mordaz e irónica a la que le gusta molestar a los demás por diversión.

Barra con agujas en la zona izquierda y derecha. La barra presenta agujas tanto en la zona de la izquierda como en la zona de la derecha.

Interpretación grafológica

- Tendencias sadomasoquistas.
- El sujeto obtiene placer haciendo comentarios mordaces sobre los que le rodean. Además, se gratifica mortificándose a sí mismo. Manifestará todo esto según tenga el día.

Barra en forma de látigo. Se trata de un gesto tipo cuya interpretación puede leerse en el capítulo 15.

Barra en forma de hélice. La barra de la *t* presenta una forma parecida a una hélice.

Interpretación grafológica

- El sujeto posee una fantasía caprichosa.
- Voluntad débil.

- Desgaste de energía.
- Hace lo que le apetece descuidando aspectos fundamentales.

Barra invertida. La barra de la *t* se proyecta hacia la izquierda en un gesto regresivo. Este tipo de barra se ha observado en escrituras de personas disléxicas.

Interpretación grafológica
- Indecisión.
- El sujeto busca autoprotegerse de los demás refugiándose en lo ya conocido.
- Pasividad.

Barra con ganchos. Aunque ya se han explicado los arpones en el capítulo 15, aquí se hace referencia nuevamente a ellos. Se trata de pequeños ganchos que aparecen en la barra de la *t*. Éstos pueden estar situados en diferentes zonas: a la derecha o a la izquierda.

Interpretación grafológica
- Si el gancho está situado en la zona de la derecha de la barra, tenacidad y cierta terquedad.
- Si el gancho está situado en la zona de la izquierda de la barra, el sujeto vacila inicialmente. Tendencia a la reflexión.

Barra con ángulo en la zona de la izquierda. En este tipo de barra se observa un ángulo en la zona de la izquierda.

Interpretación grafológica
- Tendencias masoquistas. El sujeto se autocastiga, psicológicamente hablando.

Barra con forma de guadaña. Este tipo de barra se caracteriza porque, visualmente, la letra adopta forma de guadaña. Hay que ser muy cauteloso a la hora de valorar este rasgo. Como siempre, se recomienda prudencia, ya que un solo rasgo no puede valorarse por sí mismo. Habrá que ver si existen otros complementarios.

Interpretación grafológica

- Posibles tendencias suicidas.
- Fuerte abatimiento.

Letra *t* doblemente barrada. La letra *t* presenta doble barra. El sujeto traza la barra normal y después otra barra, como queriendo asegurarse de que la *t* haya quedado bien hecha.

Interpretación grafológica

- Este tipo de persona dobla sus esfuerzos para lograr sus metas. Es un signo de fuerte constancia, voluntad y tenacidad.
- Ante las dificultades y los reveses sacan fuerza de donde parecía que ya no quedaba.

Barra repasada. Las barras de la *t* se encuentran repasadas. El sujeto realiza la barra con normalidad y luego la repasa sobre el mismo trazo.

Interpretación grafológica

- Este tipo de barra indica que el sujeto tiende a obsesionarse, a repasar las cosas varias veces y a supervisar detalles que ya habían sido revisados con anterioridad.

Ausencia de la barra. La barra de la *t*, simplemente, no existe. Sólo se observa la presencia del palote.

Interpretación grafológica

- Este tipo de descuido es más grave que el olvido del punto de la i. Indica mala canalización de la voluntad y fallos en ésta.
- El sujeto no hace gran cosa por lograr sus metas. Persona perezosa que abandona sus objetivos al primer obstáculo.
- Carácter blando.

Palote con forma de *l* minúscula. En este caso, el palote de la *t* adopta forma de *l* minúscula.

Interpretación grafológica

- La interpretación no tiene por qué ser negativa. Sin embargo, si el ojal es demasiado grueso, indica que el sujeto se aleja de la realidad.

Barras diferentes e irregulares. Durante todo el escrito hay diferentes tipos de *t* sin que predomine ninguna en especial.

Interpretación grafológica

- Voluntad inmadura. Carácter cambiante que depende de su estado anímico. Según cómo se levante, así tendrá el día.
- Laboralmente saca poco provecho y afectivamente se vuelve voluble.

Barra de la *t* unida a la letra siguiente. Después de hacer la barra de la *t*, sin llegar a levantar el útil, se une a la letra inmediatamente siguiente.

Interpretación grafológica

- Capacidad deductiva y lógica.
- Persona dinámica y activa.
- Ingenio y economía de esfuerzos.

Una sola barra une dos *t* en la misma palabra. Con una sola barra se unen dos *t* dentro de la misma palabra.

Interpretación grafológica

- Rapidez mental e ingenio.
- Tendencia a simplificar las cosas, a hacerlas sencillas. Capacidad de síntesis.
- Carácter impulsivo e impaciente.

LA *g* MINÚSCULA Y EL SEXO

La letra *g* minúscula simboliza la sexualidad y los impulsos libidinosos. Hay otras letras que también poseen pies y que pueden indicarnos algunos factores relativos a este asunto. Por ejemplo, la *y*, *j*, *q*, *p* y *z*. Sin embargo, la letra que mejor desentraña la sexualidad es la *g*.

El motivo es el siguiente: se trata de una letra con óvalo (el «yo»), que desciende hacia la zona inferior (instintos y sensualidad) para luego ascender y ligarse con la letra siguiente (asciende en busca del otro).

El resto de letras con pies no presentan estas particulares características. Por tanto, a continuación se estudiará profundamente la *g* minúscula mediante diferentes parámetros.

Conviene explicar que el grafólogo *amateur* debería abstenerse de realizar interpretaciones arriesgadas en este sentido. No hay que olvidar que la sexualidad es cambiante a lo largo del tiempo. Hoy puede uno ser soltero, mañana casarse y después enviudar. Todo ello afectará a la letra *g*.

LAS PARTES DE LA *g*

La *g* se encuentra dividida en óvalo, bucle y pie.

ÓVALO

BUCLE

PIE

El óvalo simboliza la emoción, el sentimiento, los valores éticos y el afecto.
El pie constituye una introducción en el inconsciente desde el punto de vista de la libido. Marca el potencial de la libido y la fuerza del instinto.
El bucle indica cómo es la senda hacia la consecución de las pasiones.

LA *g* Y EL ÓVALO

Óvalo grande y pie pequeño. El óvalo es grande en relación con el pie.

Interpretación grafológica
- El sujeto se muestra afectuoso, pero su vida sexual es pobre y la pereza toma fuerza.
- Tendencia a la frigidez.

Óvalo grande y pie atrofiado. Los óvalos de la *g* son grandes mientras que los pies aparecen atrofiados.

Interpretación grafológica

- Abstinencia sexual por no poder llegar a relacionarse con otros.

Óvalo pequeño y pie grueso. El óvalo de la *g* es pequeño y el pie grueso o ancho.

Interpretación grafológica

- La afectividad no llega a manifestarse, acaso por timidez o tendencias egoístas.
- Al sujeto le gustaría tener una aventura sexual, pero difícilmente llegará a manifestarlo abiertamente.

Óvalo normal. Se consideran normales aquellos óvalos que presentan un tamaño equilibrado en relación con los pies.

Interpretación grafológica

- Sencillez.
- Equilibrio.
- Gentileza.

Letra *g* sin óvalo. La *g* carece de óvalo, tan sólo se observa el pie.

Interpretación grafológica

- Poca práctica y mucha teoría.
- Le falta afectividad.
- Fuertes tendencias instintivas.

Óvalo abierto. El óvalo de la *g* aparece abierto.

Interpretación grafológica

- Persona generosa que desea establecer una relación con otros.
- El sujeto es incapaz de guardar una confidencia y no sopesa las consecuencias.

- Si el óvalo aparece muy abierto, indiscreción. Persona locuaz.

Óvalo con bucle interno. Dentro de los óvalos de la *g* hay bucles.

Interpretación grafológica

- Se trata del caso contrario al anterior. El sujeto es celoso de su intimidad y de la de los demás. No suelta prenda.
- Las alteraciones orgánicas (cansancio, debilidad, etc.) pueden hacer que la vida sexual se resienta.

Óvalo con bucle a la derecha. Los óvalos de la *g* presentan un bucle en la zona de la derecha.

Interpretación grafológica

- Tendencia a no revelar sus sentimientos.
- Habilidad para entablar relaciones con otros.

Óvalo separado del pie. Los óvalos de la *g* están separados de sus correspondientes pies.

Interpretación grafológica

- Tendencia a escapar de los demás.
- Intenta separar la vida afectiva de la parcela instintiva. Comportamiento disociativo.

Óvalo hecho en dos veces. El óvalo ha sido hecho en dos veces. El sujeto primero traza el pie y luego el óvalo.

Interpretación grafológica

- La persona se esfuerza por realizar el acto sexual, pero no tiene ganas.
- Posteriormente puede sentirse culpable o indiferente respecto a su actitud.

LA *g* Y LA LARGURA DEL PIE

La largura representa el impulso activo. Los siguientes son los diferentes tipos de pies en función de su largura.

Pie corto. Los pies de la *g* están bien formados, aunque son algo cortos en relación con los que se observan en el resto de la escritura.

Interpretación grafológica

- Represión de los instintos.
- Timidez en lo relativo al sexo.
- Libido poco desarrollada.

Pie normal con intersección corta. La largura del pie es normal. Sin embargo, al subir, el bucle es estrecho y la intersección parte de abajo.

Interpretación grafológica

- Se trata de un síntoma de timidez sexual.

Pie largo. Un pie es largo cuando, al medirlo, supera en más de tres veces la altura del óvalo. (Para saber más sobre este aspecto, véase el capítulo 7 relativo al tamaño de la escritura.)

Interpretación grafológica

- Tendencia a la acción en el plano sexual.

Pie muy largo. Los pies son excesivamente largos y desproporcionados.

Interpretación grafológica

- El sujeto es muy activo sexualmente, por lo que busca relacionarse y comprometerse con las personas que se encuentran cerca de él. El problema es que puede llegar a establecer varias relaciones simultáneamente.

Pie plegado hacia la izquierda

Interpretación grafológica
- Tendencia a recrear con la imaginación el pasado sexual para lograr un disfrute egoísta.
- Actúa de una manera que vulgarmente se conoce bajo el nombre de «viejo verde».

LA *g* Y LA ANCHURA DEL PIE

La anchura representa la carga erótica, los deseos... Como se verá, a mayor anchura del pie, mayores serán las preocupaciones de carácter erótico-sexuales.

Letra *g* que asciende sobre el propio descenso. Este tipo de *g* desciende y, al ascender, lo hace sobre el mismo trazo de descenso, llegando a fundirse ambos trazos.

Interpretación grafológica
- El sujeto desea ocultar o disimular sus impulsos libidinosos.
- Celos relacionados con el erotismo.

Letra *g* con pie estrecho. La largura del pie es normal, pero la anchura resulta estrecha.

Interpretación grafológica

- Timidez sexual y represión consciente de todo aquello relacionado con las fantasías sexuales (películas pornográficas, revistas o lecturas que puedan despertar la libido).

Letra _g_ con pie ancho. El pie resulta más ancho de lo normal, destacándose esta anchura en relación con los pies de otras letras.

Interpretación grafológica

- El sujeto tiene fuertes necesidades de carácter erótico y las fomenta creando imágenes mentales gracias a películas pornográficas, revistas o lecturas eróticas.
- Celos de carácter sexual.

Letra _g_ con pie muy ancho y muy presionado. La escritura, en general, se encuentra muy presionada y los pies de la _g_ son excesivamente anchos.

Interpretación grafológica

- El sujeto enfoca su vida en función al sexo. Todo pasa por el tamiz de la sexualidad.
- Coleccionismo de artículos sexuales (juguetes, pornografía, etc.).
- Deseos de experimentar cosas nuevas en el terreno sexual. Abierto a todo en este campo.
- Fuertes fantasías sexuales.

LA _g_ Y LOS ÁNGULOS

Los ángulos en la letra _g_ son un emblema de las tendencias represivas, ya sea consciente o inconscientemente. Los ángulos impiden el normal desarrollo de la libido.

Pie estrecho con ángulo en la base. Aunque la largura del pie es normal, la anchura es escasa y posee un ángulo en la base del pie.

Interpretación grafológica

- Insatisfacción sexual.
- Posible frigidez o represión sexual inconsciente.
- En escrituras de mujeres, puede deberse al miedo a un embarazo no deseado o tal vez a miedos relacionados con la moralidad establecida.

Pie de anchura normal con ángulo en la base. Aunque la anchura del pie es normal, la base presenta un ángulo.

Interpretación grafológica

- Represión en el plano sexual.
- Temores en el terreno sexual a causa de las malas experiencias vividas.
- Posible frigidez.

Pie con doble ángulo o triangular. La base del pie presenta un ángulo y, en la zona de ascenso, se crea otro. También se llama triangular.

Interpretación grafológica

- Represión absoluta de la libido. Rechazo de todo lo relacionado con la sexualidad. Se censuran los pensamientos, las emociones y los impulsos.

Pie con curva y ángulo. El pie es una mezcla entre la curva y el ángulo. Se traza una curva invertida y en el recorrido ascendente se crea un ángulo.

Interpretación grafológica

- Posible masturbación.
- Disfrute egoísta del placer sexual
- El sujeto utiliza conscientemente su imaginación para la excitación, pero se reprime cuando tiene que entregarse al otro.
- Se recrea mirando a los demás (vouyerismo).

LA *g* Y LA FORMA EN QUE SE LIGA A LA LETRA SIGUIENTE

La forma de ligar o no la *g* a la letra siguiente nos descubre cómo es la entrega a los demás, la capacidad de donación.

Letra *g* desligada de la letra siguiente. Aunque la forma de hacer la *g* es normal, no se llega a ligar con la letra inmediatamente siguiente.

Interpretación grafológica

- El sujeto no se entrega del todo. Tiene algunas reticencias o condicionamientos a la hora de hacerlo.

Letra *g* desligada, con bucle sin formar. La *g* se inicia con normalidad. Sin embargo, al subir sufre una interrupción que impide que se forme el bucle correctamente.

Interpretación grafológica

- Inmadurez en el terreno sexual.
- Insatisfacción propiciada por falta de experiencia en este terreno.

Letra *g* con rasgo descendente, sin bucle. Veremos que el pie desciende y se queda ahí, sin formar bucle, sin subir y sin llegar a ligarse con la letra inmediatamente siguiente.

Interpretación grafológica

- Represión.
- Sequedad sexual.
- El sujeto desea afirmarse en este plano, pero evita entregarse a fondo en las relaciones.

Letra *g* ligada a la letra siguiente. La *g* se encuentra ligada con corrección a la letra inmediatamente siguiente de la palabra.

Interpretación grafológica

- El sujeto se entrega sexualmente al otro/a sin condicionamientos mentales represores.

Letra g cerrada y que regresa sin ascender. Se llega a formar el bucle en la zona del pie de la *g*. Sin embargo, en lugar de ascender se cierra quedándose en la zona inferior.

Interpretación grafológica

- Narcisismo.
- Los impulsos libidinosos no se encuentran bien canalizados.
- El sujeto mira por su propio placer, desentendiéndose de su pareja.

Letra g con el pie en espiral. En el pie de la *g* se forma una espiral que termina por detener el ascenso de la letra.

Interpretación grafológica

- Narcisismo sexual.
- El sujeto tiene una tendencia exhibicionista en el terreno sexual.
- Búsqueda egoísta del propio placer. Desatención de la pareja.

LA *g* Y LA REGRESIÓN

En este apartado se explican algunos tipos de *g*, cuyo punto en común es que el pie se vuelve regresivo en su recorrido hacia la unión con la letra siguiente. Algunas llegan a unirse y otras no. La regresión siempre implica un retroceso en la donación.

Letra g con bucle invertido. Se forma el bucle, pero al cerrarse lo hace mediante un movimiento invertido, por lo que éste llega a encontrarse con la letra siguiente.

Interpretación grafológica
- El sujeto busca egoístamente su satisfacción personal.

Letra *g* con forma de ocho. El pie de este tipo de *g* se retuerce formando un ocho.

Interpretación grafológica
- Fantasías de carácter sexual.
- Coquetería.
- Tendencia a replegarse. Temor.

Letra *g* que desciende y se proyecta hacia la izquierda. El pie desciende, se forma un ángulo y se proyecta hacia la izquierda.

Interpretación grafológica
- Se trata de un movimiento claramente defensivo. El sujeto tiende a huir de todo lo relacionado con el plano sexual. Repulsión.

LA *g* Y LA PRESIÓN

La presión indica cómo es la fuerza vital del sujeto y la libido. Éstas son las posibilidades que se pueden encontrar:

Letra *g* bien presionada. La *g* se encuentra bien presionada en todo su recorrido y el conjunto de la escritura también tendrá la presión equilibrada.

Interpretación grafológica
- El sujeto posee una vitalidad normal en el terreno sexual.

Letra *g* temblorosa o disminuida de presión en el pie. Se produce una merma en la presión en el pie o acaso un temblor.

Interpretación grafológica

- Los temblores o problemas de presión en esta zona inferior del pie pueden ser un síntoma de impotencia sexual.

Letra *g* débilmente presionada y estrecha. Se trata de una *g* que tiene poca presión en el pie y que además es estrecha.

Interpretación grafológica

- Timidez de carácter sexual y poca vitalidad en este terreno.
- Temores y miedos relativos al sexo.

Letra *g* de presión interrumpida o rota. La *g* se encuentra interrumpida o rota en su trazo inferior. Sólo podremos valorar esta interpretación cuando se produzca esta particularidad en los pies de las *ges* y no en los pies de otras letras.

Interpretación grafológica

- Impotencia que genera insatisfacción sexual. A ésta le sigue el sentimiento de culpabilidad por pensar que no se está a la altura de las circunstancias.

Tercera parte

Conceptos complementarios

19.

El grafólogo considera la escritura no como
lenguaje solamente, sino como una serie de actos,
como un registro gráfico de nuestros gestos,
de nuestros movimientos.

Augusto Vels

La letra de los asesinos

No puede decirse que todos los asesinos tengan un mismo tipo de escritura que los identifique. Ya se ha comentado que cada persona es un mundo y, claro está, los criminales no son una excepción. Sólo hay que leer las páginas de sucesos de cualquier periódico para darse cuenta de ello. Es obvio que, tras los actos criminales, existen numerosas motivaciones, diferentes patrones de conducta y, por supuesto, distintas maneras de pensar y de actuar.

Sin embargo, todos ellos tienen un punto en común: algunos rasgos grafológicos, que pueden ser muy variados. Por ejemplo, en los criminales sexuales, no es infrecuente la detección de problemáticas sexuales en sus escrituras. La maldad es otro indicio que debe tenerse en cuenta: el sadismo, la frialdad, la capacidad de engatusamiento y de mentira, etc. Pero no hay mejor explicación que mostrarlo con ejemplos. Y esto es lo que se hará a continuación, con algunos casos emblemáticos dentro de la historia del crimen.

FROM HELL... SIMPLEMENTE, JACK

Jamás fue capturado. Su identidad, pese a las numerosas teorías al respecto, nunca ha sido desvelada. Quizá por eso, o tal vez porque con la aparición de Jack el Destripador multitud de estudiosos del crimen dan por iniciada la nueva era de los asesinos en serie, el hecho es que la figura del misterioso personaje, que se paseaba por el Londres de 1888, fascina y sobrecoge al mismo tiempo.

Se ha dicho tanto sobre Jack el Destripador que resulta complicado aportar algún dato novedoso sobre él y sus execrables actos, pero lo cierto es que cada año se publican varios libros intentando desvelar el enigma de su identidad. Ninguno llega a ser concluyente...

¿Fue sir William Gull, médico de la reina Victoria? ¿El nieto de ésta, el duque de Clarence? ¿El siniestro pintor Walter Richard Sickert? ¿El abogado londinense Montague Druitt? ¿O Aaron Kasminski, un judío polaco que murió demente? No seguimos. La lista sería demasiado larga.

No va a ser aquí donde se desvele su identidad más de un siglo después de sus crímenes. Sin embargo, sí que se comentarán algunas particularidades acerca de su escritura, porque una de las curiosidades de este caso es que el criminal, fuera quien fuese, se dedicaba a enviar misivas a la policía. En ellas se jactaba de sus crímenes y acusaba a las autoridades de actuar torpe e ineficazmente.

Su primer crimen oficial se produjo el 31 de agosto de 1888, aunque antes ya habían tenido lugar en Londres varios crímenes de similares características para los que nunca se encontró un autor.

La primera víctima se llamaba Mary Ann Nicholls y era una prostituta que ejercía en el barrio de Whitechapel, un lugar poco recomendable para pasear. El asesino le cortó la tráquea, la médula espinal, el esófago y el vientre.

La policía se dio cuenta de que estaba ante alguien muy rápido y que manejaba a la perfección un objeto punzante —posiblemente una navaja o incluso un bisturí—, casi con la precisión de un cirujano.

Pero Jack no se detuvo ahí: ocho días después, el 8 de septiembre, volvió a actuar sobre Annie Chapman, también prostituta que ejercía en el mismo barrio. El crimen fue similar, aunque en esta ocasión no se encontraron algunas partes del cuerpo como el útero, la vagina y la vejiga.

Pocos días después, concretamente el 25 de septiembre, la policía recibió una carta, escrita con tinta roja, que había sido enviada a la Central News Office, firmada por un tal Jack el Destripador. Conviene remarcar que en aquel tiempo no había muchas personas que supiesen leer y escribir correctamente. ¿Se hallaban ante un asesino con cierta cultura?

En la carta se jacta abiertamente de sus crímenes y no pierde la oportunidad de anunciar otros nuevos: «Sigo oyendo decir que la policía me tiene en sus manos, mas por ahora no lo han conseguido. Me río cuando se creen tan listos y hablan de hallarse sobre la pista segura. Grande fue mi último trabajo. No di a la dama ni tiempo para quejarse. ¿Cómo pueden detenerme? Amo mi trabajo y deseo continuarlo... Pronto oirán de mí y de mis divertidos jueguecitos. Guardé un poco del auténtico líquido rojo de mi último trabajo en una botella de cerveza para escribir con él, pero se ha vuelto espeso como cola de pegar y no puedo usarlo. La tinta roja bastará a tal efecto, creo yo, ¡ja, ja!... En mi próximo trabajo cortaré las orejas de la mujer y se las enviaré a los funcionarios policiales sólo para divertirme, ¿no os gustaría? Guardad esta carta hasta que yo trabaje un poco más y os dé más detalles. Mi cuchillo es tan bonito y tan afilado que quiero hacerlo trabajar en seguida, tan pronto como se presente la ocasión. ¡Buena suerte! No tengo inconveniente en firmar con el nombre que me han dado».

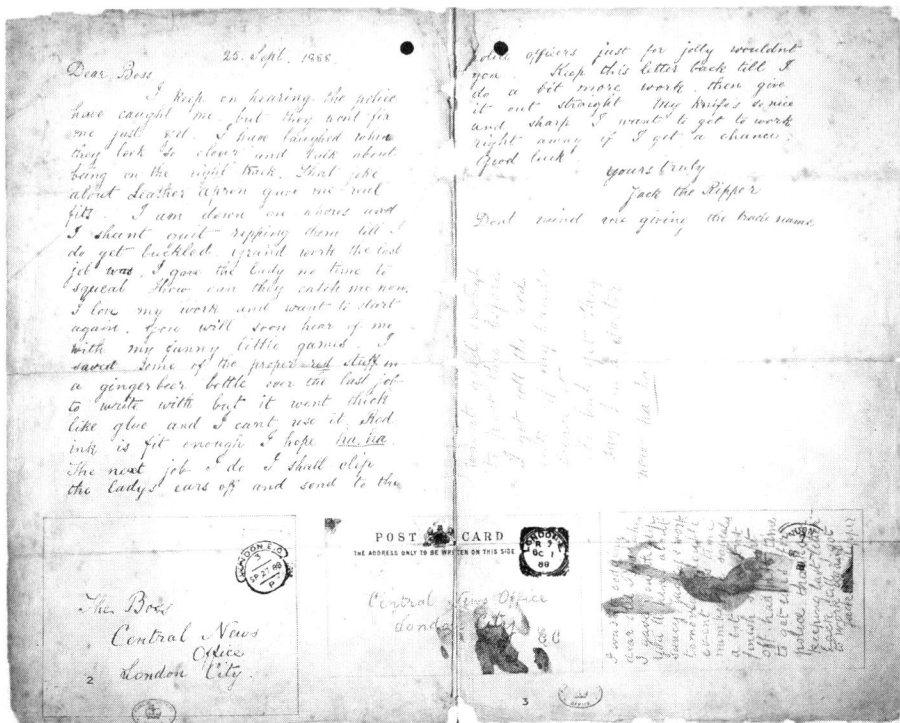

Carta de Jack el Destripador
del 25 de septiembre de 1888

Desde el punto de vista grafológico, esta carta nos indica que el autor trataba de mantener un fuerte autocontrol sobre sus estados anímicos. No obstante, no llega a conseguirlo. ¿Por qué? Veamos: por una parte, algunas líneas presentan un ligero ascenso, lo que delata que en el momento de escribir la carta es posible que el autor se sintiese eufórico ante la idea de redactarla y de burlarse de todos. Sin embargo, se observa en algunas palabras un fuerte descenso. Además, también en la línea final (que corresponde al plano más inconsciente) algunas palabras descienden claramente, lo que indica una tendencia al desaliento, cierto agotamiento y hasta puede que una depresión.

Otra cuestión que llama la atención es la forma de hacer las barras de la *t*, como si fuesen puntas de aguja proyectadas hacia la derecha, un signo que señala tendencias sádicas. Los empastes, que revelan una fuerte sensualidad de carácter morboso, también están presentes en algunas letras.

Pero el relato de los hechos no acaba aquí...

Los dos crímenes siguientes no se hicieron esperar, tuvieron lugar el mismo día, el 30 de septiembre. Las víctimas: Elisabeth Stride y Catherine Eddowes. Ambas eran prostitutas en el mismo siniestro barrio. Y Jack cumplió la amenaza que había formulado en su carta: entre otros órganos, a ambas les rebanó una oreja.

Como es de suponer, para aquel entonces la opinión pública estaba totalmente horrorizada ante estos brutales asesinatos. De hecho, este caso desató una verdadera crisis en el gobierno de aquel momento que culminó, después del quinto crimen, con la dimisión de sir Charles Warren ante la Cámara de los Comunes el 12 de noviembre de 1888. Warren era el jefe de la policía en el año de los crímenes.

Pero Jack aún no estaba satisfecho y envió una tercera misiva junto con un paquete dirigido a George Lusk, presidente del Comité de Vigilancia de Whitechapel, que se había creado a raíz de los asesinatos. Junto a la carta, manchada de sangre, había añadido un macabro regalo: un trozo de riñón. El asesino comenta en su nueva comunicación:

«Desde el infierno, señor Lusk, le envío la mitad del riñón que tomé de una mujerzuela, y que conservé para usted después de freír el otro. Estaba muy bueno, de verdad.»

Grafológicamente hablando, esta carta es aún más reveladora... Se trata de una escritura caótica. Jack ha perdido el control por completo. La presión es cada vez más pastosa y ésta, junto con los trazos verticales tan profundos, nos habla de agresividad y cólera. El escrito está totalmente desorganizado. Existe confusión mental e inestabilidad en cuanto a las emociones. Los cambios bruscos de humor son constantes. La sensualidad está desbordada. Además, las barras de la *t* cada vez son más desproporcionadas, presentando formas parecidas a navajas u objetos punzantes, y las líneas rozan entre sí.

El último crimen se produce el 9 de noviembre de 1888. Es el más brutal de todos. Marie Kelly fue literalmente descuartizada. Apareció en una habitación de la calle Miller's Court, de nuevo en Whitechapel. Estaba tendida de espaldas, desnuda. Le habían arrancado la nariz, las orejas y los senos. Las diferentes partes de su cuerpo habían sido extraídas y depositadas sobre la mesilla de noche, aunque faltaban algunos órganos como el corazón.

Después, Jack el Destripador desapareció. Nunca más volvió a actuar. Simplemente, se esfumó con la niebla de Londres. Tal vez cayó enfermo y murió, ya que es poco probable que un asesino de estas características decidiese dar por finalizada su «labor». Es cierto que este caso seguirá siendo un absoluto misterio, pero nosotros ahora conocemos más datos sobre la personalidad del autor... fuera quien fuese.

EL CASO DE ANABEL SEGURA

Posiblemente usted recordará este triste caso, ya que tuvo en vilo a la familia de Anabel Segura y a todo el país durante casi dos años y medio. Lo que empezó como un supuesto secuestro, 899 días después se transformó en un terrible asesinato.

Los hechos se produjeron el 12 de abril de 1993 cuando la joven Anabel, de veintidós años, salió a hacer *footing* por las inmediaciones de La Moraleja (Madrid). Desgraciadamente, tuvo la mala suerte de toparse con Emilio Muñoz y Cándido Ortiz, quienes merodeaban por la zona con una furgoneta en espera de asaltar a alguien para robarle. Ésas eran, al menos inicialmente, sus intenciones.

Fue ella como pudo haber sido cualquier otro vecino de la urbanización. Los criminales habían seleccionado este emplazamiento por ser un lugar en el que habitualmente viven personas de clase acomodada.

Lo cierto es que, a pesar de que Anabel no tenía pinta de llevar dinero encima, pues vestía ropa deportiva, Muñoz y Ortiz introdujeron a la joven a la fuerza en la furgoneta y se dedicaron a dar vueltas sin rumbo fijo intentando sonsacarle detalles acerca de su familia y del capital que ésta poseía.

Tras averiguar que el padre de Anabel disfrutaba de una buena posición económica, decidieron trasladar a la joven hasta una fábrica de ce-rámica abandonada en Numancia de la Sagra (Toledo) y, tan sólo seis horas y media después, la ahorcaron por miedo a que la joven pudiese delatarles posteriormente.

Entonces decidieron fingir un secuestro y contactar con la familia de Anabel para exigir el pago de un rescate de 150 millones de pesetas (cer-ca de 900.000 euros). En todo momento hicieron creer a la familia que su hija seguía viva. Para ello contaron con la colaboración de la mujer de Emilio, Felisa García, quien grabó una cinta magnetofónica imitando la voz de Anabel.

Los criminales no debían de haber leído nada acerca de la grafología y las pruebas de ADN, pues no se les ocurrió nada más que enviar la cin-ta en un sobre manuscrito con la dirección de los padres de Anabel y pe-gado con saliva, lo que sirvió para conocer el ADN.

El 26 de noviembre de 1994, la policía difundió este sobre manuscri-to al que tuve acceso. Recuerdo que la primera vez que vi la escritura que acompañaba a la cinta, aún se hablaba de secuestradores y el cuerpo de Anabel todavía no había aparecido. Sin embargo, ya entonces pensé que era una escritura demasiado pastosa para que se tratase sólo de un secuestro y me temí lo peor.

Escritura del caso
de Anabel Segura

Cómo ya se ha dicho, la escritura pastosa es propia de personas con una sensualidad excesivamente desarrollada. Cuando además hay que sumarle una baja edad gráfica, como es el caso que nos ocupa, hay que pensar en fantasía morbosa de tipo erótico, violencia, agresividad, ira, etc. Pese a que, como posteriormente se comentó, el móvil del crimen no encerró —aparentemente— un carácter sexual, a mí me quedan mis dudas de que todo este asunto no le proporcionara al autor de la escritura cierta excitación en este sentido. La inclinación ambivalente nos descubre también un escaso control de los estados emocionales.

Después de seguir numerosas pistas, la policía detuvo por fin a los criminales el 28 de septiembre de 1995, quienes confesaron los hechos y llevaron a las autoridades hasta el lugar en el que habían enterrado el cuerpo sin vida de Anabel Segura. Se hizo evidente que no se había tratado de un secuestro, pues desde el principio, por desgracia, mataron a la joven fingiendo un falso secuestro.

MANUEL BLANCO ROMASANTA:
HISTORIA DE UN «HOMBRE LOBO»

El mito del hombre lobo siempre ha fascinado, hasta el punto de que son numerosos los libros y las películas que han recreado la leyenda de un hombre, supuestamente condenado por una maldición familiar a transformarse en lobo para devorar posteriormente a sus víctimas.

Sin embargo, a tenor del caso que se va a exponer a continuación, debe advertirse que hay personas que pueden creerse verdaderamente poseídas por un lobo, llegando así a cometer brutales asesinatos.

Nuestro particular personaje desarrolló sus crímenes en Galicia, en el bosque de Allariz, hacia 1846. Por aquel entonces, Manuel Blanco Romasanta, que trabajaba como buhonero, se ofreció para acompañar a mujeres que, acuciadas por la pobreza, deseaban encontrar un futuro mejor en otra región. Pero los viajes, en aquellos tiempos, eran largos, penosos y peligrosos.

Una de las víctimas, Manuela García, junto a su hija de seis años, se decidió a trasladarse hasta Cantabria alentada por Manuel Blanco Romasanta. Éste le había hecho creer que allí podría limpiar en la casa de un cura. Manuela confió en el vendedor ambulante y así, ella, su pequeña y Romasanta se adentraron en los inhóspitos parajes de Allariz. Ella ignoraba que jamás llegarían a su destino.

Poco tiempo después, el buhonero regresó al pueblo orensano de Rebordechao y, ante las numerosas preguntas de las hermanas de Manuela, que querían saber cómo le iba a su hermana, el criminal salió al paso explicando que habían llegado felizmente a su destino y que Manuela había quedado muy contenta con su nuevo empleo.

No satisfecho con ello, convenció a Benita —una de las hermanas de la infortunada Manuela— para acompañarla hasta Santander bajo la promesa de encontrarle un empleo: servir en una acomodada casa. Argumentó que así podría estar cerca de su hermana y de su sobrina.

Benita cayó igualmente en la trampa y viajó sin retorno en compañía de su hijo y del siniestro buhonero. Luego les seguiría Josefa —otra de las hermanas— y su hijo, quienes correrían la misma suerte que el resto de la familia.

Romasanta no se detuvo aquí. Todo lo contrario, continuó haciendo lo propio con otras vecinas de otros pueblos (siempre mujeres), con las que utilizó el mismo tipo de engaño.

Sin embargo, con el tiempo terminaron por pillarle. Resultaba muy sospechoso que todas las personas que se internaban con Romasanta en el bosque no volviesen a dar señales de vida. Romasanta había enviado algunas cartas falsas, lo que permitió acallar las sospechas por un tiempo. Pero había cometido un grave error: vender sin pudor alguno las pertenencias y ropas de las víctimas. Éstas fueron finalmente reconocidas por varios de los familiares, quienes observaron que las llevaban otras personas. Romasanta no era estúpido y, ante la posibilidad de ser apresado, desapareció sin dejar rastro durante muchos años.

No obstante, gracias a una fortuita casualidad, el hombre lobo fue detenido en Escalona (Toledo) el 2 de julio de 1852. Después de las pesquisas policiales, se cree que Manuel pudo matar, despedazar y devorar a muchas más personas, pero oficialmente «sólo» se le pudieron imputar 13 víctimas.

Manuel Blanco Romasanta, en su declaración, explicó que todo obedecía a un extraño proceso que sufría en sus carnes por el cual se transformaba en lobo. Decía vivir atormentado a causa de una maldición familiar que le obligaba a cometer aquellos atroces crímenes.

Después de un largo proceso lleno de toda suerte de anécdotas y de circunstancias extraordinarias, como la presencia de un hipnólogo de la época, Manuel Blanco Romasanta fue condenado al garrote vil el 6 de abril de 1853. La justicia no se creyó que fuese sólo un loco, aunque posteriormente —gracias a la intervención del hipnólogo quien, en cierta manera, abogó en su favor— se revocó la sentencia condenándole a cadena perpetua. A pesar de todo, lo que continúa siendo un auténtico misterio es su muerte, ya que no existe constancia documental de ésta.

Ahora conozco todos los detalles de este caso, pero recuerdo que, cuando el investigador Manuel Carballal me mostró por vez primera la escritura de Manuel Blanco Romasanta, evitó ofrecerme detalles sobre quién era. No quería condicionar mi análisis, así que simplemente me envió una nota pidiéndome que le echara un vistazo sin facilitarme ni un dato que pudiese orientarme en la interpretación.

Lo que vi me dejó un tanto perpleja... Y no sabiendo de quién podía tratarse, me sentí cohibida al realizar mi análisis. Aun así le comenté mi interpretación.

Firma de Manuel Blanco Romasanta

Lo primero que me llamó la atención fue la inclinación de las letras. La mayoría de ellas estaban inclinadas a la derecha, lo que nos habla de predominio del sentimiento frente a la razón. Sin embargo, la inclinación no es siempre igual, lo que señala que Romasanta no controlaba sus impulsos demasiado bien.

Como refuerzo de esta hipótesis, se aprecia otro dato interesante: unas letras ascienden mientras otras descienden, lo que señala una fuerte emotividad mal canalizada. Pero es que, además, el tamaño de las letras también es variable. Esto último es una señal de la existencia de fallos en el autocontrol y respalda igualmente el predominio del sentimiento frente a la razón. El tamaño variable habla también de explosiones de genio incontrolado y de tendencia a la mitomanía.

Sin embargo, hay algunos datos que llaman aún más la atención: la presencia reiterada de ángulos que llegan a parecer navajas (es algo parecido a lo que vimos en la escritura de Jack el Destripador, sólo que en este caso se observa más solapado). Esto se ve perfectamente, por ejemplo, en letras como la *u* de Manuel, en la parte superior de la *n* de Blanco, en la *M* de Manuel y en las crestas de la *l*, especialmente en la *l* de Blanco, que presenta un marcado ángulo en la zona superior. Los ángulos ya se ha dicho que son indicio de dureza, frialdad e intransigencia. Estas «navajas» junto a la presión desproporcionada señalan agresividad, maldad e ira.

La rúbrica me aportó algunos datos más, como la capacidad para engatusar a los demás, la tendencia a adornar las historias a su gusto y la habilidad para convencer mediante engaños y mentiras. ¿No podría ser éste el perfil de un hombre capaz de persuadir a sus víctimas para que viajasen con él a fin de darles muerte en el bosque? ¿Qué fuerte capacidad de convicción tenía Romasanta como para lograr que tantas mujeres se decidieran a abandonarlo todo, internándose en un bosque, creyendo tan sólo en su palabra?

Tiempo después, me hice con más muestras de la escritura de Manuel Blanco Romasanta. Los empastes, los temblores, los aumentos bruscos de tamaño y los pies desproporcionados se hicieron patentes. Las pulsiones sexuales estaban claramente desarrolladas, detectándose una agresividad primaria capaz de aflorar a través de las fluctuaciones del carácter. Romasanta era una «bomba de relojería».

GILLES DE RAIS, *EL MARISCAL DEL INFIERNO*

El mariscal del infierno es el título de una película inspirada en la vida de Gilles de Laval, protagonizada por el actor español Paul Naschy. Gilles de Laval, más conocido como Gilles de Rais, fue un eminente militar coetáneo de Juana de Arco. De hecho, De Rais sentía una especial devoción por la «doncella de Orleans»; tanto es así que llegó a participar en un intento de rescate organizado por el rey en 1430.

Sin embargo, cuando Juana de Arco fue finalmente ejecutada, De Rais se vino abajo. Para muchos se había producido la muerte de su verdadero amor platónico.

A los veinticinco años renunció al título de mariscal de Francia y se trasladó a uno de sus castillos, concretamente al de Tiffauges. Allí se volcó en la alquimia; quería conseguir la famosa «piedra filosofal» para lo que contó con la ayuda del sacerdote Prelati. Animado por éste, contrató a numerosos falsos magos y alquimistas, quienes tan sólo contribuyeron a desplumarle.

De Rais emprendió un camino sin retorno cuando, acuciado por la necesidad de obtener dinero, empezó a sacrificar niños para hacerse con su sangre. Al parecer, necesitaba ésta para desarrollar sus rituales. Sus biógrafos cuentan que Gilles de Rais no logró el ansiado oro pero que descubrió, en cambio, que estas acciones le reportaban excitación sexual.

Con el tiempo, Gilles de Rais fue acusado de violar y asesinar a más de doscientos niños y adolescentes, a los que sometió a las más crueles vejaciones, violaciones y torturas con tal de extraerles la sangre. Finalmente, fue ejecutado el 26 de octubre de 1440.

Conviene, no obstante, resaltar que hace poco su figura fue rehabilitada en Francia pues, independientemente de su culpabilidad, se cree que no fue sometido a un juicio justo, cosa que es posible, ya que De Rais no gozaba de muchas simpatías. De hecho, tras la muerte sus posesiones pasaron, curiosamente, a manos de sus enemigos.

A continuación se analiza la firma de este singular personaje:

Firma de Gilles de Rais

Para comenzar, hay que señalar que la firma y la rúbrica de Gilles de Rais están plagadas de pequeños «dientes de jabalí». Éstos son gestos tipo que designan uno de los rasgos de la maldad. Al haber muchos, se refuerza este significado.

La *G* mayúscula tiene adornos innecesarios en la parte superior. Además, termina con un marcado ángulo y con un empaste. Debe recordarse que la letra *g* simboliza la sexualidad. En este caso, indica que el sujeto tiene muchas rarezas en este terreno. Parece buscar el disfrute egoísta comportándose de manera cruel, sádica y dura con sus compañías sexuales. Además, el óvalo de la *G* se halla escindido (partido en dos), lo que indica una tendencia a buscar más de una pareja.

El conjunto de la estética de la firma da idea de un gran seductor que, de puertas hacia fuera, se mostraba halagador y considerado, pero se transformaba en un ser cruel en la intimidad.

El adorno final, a modo de estrambótica rúbrica, posee a mi entender cierto valor esotérico. Ya se ha explicado que los puntos innecesarios en la rúbrica podían indicar la pertenencia a alguna sociedad secreta o incluso tendencia a la apropiación indebida. Por otra parte, el rasgo final de la rúbrica parece una barrera, similar a los infranqueables muros del castillo de Tiffauges.

LA CONDESA SANGRIENTA

Erzsebet Bathory (Elisabeth Bathory), más conocida como la Condesa Sangrienta, es la versión femenina de Gilles de Rais, aunque sus crímenes fueron todavía más numerosos. Le achacaron haber ordenado la muerte de al menos 650 jovencitas con el fin de extraerles la sangre para bañarse en ella. Bathory albergaba la peregrina idea de que procediendo de esta manera lograría detener el paso del tiempo... Según su creencia, así conservaría la piel tersa y juvenil.

La condesa Bathory pertenecía a la nobleza húngara, lo que le permitió evitar ser castigada durante mucho tiempo, pese a que los rumores de constantes raptos y desapariciones de jovencitas se habían extendido por toda la región. Una cosa parecía clara: aquellas que entraban a su siniestro castillo jamás volvían a ser vistas con vida. Sin embargo, el 30 de diciembre de 1610, el conde Gyorsy —su propio primo—, que era el gobernador de la provincia, se presentó allí junto con un pequeño ejército, acordonó el castillo y detuvo sin miramientos a todos aquellos que estaban dentro. En su interior, repartidos por las diferentes estancias, se encontraron numerosos cadáveres con signos de haber sido torturados.

En el juicio que se siguió contra ella y sus sirvientes fue condenada a muerte aunque, debido a su condición aristocrática, la pena le fue conmutada por la de cadena perpetua. Cumplió la pena en su propio castillo.

A continuación se analiza la firma de este terrorífico personaje:

Batory ersebory

En la firma de La Condesa Sangrienta se observan fuertes empastes, al igual que en los casos de otros asesinos. Los empastes, claro está, no son de su exclusividad, pero es cierto que se observan en las escrituras de muchos criminales. Este rasgo es un síntoma de fuerte sensualidad y de fantasías eróticas de carácter mórbido, sumando a todo ello la agresividad.

La *B* de Bathory al terminar señala maldad en una punta pastosa. Los fuertes temblores que se aprecian en la zona superior de la segunda b son indicio de algún tipo de enfermedad.

La *s* posee un tamaño totalmente desproporcionado, pudiendo esconder una latencia de tipo histeroide. En todo caso, fue una persona que posiblemente experimentaba reacciones desproporcionadas entre causa y efecto, cambios bruscos de humor y fuertes accesos de agresividad.

Por otra parte, la escritura desligada indica que era una persona intuitiva que se dejaba llevar por las corazonadas.

EL MISTERIO DE ALCÁCER

Referirse al tristemente famoso caso de las niñas de Alcácer es como moverse entre aguas turbulentas. Por mucho tiempo que pase, posiblemente nunca se llegará a conocer toda la verdad sobre lo que realmente les ocurrió aquel 13 de noviembre de 1992 a Miriam, Toñi y Desirée. Por eso mismo, para evitar caer en especulaciones, a continuación se ofrece una breve cronología oficial de los hechos:

Aquel día, las tres jóvenes desaparecieron misteriosamente y no se volvió a saber nada de ellas hasta el 27 de enero siguiente, fecha en que sus cuerpos aparecieron brutalmente asesinados.

Después de una serie de investigaciones se acusó de estos crímenes a Antonio Anglés —quien desapareció de manera enigmática— y a su amigo Miguel Ricart. Este último fue condenado en solitario.

Hasta aquí la versión oficial, sin embargo, hay quien piensa que Antonio Anglés jamás volverá a aparecer, al menos, con vida. Muchos investigadores que han seguido el caso extraoficialmente creen que fue quitado de en medio, convenientemente, para evitar que pudiese implicar a otras personas que podrían, supuestamente, haber participado en el triple crimen.

Como es lógico, aquí no se desvelará la verdad de lo ocurrido en Alcácer, pero lo que sí se puede hacer es comentar el perfil grafopsicológico de Antonio Anglés en función de su escritura.

Escritura de Antonio Anglés

La muestra es pobre pero reveladora. Se trata de una dedicatoria que Anglés hizo en una fotografía a su hermana. Ésta es la transcripción literal: «teenBio esta foto parati paraque layeBes enla cartera iteacuerdes de mi».

Hay que decir que en esta escritura destacan los rasgos negativos, que hablan de agresividad y maldad, todo ello unido a la baja edad gráfica.

Antonio Anglés mezcla las letras mayúsculas con las minúsculas. Esto indica que se tiene distorsionada la idea capital o de Dios, es decir, que no distingue bien entre lo suyo y lo de los demás. Para Anglés, todo le pertenece. Se trata de uno de los rasgos más claros y concluyentes de la deshonestidad y el acaparamiento.

Su escritura es desordenada. Tan sólo son tres líneas, pero ni siquiera en una muestra tan pequeña consigue guardar un orden y, mucho menos, cierta estética. La mayoría de las letras aparecen separadas y tienen diferentes tamaños, lo que indica que Anglés posee una gran intuición y unas explosiones de genio vivo. No sabe controlarse y tiene reacciones desproporcionadas entre causa y efecto.

Además, la *s* tiene un tamaño demasiado grande, excesivo, lo que puede señalar una tendencia histeroide. La *t* es propia de un sujeto suspicaz al que no se le puede llevar la contraria sin que se moleste.

Por otra parte, los trazos de la *m* y de la *n* los hace de una manera seca, brusca y aguda, lo que señala que busca autoafirmarse y que existe cierta tendencia a la maldad.

En la escritura se advierten fuertes empastes y suciedades que revelan una sensualidad mórbida y mal canalizada, ya que la presión de los trazos tampoco es regular.

Anglés se presenta, en líneas generales, como una persona narcisista, dominante, agresiva, tiránica y con tendencias sádicas.

20.

La grafología y lo paranormal

Uno de los campos en los que la grafología no se emplea demasiado es en la investigación paranormal. Y es una pena, porque la grafología tiene mucho que aportar en este sentido. Sirve, especialmente, para conocer un poco mejor el carácter de aquellas personas que afirman haber tenido algún tipo de experiencia paranormal o de contacto ovni.

Por desgracia, muchos de estos casos, aunque no todos, se corresponden con personalidades desequilibradas, con afán de protagonismo o lucro. Cuando alguien sostiene haber visto a la Virgen, por ejemplo, la grafología puede ayudar a conocer el perfil de quien hace semejante afirmación. Si su escritura muestra acusados rasgos de materialismo, de tendencia a la mentira o incluso de desequilibrios mentales, quizá habrá que poner en cuarentena su experiencia.

Es interesante, en este sentido, disponer de varias muestras caligráficas anteriores y posteriores a la presunta experiencia paranormal, ya que entre ellas pueden producirse variaciones importantes. Hay que valorar que las auténticas experiencias paranormales suelen dejar una profunda huella en la vida del sujeto. Muchas veces, llegan a alterar su existencia por completo. Son abundantes los casos de testigos de avistamientos de ovnis, por poner sólo un ejemplo, que a raíz de esta experiencia ven transformarse su trayectoria vital.

Pero lo mejor es explicar todo esto con ejemplos de casos concretos. Para ello, a continuación, se ofrecen algunas muestras significativas.

LA VIRGEN SANGRANTE DE LEGANÉS

Tuve conocimiento de este caso en 1995, justo cuando el asunto empezaba a gestarse. Una amiga de la protagonista se puso en contacto con la redacción de «Espacio en blanco», programa radiofónico emblemático sobre temáticas paranormales, que en aquel tiempo se emitía a través de la cadena de emisoras Radio Voz.

Aquella mujer nos explicó que su amiga tenía una virgen de plástico fosforescente y que ésta sangraba. Como es lógico, pusimos prudentemente todo el asunto en cuarentena. Una afirmación extraordinaria precisa pruebas extraordinarias.

Según pudimos comprobar pocos días después al desplazarnos hasta su domicilio, la estatuilla en cuestión, que había sido adquirida en Portugal, tan sólo medía unos quince o veinte centímetros.

La propietaria de esta imagen era Manuela Corral, una mujer de mediana edad, quien nos explicó que la imagen había comenzado a llorar el 12 de febrero de 1995.

Según su testimonio, la virgen sólo lloraba sangre coincidiendo con hechos luctuosos. Para reafirmar su historia, Manuela nos mostró un vídeo en el que se veía, supuestamente, cómo la virgen lloraba sangre. Además, también aparecía la propia Manuela haciendo lo mismo.

Pronto se corrió la voz, entre otras razones porque ella misma se encargó de hacerlo. Al igual que nos llamó a nosotros, sin perder tiempo hizo lo propio con otros medios de comunicación. Por eso, desde entonces, Manuela, junto a un nutrido grupo de seguidores, comenzaron a reunirse todos los meses para rezar en un paraje cercano a su domicilio. Pero es que, además, esta mujer afirma que la propia Virgen se le apareció en su casa el 28 de marzo de 1995.

Cuando cogimos la estatuilla para poder examinarla, en seguida nos dimos cuenta de que ésta estaba rota por la base, lo que nos hizo sospechar algún tipo de manipulación. Al menos, esto fue lo que concluimos las tres personas que hicimos el seguimiento del caso. En aquel momento estábamos presentes los periodistas Íker Jiménez, Lorenzo Fernández y yo.

La segunda sospecha llegó cuando quisimos llevarnos la imagen, bajo la promesa de devolvérsela intacta, para poder analizarla, a lo que Manuela se negó tajantemente...

Ante esto nos encontramos impotentes; poco más podíamos hacer si la testigo se negaba a colaborar en la investigación.

Sin embargo, hubo un dato que nos llamó la atención: Manuela comentó de pasada que ella recibía presuntos mensajes de la Virgen a través de la escritura automática, es decir, mediante psicografías.[12] Según su testimonio, los mensajes le llegaban en varios idiomas: castellano, inglés, latín, italiano, arameo, portugués...

Le pedí unas muestras de esas supuestas psicografías y no tuvo inconveniente en cedérmelas. Supongo que no imaginaba que, aunque le expliqué que iba a examinarlas desde la óptica que nos ofrece la grafología, los resultados serían tan reveladores.

Para empezar conviene dejar claro que, aunque me facilitó unos cuarenta folios supuestamente psicografiados, los mensajes en otros idiomas brillaban por su ausencia. Tan sólo podían encontrarse unas pocas frases en latín, aunque éstas no estaban correctamente escritas desde el punto de vista gramatical.

Quienes hayan tenido la oportunidad de ver muchas psicografías saben que éstas presentan unas características muy particulares. No hay que olvidar que son supuestos mensajes canalizados y que los médiums escribientes caen en trance antes de recibirlos, la mano está como muerta y pierde su ritmo y presión habituales. Pero las psicografías de Manuela no presentaban estas características ni mucho menos. Esto se notaba en las constantes enmiendas que se observaban en las muestras que nos facilitó. Es importante remarcar que en este tipo de mensajes no cuenta tanto la forma como el fondo.

Suelen ser mensajes fluidos en los que no se vuelve atrás para hacer retoques o enmiendas; es más, lo usual es que se junten las palabras y que la caligrafía no se parezca en absoluto a la del médium, pues éste sería sólo un catalizador que conecta con «algo» (en mi opinión, con su propio inconsciente).

12. La psicografía es un fenómeno que se produce a través de los llamados médiums escribientes. Éstos caen en trance y reciben presuntos mensajes de diferentes entidades: la Virgen, los extraterrestres, el diablo, los espíritus...

> venid os espero
> amor entre los hombres el
> mundo necesita amor
> sois mi rebaño os quiero
> junto a mi siempre que
> vosotros querais [ ] [ ]
> Alli hay almas que necesitan
> Reposo Dios es paz Dios es
> luz Dios esta en todas las
> cosas nosotros mismos somos
> una parte de el y estamos
> aqui para servirle a el como
> nos sirve he ilumina a todo
> y a todas las cosas seguizme
> y os seguire amazme y os amare
> yo y me allareis

Otro aspecto interesante en las muestras de Manuela son los puntos de la *i* en forma de círculo, un gesto que, por cierto, tiende a retrasar la velocidad de la escritura. Cuando se produce un trance psicográfico, el médium no controla la velocidad, así que es bastante extraño que se vean en una psicografía. Este tipo de puntos son gestos tipo que señalan inmadurez.

¿Y qué decir de las barras de la *t* terminadas en puntas de aguja? ¿Tiene la Virgen tendencias sádicas? Para rematar, las faltas de ortografía son numerosas a lo largo de todas las muestras caligráficas a las que tuvimos acceso. Después de analizar el material, no es arriesgado afirmar que las supuestas psicografías no son tales. Son escritos representativos de la propia Manuela, de su carácter, realizados a sabiendas y sin que exista una pérdida de conciencia.

«YO, LA BESTIA»

Escribir sobre la figura de Aleister Crowley siempre entraña el riesgo de no lograr contentar al lector. Para unos, Crowley era un ser adelantado a su tiempo que levantaba pasiones; para otros, un personaje siniestro y depravado. No en vano se ganó el apelativo del «hombre más perverso de Inglaterra».

Edward Alexander Crowley (1875-1947) fue un sujeto controvertido, que siempre vivió a contracorriente. Desde niño se enfrentó a la autoridad establecida. En buena parte, esto se debe a la educación que recibió de su familia. Sus padres pertenecían a un grupo protestante integrista.

De él se ha dicho casi de todo: que era un pervertido sexual que participaba en orgías de todo tipo, que consumía grandes cantidades de heroína, cocaína, opio, hachís, marihuana, peyote..., que explotaba a las mujeres, que practicaba la bisexualidad —mal vista en aquella época—, que colgaba a sus amantes boca abajo y que luego los marcaba con los dientes —que se había afilado con este propósito—, que adoraba al maligno, practicaba la magia negra y que alcanzó tal deterioro psíquico que llegó a comerse sus propios excrementos. En realidad, la lista de despropósitos todavía podría ser mucho más extensa, pero con lo expuesto es suficiente para hacerse una idea de su perfil.

Muchos de sus discípulos y seguidores acabaron suicidándose o murieron en extrañas circunstancias; otros, con más suerte, acabaron totalmente desequilibrados después de tratar durante cierto tiempo con él, incluyendo a sus esposas. Él mismo llegó a fingir su propio suicidio, aunque luego se supo que era una más de sus representaciones deliberadas, casi teatrales, que desarrollaba con el fin de darse notoriedad.

La mayoría de los estudiosos que han profundizado en su figura creen que todo lo que hacía tenía como fin transgredir las normas, oponerse al sistema y crear una maraña en torno a sí mismo para conseguir forjarse una leyenda negra. Y lo cierto es que al menos esto último sí que lo lo-

gró, aunque ¿no fue tal vez demasiado lejos al interpretar su papel y aca-
bó por transformarse en una víctima de sí mismo?

Desde muy joven se sintió atraído por el ocultismo, tanto que en
1898 fue iniciado en la sociedad rosacruciana de la Orden Hermética de
la Aurora Dorada, la famosa *Golden Dawn*, dirigida por S. L. McGre-
gor Mathers y creada por masones ingleses. Pronto destacó en este grupo y se encumbró a una posición elevada dentro del mismo. Sin embargo, era tal su carácter que el puesto le supo a poco. Quería ser él quien
dirigiese la orden, lo que terminó por desatar una disputa entre McGre-
gor Mathers, el poeta Butler Yeats y, por supuesto, Crowley.

Su actitud le valió la expulsión de la orden. Poco después, pese a que
había prestado juramento de silencio, se dedicó a divulgar todo lo que se
había comprometido a silenciar. Este detalle nos ofrece una idea de cómo
era su moralidad.

En 1903 contrajo matrimonio con Rose Kelly. Durante su viaje de
novios a Egipto, su esposa tuvo una vivencia que hizo que Crowley se
convenciera de que el dios egipcio Horus quería dictarle un libro que,
según él, acabaría por convertirse en las nuevas «tablas de la ley». Después de esta supuesta revelación surgió *El libro de la ley*. En él se anun-
ciaba, entre otras cosas, la llegada de una nueva era y una nueva religión
de la que Crowley sería el profeta.

Crowley fue un personaje pintoresco. Muchas veces se disfrazaba
para realizar sus rituales mágicos, se comportaba de manera soberbia y
siempre quería ser el protagonista en todo cuanto acometía. Así que se
desató una verdadera campaña mediática contra él.

Firma de Crowley 1

Después de estos breves apuntes biográficos, se puede hablar de lo que se observa en su firma.

La primera muestra llega acompañada de un dibujo, que es una representación de él mismo. No hace falta saber grafología para darse cuenta de que su perspectiva de las cosas estaba, en cierta medida, condicionada por su visión del sexo. Convierte la *A* de Aleister en un gran pene. Puede que este gesto formase parte del papel estrafalario que él mismo se había impuesto. Sin embargo, parece formar parte de su propia personalidad.

El motivo de esta conclusión se debe a que se trata también de una firma con empastes, un rasgo de fuerte sensualidad y de cierta agresividad. Además, algunas letras como la *A* de Aleister y la *C* de Crowley, que no son letras con pies, aparecen prolongadas hacia la zona inferior (la zona que simboliza los instintos), lo que denota que los instintos, el materialismo y la sensualidad estaban muy presentes en su existencia.

Es posible que Crowley, sabiéndose un «bicho raro» en lo relativo al sexo, sobre todo teniendo en cuenta la época en la que le tocó vivir, un tiempo en el que lo imperante era el puritanismo victoriano, volcó sus rarezas en este terreno, rodeándose de una parafernalia pseudomágica que le permitiera hacer lo que le viniese en gana sin sentirse culpable por ello. De hecho, fue él quien formuló premisas como: «Haz lo que quieras, ha de ser toda la ley» o «El amor es la ley, el amor sujeto a la voluntad».

Es difícil entender la trayectoria de Crowley sin comprender que era un hombre con carencias y complejos sexuales.

La barra de la *t* es propia de un carácter caprichoso, tiránico y sádico. No era una persona a quien se pudiese llevar la contraria sin salir perjudicado.

Firma de Crowley 2

En la segunda firma se aprecia una evolución, aunque sigue existiendo cierta obsesión sexual. Conviene fijarse en la *y* del apellido. Esta letra representa el sexo para los anglosajones. El pie se pliega hacia la izquierda, formando un ángulo de cierta envergadura. Esto es un indicio del disfrute egoísta de la sexualidad y también se corresponde con lo que llamamos el «viejo verde». El ángulo en esa letra no hace más que indicar el desarrollo de la problemática sexual, que se vive como una verdadera obsesión sin llegar a alcanzar el placer en su totalidad, lo que cada vez le lleva a probar cosas más raras en este terreno.

La barra de la *t* aparece unida al apellido, lo que revela que Crowley había terminado viviendo dentro de su papel, costándole distinguir entre su vida personal y su vida profesional o social como mago.

LUIS JOSÉ GRÍFOL Y LOS OVNIS DE MONTSERRAT

Según Luis José Grífol, un empresario catalán, el 11 de marzo de 1977 en la montaña de Montserrat, enclavada a unos 50 kilómetros de Barcelona, tuvo su primera experiencia ovni. Desde entonces se reúne allí con un grupo de seguidores todos los días 11 de cada mes. Hasta esta montaña han viajado numerosos periodistas con la esperanza de obtener alguna prueba de la existencia de los ovnis.[13] Durante estas reuniones, algunos de los periodistas a quienes conozco personalmente llegaron a ver objetos extraños e incluso a fotografiarlos. De hecho, en los archivos de Grífol se amontonan cientos de imágenes de estas características; imágenes que, muchas de las cuales, sí poseen una explicación convencional. Sin embargo, otras —según los expertos en el fenómeno ovni— no son tan sencillas de explicar.

Conocí a Luis José Grífol en 1993. Quería escuchar su historia contada por él mismo. Por supuesto no entraré a cuestionar sus vivencias, ya que éstas son algo muy personal. Sólo quien las ha experimentado puede estar convencido de su autenticidad. «El corazón tiene razones que la razón no entiende.» Esta frase tan aparentemente sencilla encierra una buena parte de verdad.

Sin embargo, al comienzo de este capítulo se comentó que muchas de las personas que afirman haber vivido algún tipo de experiencia paranormal terminan transformando su existencia y su manera de pensar. Conozco más de un caso de personas increíblemente escépticas en estas materias que, al pasar por una vivencia de estas características, han dado un giro de cierta importancia a sus vidas.

13. Cuando se habla de ovnis, en todo momento nos referimos única y exclusivamente a objetos volantes no identificados. Muchas veces, se tiende a asociar el término ovni con el supuesto origen extraterrestre del fenómeno, cuando realmente ovnis serían todos aquellos objetos volantes que el observador no es capaz de asociar a nada conocido, sin que se derive de ello que el objeto avistado provenga de otro planeta.

Firma y rúbrica
de Grífol en 1993

A Grífol le sucedió algo parecido. Y el cambio es tan patente que quedó reflejado en su propia rúbrica. Recuerdo que le pedí a Grífol que me firmara un dibujo que me había hecho para explicarme cómo fueron sus supuestos contactos.

Reconozco que me sorprendió su rúbrica que, como se puede observar, incluye un trazo que asciende para acabar convirtiéndose en una especie de «nave». Sin embargo, como Grífol es una persona de trato afable, al no disponer de más material escrito suyo, pensé que aquel gesto se debía a una «gracia», pues llevábamos toda la mañana hablando acerca de sus vivencias.

No obstante, tiempo después me hice con una carta suya manuscrita y pude comprobar que aquel gesto extravagante se repetía.

Se incluyen ambas firmas a modo de curiosidad. Esto pone de manifiesto que Luis José Grífol, independientemente de si sus vivencias son ciertas o no, cosa que no se puede saber, tiene asumido que lo son. Es decir, sus experiencias han quedado incorporadas hasta en su rúbrica, lo cual cuadra mucho con la persona que conocí. Un detalle que debe tenerse en cuenta es que, cuando Grífol se decidió a hacer públicas sus presuntas experiencias, las cosas no le resultaron nada fáciles. De hecho, tenía mucho que perder, sin duda más que ganar. Su trabajo, sus relaciones familiares y sociales podían verse afectadas ante una «revelación» de esas características. Con esta rúbrica, se pone de manifiesto que cuando Grífol hizo lo que hizo era porque de verdad «algo» importante le había sucedido a su vida. «Algo» —no entramos a valorar qué—, que cambiaría su trayectoria para siempre.

Carta de Grífol

21.

Las firmas de los famosos

Por experiencia sé que una de las aplicaciones de la grafología que despierta más interés entre la gente de a pie es el hecho de poder enterarse de algunos detalles «secretos» o poco conocidos del prójimo. Esto en parte se debe a que las personas, sea por educación o naturaleza, solemos ser curiosas. Y, tal como he podido comprobar, esto es algo que la gente demanda frecuentemente.

Para no dejar insatisfecha esta curiosidad, me he permitido seleccionar algunas firmas de personajes de interés general para comentarlas desde el punto de vista grafológico. Esto, además, le servirá como ejercicio para saber si lo que usted ha deducido, a tenor de lo que ha leído en los capítulos anteriores, es o no acertado.

JOSÉ LUIS RODRÍGUEZ ZAPATERO:
UN POLÍTICO TRANSPARENTE

La firma del presidente del gobierno español, José Luis Rodríguez Zapatero, no parece precisamente la de una persona «agresiva» en sus planteamientos vitales. Zapatero es una persona sencilla, no simple, que cree firmemente en lo que manifiesta. Sus formas son correctas y, casi, antipolíticas, teniendo en cuenta a lo que los políticos nos tienen acostumbrados.

Adolece quizá de esa «agresividad» política que llaman carisma, aunque no es una persona apática, sino más bien conciliadora. Zapatero podría convertirse en un buen negociador ante conflictos políticos delicados, pero esto tendrá que demostrarlo con el tiempo.

Zapatero firma como R. Zapatero, cuando lo normal sería hacerlo como José Luis Rodríguez. Las causas de esto pueden ser muy diversas; por ejemplo, una supervaloración de la parte materna. Sin embargo, en este caso, posiblemente se deba a que Zapatero resulta un apellido menos «gris», políticamente hablando, que Rodríguez.

**Firma de
José Luis Rodríguez Zapatero**

MARIANO RAJOY: UN LUCHADOR NATO

Sin duda ésta es la firma de un luchador nato, que hace todo lo posible por conseguir aquellas metas que se ha propuesto en la vida. Se trata de una firma legible, lo cual es un buen síntoma, poco frecuente en las firmas de los políticos. De hecho, dentro de la grafología se estudia lo que se denomina «la firma del político», que suele ser ilegible y muy ascendente; no es el caso de Mariano Rajoy. Esto quiere decir que Rajoy no sería capaz, en principio y sin más muestras de su escritura como para pronunciarse con contundencia, de contradecir los principios morales que le han sido inculcados sólo para ascender en su carrera.

Otro de los rasgos que destacan son las puntas, apreciables en su rúbrica. Aunque la firma sea legible, su rúbrica no es simple, sino más bien enrevesada, descubriendo una personalidad compleja que sopesa mucho las cosas; las puntas señalan un genio vivo que puede hacer que se precipite a la hora de tomar decisiones.

Rajoy tiene fuertemente desarrollado el plano material e instintivo (zona inferior de la firma). Le delata la *M* de Mariano, que desciende verticalmente mucho más que el resto de las letras, exceptuando la *y*, que debe descender por ser una letra con pie. La *M*, en cambio, no debería descender, internándose tanto en la zona de los instintos.

Firma de
Mariano Rajoy

YASSER ARAFAT: CONTRA VIENTO Y MAREA

No puede decirse que el ya desaparecido Yasser Arafat, líder indiscutible de la añeja Organización para la Liberación de Palestina (OLP), fuese de esas personas que tiran la toalla ante los contratiempos. Antes de su muerte, tuvo que enfrentarse a varias tentativas fallidas para acabar con su vida e incluso llegó a ser víctima de un accidente aéreo del que logró salir indemne. Sin embargo, el espíritu combativo que siempre caracterizó a Arafat también quedaba reflejado en su escritura.

Para empezar, hay que señalar que el tamaño de su firma ha sido reducido hasta seis veces, lo que nos sitúa en una firma de gran tamaño.

Firma de
Yasser Arafat

Por otra parte, llama poderosamente la atención la inclinación con la que ha sido trazada (excesivamente ascendente), que nos revela a un hombre ambicioso, sediento de triunfo que nunca se daba por satisfecho con sus logros, siempre quería más.

Los movimientos eran bruscos y puntiagudos, como dardos certeros que se clavan sobre sus contrincantes, sabía atacar ahí donde más duele y sin dejar tiempo de reacción.

Su vida estuvo presidida por el materialismo y la sensualidad. La firma no estaba exenta de cierta agresividad, descubriéndonos a un personaje cuyo comportamiento rayaba en lo despiadado con aquellos que se cruzaban en su camino, aspecto éste que se ve reforzado por el arpón que trazaba en la rúbrica que, no por simple, deja de describirnos la compleja personalidad del ya fallecido líder del pueblo palestino.

ANTONIO BANDERAS: EL ETERNO SEDUCTOR

Se hizo popular en España después de convertirse en uno de los actores predilectos del genial Pedro Almodóvar. Sin embargo, su espaldarazo definitivo como actor internacional lo consiguió interpretando papeles en filmes como *Los reyes del mambo*, *La casa de los espíritus* o *Entrevista con el vampiro*, basado este último en una adaptación de la inquietante novela de Anne Rice.

A partir de este momento, una fulgurante carrera cinematográfica lo condujo a un indiscutible estrellato, y fue solicitado por algunos de los mejores directores de Hollywood.

La forma elaborada de escribir el nombre y el apellido de Antonio Banderas es propia de una mente perfeccionista, a la que le gusta tener las cosas bien atadas. Para ello se esfuerza mucho en el terreno laboral, pero también en el personal.

Los trazos gráciles y curvos de su escritura descubren al seductor que sabe cómo conseguir las metas trazadas, de forma sutil, pero eficaz.

Es una firma legible y ascendente, lo que indica que es ambicioso, aunque la forma de realizar sus aspiraciones le importa mucho. Desea hacer las cosas con claridad, transparencia y honestidad.

Como dato curioso, se observa el punto de la *i* trazado, en este caso, con forma de círculo y sin levantar el útil del papel. Existe una gran capacidad lógica, aunque también cierto temor a madurar sin haber disfrutado de lo que para él es importante.

**Firma de
Antonio Banderas**

JOAQUÍN CORTÉS: AGILIDAD Y RAPIDEZ

Ágil y rápido como una gacela. Si éstas son dos de las cualidades que debería poseer un bailarín, Joaquín Cortés lo es hasta la médula. Es enérgico, resuelto y vertiginoso, igual que un torbellino.

Excesivamente orgulloso, no le gusta dar su brazo a torcer y tampoco acepta bien las críticas. Posee un genio vivo que controla a duras penas.

Enigmático para quienes le rodean, pocos saben cómo es realmente Joaquín Cortés. Él mismo se ha encargado de poner una barrera protectora que le ayude a ocultar a los demás su verdadera personalidad, sus pensamientos y emociones. En otras palabras, este personaje magnético y seductor no se casa con nadie.

Firma de
Joaquín Cortés

JOSÉ ORTEGA CANO: GESTO TAURINO

La firma de José Ortega Cano revela a una persona tímida y reservada. Esto se aprecia fundamentalmente en los óvalos cerrados. Por cierto, el óvalo de la O de Ortega es desproporcionado en relación con el resto del texto de la firma. Ortega Cano es orgulloso y se mete un poco en la zona de los instintos y de lo material.

Sensible y apasionado, pone toda la carne en el asador cuando decide que algo merece la pena. Muchas veces se deja llevar por su intuición, fuertemente desarrollada.

Ortega Cano suele conducirse con buenas maneras, aunque su fluctuante emotividad, a veces, le juega malas pasadas. Hay también cierta tendencia al desaliento aunque no se abandona a ella, es luchador y trata de salir a flote ante las adversidades.

Firma de
José Ortega Cano

La rúbrica no deja de ser curiosa, especialmente teniendo en cuenta la profesión de Ortega Cano. Se trata de un gesto «taurino», una especie de espada o arpón que se proyecta enérgicamente hacia los demás. El secreto mejor guardado de Ortega Cano es su genio; cuando éste se desata, mejor echarse a temblar.

RAÚL GONZÁLEZ: EMOTIVO Y SENTIMENTAL

No sorprende saber que Raúl González se dedica al mundo del deporte, y en especial a un ámbito en el que la agilidad y la rapidez son vitales para no quedarse relegado al olvido.

Raúl tiene todo eso y más. Tremendamente intuitivo, su olfato le dicta cuándo debe disparar, y lo hace de manera casi siempre certera.

Orgulloso, aunque no le guste reconocerlo, esconde una fuerte emotividad que le hace parecer superior o por encima de los que le rodean. Sin embargo, compensa todo esto con armas infalibles que desarmarían a cualquiera: la sinceridad, la capacidad expansiva y su natural seducción, aunque cuando se siente mal hace de su capa un sayo y se protege refugiándose en los suyos.

**Firma de
Raúl González**

JAVIER SIERRA: ESTÉTICA CREATIVA

La firma del periodista y escritor Javier Sierra, junto con su escritura, transmite una fuerte capacidad estética, sumada a una intensa faceta creativa que suele traslucirse en sus obras.

Sierra no tiene dobleces o caras ocultas, se muestra franco y abierto en el trato con los demás. Sin embargo, una de sus facetas es la reserva: le gusta conservar una pequeña parcela de intimidad, que sea sólo accesible a unos pocos. Este hecho, a ojos de los demás, puede conferirle una imagen un tanto hermética.

Observador y detallista, hace gala de buenas maneras a la hora de relacionarse con quienes le rodean, consiguiendo que situaciones que a priori parecían adversas se vuelvan favorables.

Por otra parte, el orgullo está presente en la mayúscula de su nombre: Sierra sabe cuál es su valía y aprovecha todas las «armas» que tiene a su alcance para demostrar lo que vale, aunque nunca sirviéndose de artimañas poco éticas. La tenacidad es otra de sus cualidades y, aunque existe cierta tendencia al desaliento, Sierra nunca se da por vencido y lucha hasta el final.

Firma y letra
Javier Sierra

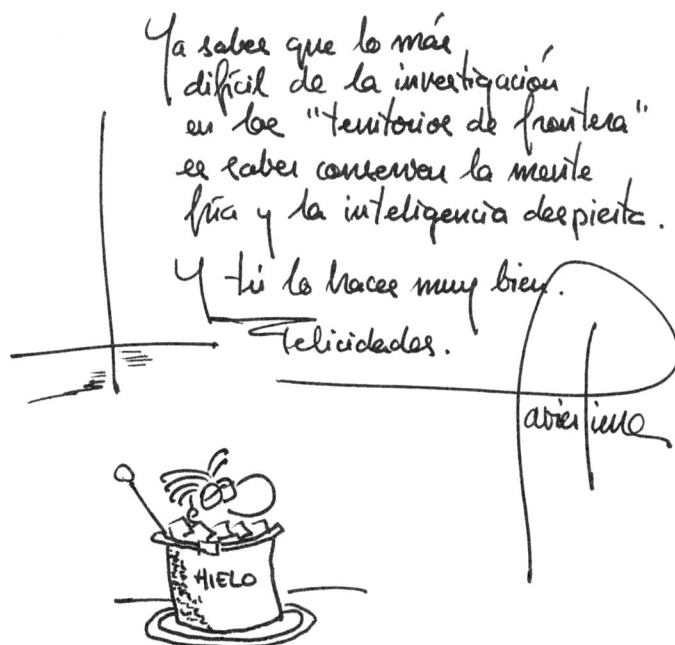

FERNANDO JIMÉNEZ DEL OSO: LA MENTE EN ACCIÓN

Fernando Jiménez del Oso es de aquellas personas que no deja indiferente a nadie y no sólo por su peculiar ocupación —aunque es psiquiatra, se le conoce por su faceta dedicada al mundo del misterio—, sino por la agilidad de su mente. Aunque su manera de hablar es lenta y pausada, en su interior se esconde un torbellino de ideas en plena ebullición.

Ingenioso, ocurrente y creativo, Jiménez del Oso posee una escritura limpia y con uniones altas, lo que revela la rapidez de sus procesos mentales.

La firma es sencilla, con las mayúsculas un poco sobrealzadas pero compensadas por la legibilidad y la falta de complicación de la rúbrica, lo cual resulta muy positivo.

Fernando Jiménez del Oso no se complica la vida, es una persona eminentemente práctica, lógica y no exenta de una fuerte capacidad estética que seduce a cualquiera.

Firma y escritura de F. Jiménez del Oso

BELINDA WASHINGTON: GRAN SEDUCTORA

La actriz y presentadora Belinda Washington no realiza rúbrica: se siente segura y pisa con aplomo en la vida. El tamaño extendido de su firma también es un reforzante de ello.

El trazado de la firma está hecho casi de una sola vez: efectúa el palote de la *B*, levanta el bolígrafo una vez para completar esa letra y ya no vuelve a hacerlo en todo el recorrido de la firma. Esto indica que su mente es ágil y rápida y que sus pensamientos muchas veces se adelantan a su propia voz.

Hiperlógica y seductora, no necesita hacer apenas esfuerzo para convencer a los demás de esto. La inicial del nombre unida al apellido revela que le cuesta separar el plano socioprofesional del personal. Seguramente, el punto flaco de Belinda sea la irritabilidad. Por suerte, ésta sólo se presenta cuando se estresa.

**Firma de
Belinda Washington**

22.

Curiosidades y rarezas

Como en casi todas las temáticas, siempre hay cuestiones que llaman poderosamente la atención, bien por ser auténticas rarezas, bien por encerrar un simbolismo interesante. Como puede imaginar, la grafología, y el mundo de la escritura en general, también atesora las suyas. En este capítulo se ofrecen algunas pequeñas muestras de todo esto. Seguro que no le dejarán indiferente.

LA EVOLUCIÓN DE LA FIRMA DE DOÑA LETIZIA ORTIZ, PRINCESA DE ASTURIAS

Cuando se hizo pública la noticia del compromiso de doña Letizia Ortiz Rocasolano con don Felipe de Borbón, príncipe de Asturias, una agencia de prensa, concretamente Europa Press, me pidió que realizase un análisis de la firma de la futura princesa de Asturias.

Firma de Letizia Ortiz de octubre de 2003

En aquel momento se me facilitó una firma suya muy reciente, pues había sido realizada en octubre de 2003, tan sólo un mes antes del anuncio del compromiso.

Lógicamente, cuando sucedió esto se sabía muy poco sobre la futura novia, y ésta fue la interpretación:

La firma ligeramente ascendente de Letizia Ortiz Rocasolano es propia de una persona realista que tiene la cabeza muy bien amueblada. Sus metas y aspiraciones en la vida son uniformes y asequibles, aunque siempre denotan deseos de avanzar y de superarse a sí misma.

Se trata de una persona de mente ágil, rápida y enérgica. Destacan uniones altas como la que se puede apreciar entre la *O* de su primer apellido y la *R* del segundo, lo que pone de manifiesto una inteligencia resuelta y eficaz.

La firma de doña Letizia señala que es una persona dinámica y expansiva, que procura avanzar en su trayectoria vital con fuerza, convicción y aplomo.

Su firma es algo ilegible, pero realizada con agilidad y rapidez; esto indica que no se puede leer con facilidad lo que ha escrito —algunos trazos son filiformes o en «forma de hilo»—. Todo ello es característico de una persona que se proyecta hacia el exterior. Si se presta atención, se puede notar el hueco que ocupa cada letra, puesto que las deformaciones que posee la firma de doña Letizia son fruto de la soltura y seguramente de la circunstancia de tener que firmar documentos con cierta frecuencia. Todo esto, por lo general, habla de vivacidad, dinamismo y alguna dosis de impaciencia. Es una persona que tiene un gran sentido de la acción, espíritu de empresa y coraje.

Su rúbrica es sencilla y abierta; no necesita cubrirse ya que sabe valorar con acierto sus cualidades y sacar provecho de sus defectos. Tiene confianza en sí misma y en los valores recibidos. Destacan en ella cualidades como la armonía, la elegancia y la naturalidad.

Se advierte que doña Letizia coloca la primera inicial del apellido paterno (Ortiz), añadiendo además el apellido materno (Rocasolano), lo que podría señalar un apego considerable hacia la parte materna; pero también podría tratarse de una forma de distinguir su segundo apellido

—menos común que el primero— de cara al área profesional en la que ha desenvuelto su labor periodística —esto es bastante frecuente en su campo laboral.

El punto que realiza después de firmar revela una tendencia a la reflexión, a la prudencia y al perfeccionismo.

Sin embargo, unos meses después, un poco antes de la boda real, la misma agencia me encargó otro estudio, pues la firma de doña Letizia había sufrido algunas variaciones. Dicho estudio se publicó en la revista *Hola*.[14]

Firma de Letizia Ortiz
de mayo de 2004

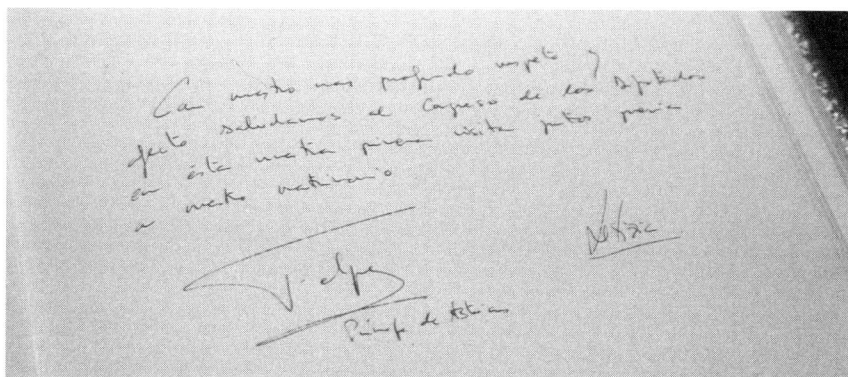

EUROPA PRESS

Y ésta fue la valoración sobre el cambio:

La firma de doña Letizia Ortiz Rocasolano ha sufrido una variación considerable en tan sólo unos pocos meses. A continuación se explican las diferencias entre su anterior firma, de octubre de 2003, y la del 3 de mayo de 2004, realizada en el transcurso de su visita al Congreso de los Diputados:

La firma actual de doña Letizia aparece muy simplificada. Se ha transformado con rapidez en un simple «Letizia». Es curioso observar cómo las firmas de los miembros de muchas monarquías presentan esta misma característica (véase el capítulo 16 sobre la firma).

Reyes, príncipes, princesas y otros miembros de casas reales no necesitan poner el apellido, pues todo el mundo sabe quiénes son y ellos mismos son conscientes de su importancia. Éste es, por ejemplo, el caso del príncipe Felipe o de la reina Fabiola de Bélgica. Sin embargo, esta evolución tan rápida de doña Letizia es, cuando menos, extraña. Las perso-

14. *¡Hola!*, núm. 3.120,
20 de mayo de 2004.

nas, por mucho que estén sometidas a un aprendizaje (como puede ser el caso de la princesa de Asturias), no evolucionan con tanta celeridad. Quizá, como hipótesis para explicar este cambio, es posible que la Casa Real también disponga de sus propios asesores grafopsicológicos, quienes pueden haber recomendado el cambio para adecuarse a la nueva situación a la que se enfrenta en su vida.

La inclinación de su nueva firma, aunque no se puede valorar muy bien este aspecto con el material de que se dispone, tampoco parece ser la misma. Ahora, la firma es más horizontal, quizá porque su grado de aspiraciones se ha visto colmado.

La rúbrica también se ha simplificado tremendamente, tan sólo queda una raya aunque el punto final se mantiene.

LA ESCRITURA EN OTRAS CULTURAS

Como es bien sabido, no se escribe de la misma manera en todos los países. En este apartado se incluyen diferentes muestras de escrituras realizadas en otras culturas. Pero antes es interesante reflexionar acerca de una noticia curiosa relacionada con este asunto.

La información aparecía en *elmundo.es*[15] y el titular era: «Taiwán aprueba una ley que obliga a escribir de izquierda a derecha».

La noticia se hacía eco de que los habitantes de Taiwán deberían cambiar sus costumbres y aprender a leer de izquierda a derecha —al contrario de cómo lo hacían tradicionalmente—. La ley también afecta a la escritura, pues los documentos oficiales, los periódicos y los escritos de todo tipo —exceptuando los textos históricos o literarios— deberán hacerse al estilo occidental.

La medida, según el portavoz del gobierno de aquel país, se ha aprobado «dado que la profusión de números y palabras en inglés en los textos, en su idioma, hacía la lectura de los mismos confusa».

En Taiwán la escritura se realizaba hasta ahora con caracteres similares a los de la escritura china, y el sentido de la escritura era de derecha a izquierda. Sin embargo, lo que ha ocurrido es que las nuevas generaciones de taiwaneses han tendido a mezclar palabras en inglés dentro de

15. *elmundo.es*,
5 de mayo de 2004.

los textos. Al ser una escritura de tipo occidental, lógicamente el inglés se escribe de izquierda a derecha, con lo cual no era infrecuente que en un periódico, por ejemplo, se encontrasen textos escritos en los dos sentidos en una misma página, lo que hacía que la lectura se convirtiese en un verdadero caos.

LA CALIGRAFÍA Y LA ESCRITURA CHINAS

Para la cultura china, la caligrafía es un arte. De hecho, se valora como si de pintura se tratase y posee una antigüedad de más de dos mil años. Inicialmente, los caracteres chinos se tallaban sobre superficies duras como piedra, bronce o madera. Más tarde se empleó la seda y, tras la invención del papel, se comenzó a realizar la caligrafía en este soporte.

En el tercer siglo antes de nuestra era, el emperador Ch'in Shih Huang unificó la escritura china en todo el territorio que se encontraba bajo su tutela. Por tanto, la escritura sufrió algunos cambios importantes. Por ejemplo, las formas redondeadas se volvieron angulosas, mientras que las curvas fueron sustituidas por formas cuadradas.

Una de las mayores dificultades de la caligrafía china es el hecho de que no se permite retocar ni sombrear las formas. Es decir, si uno se equivoca, ya no sirve. Por tanto, la habilidad del calígrafo está íntimamente relacionada con los años de experiencia que tenga éste para conseguir dominar a la perfección sus impulsos musculares.

La escritura se forma de izquierda a derecha, de arriba abajo y de afuera hacia adentro. Cada carácter se crea a partir de seis trazos básicos que pueden adoptar multitud de formas.

Escritura china actual

Otro detalle curioso es que no se sabe a ciencia cierta cuántos caracteres componen la actual escritura china. Sin embargo, se cree que rondan los cincuenta mil.

LA CALIGRAFÍA Y LA ESCRITURA ÁRABES

La escritura árabe moderna data del siglo IV d.C. y se denomina *neski* para no confundirla con la escritura primitiva, que era mucho más redondeada y que recibe el nombre de *cúfica*.

La caligrafía árabe está considerada un arte. Esto se debe a que en las mezquitas existe una prohibición de representar figuras animadas, lo que ha propiciado que se decoren con versículos del Corán realizados con sumo cuidado.

Desde el punto de vista formal, la escritura árabe posee una serie de características: es ligada y cursiva y las consonantes dobles se marcan con un *tashdee* (éste es un símbolo similar a la *w*), que se posiciona sobre la consonante.

Caligrafía árabe actual

VICTORIANO VALENCIA Y LOS TOROS

A veces, las profesiones quedan reflejadas en la firma. Tal es el caso de algunos pilotos que dibujan aviones, normalmente sin darse cuenta, en sus rúbricas, el de los boxeadores, a los que se les escapan guantes de boxeo, o el de algunos toreros, quienes introducen elementos taurinos (capotes, banderillas, cuernos...).

Tal vez, este último sea el caso de Victoriano Valencia, nieto de José Roger, banderillero de El Espartero. La familia Valencia siempre ha estado ligada al mundo taurino y Victoriano se vistió de luces por vez primera el 25 de marzo de 1951. Desde entonces ha estado unido a los toros, primero como matador y, posteriormente, tras su retirada de los ruedos en 1971, como empresario y apoderado.

Su firma es clara y legible. En ella se aprecia un detalle curioso sobre el que sobran los comentarios. Brevemente puede afirmarse que el toro está completamente incluido en su vida, detalle que se aprecia en la letra *v* sobre todo el nombre y el apellido.

Firma de
Victoriano Valencia

LAS FIRMAS Y LA ESTÉTICA PERSONAL

Si la firma es un reflejo del alma y de la personalidad íntima de cada uno, existen firmas capaces de revelar más detalles que otras, al igual que hay personas que, con su manera de ser, su forma de gesticular y su particular estética, ofrecen más información acerca de sí mismas.

Tal es el caso de personajes como Rappel o Paco Clavel. Ambas firmas son un reflejo fiel de la apariencia que ambos quieren dar en público. Estos dos personajes serían calificados por muchos como extravagantes, provocadores y artificiales. Y esto es precisamente lo que se observa en sus firmas.

Y es que Rappel y Paco Clavel, en buena parte, desarrollan su vida profesional basándose en su imagen externa. El primero se confecciona

Firma de
Rappel

un perfil de sí mismo, necesita rodearse de una parafernalia de misterio y artificiosidad, lo que lo lleva a vestir estrambóticas túnicas y abalorios. Su firma envolvente (como la de alguien que se envuelve en un disfraz) y artificiosa parece mostrar este particular. En cuanto a Paco Clavel, el creador y principal promotor de una estética que denomina «cutrelux», hay que decir que no puede resistirse a adornar su firma, que no obstante no entraña una gran complicación. Es él quien se empeña en complicarla con añadidos y complementos.

Así pues, observando sus firmas se entiende que viven por y para su imagen de cara al público.

UNA FIRMA TRANSGRESORA

Hay algunas personas que no desean parecerse a los demás, que experimentan satisfacción cuando pueden distinguirse de las masas y destacar por su extravagancia y su originalidad. Generalmente, están en contra del sistema establecido pero no pueden rebelarse como quieren, así que lo hacen a través de su firma.

Éste puede ser el caso de la firma que mostramos a continuación, que representa un pene. Posiblemente, su manera de firmar sólo sea una forma de destacar y distinguirse. Hay que recordar lo que se dijo acerca de las firmas transgresoras de Aleister Crowley en el capítulo 20.

Firma en forma de falo

DE PADRES A HIJOS...

Hay cosas que se heredan de padres a hijos: la manera de gesticular, el parecido físico, el timbre de la voz, algunas enfermedades, etc.

Los hijos, cuando son pequeños y aún no tienen definido su carácter, suelen fijarse en sus progenitores (si los tienen), en sus mentores o en sus profesores, e imitan ciertos comportamientos. Una manera de hacerlo es copiar algunos rasgos de su escritura o de su firma. Así pues, es frecuente observar que firmas de padres e hijos se parecen entre sí.

Lo normal es que el proceso obedezca a la imitación por parte del hijo, una imitación lógica que posteriormente evoluciona hacia rasgos más personalizados. Posiblemente, éste sea el caso de los actores Fernando Guillén y Fernando Guillén Cuervo. Ambas firmas, como podemos ver, tienen algunos rasgos sorprendentemente coincidentes.

**Firma de
Fernando Guillén**

**Firma de
Fernando Guillén Cuervo**

23.

Los números

A algún lector probablemente le sorprenderá saber que la manera de realizar los números también aporta información adicional sobre quien los hace y, en especial, sobre su visión con respecto a las cuestiones crematísticas. En efecto, así es. Al igual que se explicó en relación con las letras, es posible estudiar los números uno a uno y las cifras conformadas por varios números. De hecho, aplicando las leyes grafológicas y los parámetros que se han estudiado en capítulos anteriores, se puede interpretar cualquier número o cifra.

EL ORDEN

Uno de los parámetros que deben tenerse en cuenta al valorar los números y las cifras es el orden con el que están realizados.

CIFRAS ORDENADAS

Para que se pueda considerar que las cifras están ordenadas, hay que comprobar que existe una distribución clara. Esto significa que los números no deben bailar y sí mantener la misma distancia entre sí (con el número anterior y el posterior). Además, las líneas y columnas no deben aparecer torcidas y deben corresponderse con corrección con las posiciones de unidades, decenas, centenas, etc.

$$4.538$$
$$+ \ 8.142$$
$$12.680$$

Interpretación grafológica

▪ Es una persona práctica que conoce el valor del dinero en su justa medida y que se toma la economía con seriedad, exactitud, ecuanimidad y precisión.

CIFRAS DESORDENADAS

Si se observa que las cifras están mal colocadas, que los números no mantienen la misma distancia entre sí, que parecen «bailar» en el papel, y que las columnas y las líneas están torcidas, se puede afirmar que las cifras están desordenadas.

Interpretación grafológica

$$4 \ 441$$
$$+ \ 3882$$
$$8323$$

▪ El sujeto no posee un equilibrio en el terreno de la economía. No mide bien sus posibilidades ni valora con ecuanimidad sus decisiones sobre ésta.

▪ Si el desorden es excesivo, rayando en lo vulgar, posible falta de sinceridad en lo relativo a la economía. Al sujeto le gusta aparentar lo que no tiene.

EL TAMAÑO

Otro de los aspectos que deben valorarse es el tamaño de los números y de las cifras. Es interesante disponer de una muestra caligráfica del sujeto, ya que el tamaño ha de valorarse en comparación al de su escritura. Éstas son las variantes podemos encontrar:

TAMAÑO GRANDE

Se dice que el tamaño de las cifras y de los números es grande cuando, al comparar éstos con el resto de la escritura, se observa una desproporción al ser el tamaño de las cifras mucho mayor que el de la escritura.

Interpretación grafológica

$$4.528$$
$$3.221$$

▪ El sujeto es excesivamente ambicioso en el terreno económico y actúa en consecuencia.

▪ Persona consumista y manirrota.

▪ Dificultades para controlar los gastos.

TAMAÑO NORMAL

Se dice que el tamaño de las cifras y de los números es normal cuando, al comparar éstos con el resto de la escritura, se observa que existe una proporción equilibrada entre ellos.

Interpretación grafológica

8.523

- El sujeto es equilibrado en el terreno de la economía.
- Sabe controlar los gastos en su justa medida.

TAMAÑO PEQUEÑO

Se dice que el tamaño de las cifras y de los números es pequeño cuando, al comparar éstos con el resto de la escritura, se observa que existe una desproporción al ser el tamaño de las cifras mucho menor que el de la escritura.

Interpretación grafológica

8.123
x20
162.460

- Posible timidez o quizá sentimiento de inferioridad al no disponer de una situación económica todo lo holgada que quisiera. Además, existe la posibilidad de que la persona sea excesivamente ahorrativa, llegando a rayar en la tacañería.

LA PROXIMIDAD

Además de lo ya expuesto es interesante analizar la proximidad de unos números con respecto a otros.

CIFRAS Y NÚMEROS PEGADOS

Se dice que las cifras y los números están pegados cuando aparecen muy juntos entre sí, a veces llegando a rozarse unos con otros.

Interpretación grafológica

3284 + 8245

- Tendencia al ahorro.
- El sujeto tiene tendencia y gusto por atesorar bienes y dinero.
- En el sentido negativo puede indicar, cicatería y tacañería.

CIFRAS Y NÚMEROS CORRECTAMENTE SEPARADOS

Se dice que las cifras y los números están correctamente separados cuando la distancia entre unos y otros es la correcta (ni muy escasa ni muy exagerada).

$$2x + 4y$$
$$8x + 15$$

Interpretación grafológica

- El sujeto suele ejercer el control justo entre gasto-ahorro.
- No es tacaño, pero tampoco manirroto. Gasta cuando debe.

CIFRAS Y NÚMEROS MUY SEPARADOS

Se considera que las cifras y los números están muy separados cuando la distancia entre unos y otros es excesivamente grande, desproporcionada y poco coherente.

$$8.932$$
$$4.128$$

Interpretación grafológica

- El sujeto ejerce escaso control entre gasto-ahorro. Parece como si tuviese un agujero en las manos y el dinero se le escapase sin saber cómo.
- Manirroto.

LA ALTURA Y LA ANCHURA

Estos dos parámetros, comparados entre sí, ayudan a llegar a más conclusiones en relación con el campo de la economía. Éstas son las variantes que se pueden encontrar:

CIFRAS Y NÚMEROS SOBREALZADOS

Se dice que las cifras y los números están sobrealzados cuando son mucho más altos que anchos.

$$1.974$$

Interpretación grafológica

- El sujeto no posee una visión equilibrada de su posición económica. En cierta medida se cree superior a los demás en este aspecto, aunque es posible que la realidad sea otra que sólo conozcan los más próximos.

CIFRAS Y NÚMEROS REBAJADOS

Se dice que las cifras y los números están rebajados cuando son mucho más anchos que altos.

Interpretación grafológica

- El sujeto es realista con relación a su economía. Desarrolla además cierto conformismo en este aspecto, aplicando criterios sensatos en la toma de decisiones que tienen como tema central el dinero.

LA PRESIÓN

Por último, es importante observar la presión que se ejerce a la hora de trazar los números.

PRESIÓN FIRME

La presión es firme cuando en los números y las cifras se advierte una fuerte presión.

Interpretación grafológica

- Persona enérgica.
- Capacidad para encarar los problemas económicos con fuerza y coraje.

PRESIÓN NORMAL

En este caso, se observa que la presión es normal (ni muy fuerte ni muy débil).

Interpretación grafológica

- La energía es normal.
- La persona no está especialmente dotada para hacer frente a los problemas económicos, pero tampoco se deja vencer, de entrada, por las dificultades.

PRESIÓN LIGERA

Se observa que la presión es ligera y débil.

Interpretación grafológica

- La energía es escasa.
- El sujeto se hunde ante las dificultades económicas, tira la toalla sin llegar a intentar buscar una solución a los problemas. Se deja llevar por las circunstancias.

3.292 - 4.328

24.

Tests grafológicos

Posiblemente, aunque ya habrá realizado sus comparaciones basándose en lo expuesto en este libro con su propia escritura, éste es uno de los capítulos más prácticos del libro. En él usted podrá encontrar dos tests que se utilizan frecuentemente en grafología: el primero, es un test grafológico relacionado con la escuela emocional; el segundo, entronca con la psicología, aunque también es empleado por muchos grafólogos industriales en selección de personal. Escoja aquel que se ajuste mejor a sus necesidades y simplemente siga las indicaciones que se facilitan a continuación.

TEST EMOCIONAL

Este test hunde sus raíces en la escuela emocional. Gracias a los estudios de esta corriente grafológica se sabe que las emociones, en determinadas circunstancias, quedan reflejadas en la escritura. Baste recordar la experiencia de Curt A. Honroth y los tests que realizó para esclarecer un robo en una empresa, cuyos aspectos se detallan en el capítulo 3.

Esta prueba ayuda a conocer qué concepto tiene alguien sobre uno mismo o sobre otras personas. También puede realizarse este test uno mismo, así se puede saber hasta qué punto es eficaz si se lleva a cabo con corrección.

La propuesta es aparentemente sencilla: se pide a alguien que anote en un papel seis nombres de personas (dos por las que sienta simpatía, dos que le sean indiferentes y dos que le resulten antipáticas). Si se desea, puede decírsele al sujeto que incluya el nombre de uno en una de esas categorías, pero advirtiéndole que no debe comunicarle en cuál. De hecho, hay que especificar que todos los nombres deben aparecer mezclados, siguiendo un orden aleatorio.

Una vez que se hayan dado estos pasos, ya se puede comenzar con la interpretación. Los resultados pueden resultar sorprendentes.

CÓMO SE VALORA

A la hora de interpretar este test es preciso tener en cuenta una serie de cuestiones o pistas que conducirán a la valoración final. Hay que ser muy cuidadoso en la interpretación y, si no se está seguro, es preferible abstenerse de comentar nada.

- El tamaño: cuando alguien le resulta a otro agradable, éste suele escribir su nombre un poco más grande que el resto. Por el contrario, cuando no es de su agrado, tiende a plasmar su nombre en un tamaño más pequeño al del resto de la lista. Hay que tener en cuenta que también pueden producirse variaciones de tamaño sólo en algunas letras.

- La legibilidad: en relación con este apartado sucede algo parecido a lo que se ha explicado en el anterior, es decir, cuando alguien le resulta agradable a otro, éste tiende a escribir su nombre bien legible y con buena letra. En cambio, cuando no le gusta demasiado, suele quitarle importancia trazando el nombre con menor legibilidad que los que aparecen en el resto de la lista. En pocas palabras, se pone menos atención al escribir los nombres de las personas que no agradan.

- Tachaduras y enmiendas: hay que prestar especial atención a las pequeñas tachaduras y a las enmiendas. Normalmente, ambas cosas son indicios de antipatía.

- Descensos y caídas: otro de los elementos que deben tenerse en cuenta al realizar la interpretación son los descensos injustificados que se pueden presentar al escribir un nombre. Cuando el nombre parece descender o en él se observa que cae alguna o algunas letras, se trata de un signo que puede revelar que esa persona no es del agrado del sujeto que se ha sometido al test. Lo contrario sucederá cuando la dirección del nombre escrito asciende con respecto al resto.

- Temblores y pequeños impactos: los temblores son detalles importantes, aunque esconden un doble filo a la hora de ser analizados. Cuando una persona causa a otra un gran impacto emocional, ya sea positivo o negativo, es posible que al escribir su nombre aparezca algún pequeño temblor. Se trata de una emoción, que puede oscilar entre el temor y el nerviosismo de quien experimenta un sentimiento muy especial por alguien —no siempre negativo—, que origina que se plasme alguna particularidad al escribir su nombre.

- La presión: no siempre es así, pero otro de los puntos que hay que tener en cuenta es que, cuando alguien resulta simpático a otro, éste suele realizar una mayor presión sobre el papel al escribir su nombre. Por otro lado, la existencia de una menor presión en un nombre, si los demás están bien presionados, puede indicar que esa persona cae antipática.

TEST DEL ÁRBOL

¿Sabía que un dibujo tan inocente como un árbol puede decir mucho sobre el carácter? Pues así es. Esta prueba es uno de los tests proyectivos más completos y que mayor información aporta sobre quien se somete a él. ¿Se atreve a coger su útil de escritura habitual y papel?

La propuesta es en apariencia sencilla. Se trata de dibujar un árbol espontáneamente, sin preocupaciones artísticas. Éste es el enunciado para el test del árbol ideado por el psicólogo suizo Karl Koch.

Muchos psicólogos y grafólogos lo utilizan, como complemento, para descubrir rasgos de la personalidad y traumas que han quedado marcados mediante el área de conflictos o índice de Wittgenstein. Este último sirve para detectar conflictos de carácter individual, descubriendo la edad en la que se produjeron y el plano al que afectaron. Pero a la hora de iniciar este test hay que tener en cuenta algunos detalles:

- Es preferible realizar el dibujo en una hoja en blanco de tamaño cuartilla. Esto servirá para, en caso de que se haga el test a varias personas, poder valorar los diferentes tamaños de los árboles dibujados.

- Se deben descartar aquellos árboles deformes per se, como el sauce llorón, la palmera, el álamo, etc., ya que podrían ofrecer una falsa apreciación del estado anímico del dibujante.

- Antes de que el sujeto inicie el dibujo es conveniente hacer hincapié en que el árbol debe ser espontáneo. Habrá quien se justifique diciendo que no sabe dibujar. No importa, le explicaremos que en este test no valoraremos su destreza o su capacidad artística, sino su manera de ser.

SIMBOLISMO DEL ÁRBOL

El árbol posee reminiscencias que entroncan con el inconsciente colectivo. Simboliza el refugio y en cierto modo la protección que todo el mundo, de una manera u otra, busca en la vida. A continuación se detallan las partes que componen el árbol y su significado:

- La copa: representa el mundo de las ideas y el espíritu. Se relaciona con la zona superior de la escritura.

- El tronco: simboliza el «yo» y desvela el carácter. Se relaciona con la zona media de la escritura.

- La base o el suelo: marca los instintos. Se relaciona con la zona inferior de la escritura.

- Las raíces: no siempre se dibujan pero, cuando aparecen reflejadas, simbolizan el superinstinto, lo material.

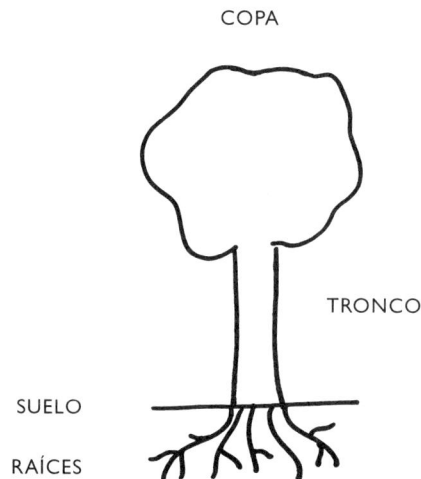

LA COPA

Al estudiar la copa se analiza el follaje, el tamaño de la copa y, como es lógico, las ramas, aunque para mayor comprensión se ha preferido analizar este último elemento por separado.

El follaje. Simboliza la elaboración de las ideas y la forma de realizar el trabajo mental.

Interpretación grafológica

- Abundante: si el follaje es abundante indica facilidad para culturizarse y para adquirir conocimientos. Es también uno de los rasgos de la introversión. El sujeto piensa mucho las cosas antes de actuar.

- Silueta simple: el sujeto concede poca importancia a la erudición. Es concreto y positivo.

- Copa figurativa o irreal: persona bohemia y caprichosa. El sujeto es confuso en el plano de las ideas. Bajo el pretexto de modernidad se esconde alguien excéntrico y narcisista.

- Follaje intermedio: equilibrio entre la extraversión y la introversión. Culto en su justa medida. El sujeto utiliza el lenguaje con propiedad.

El tamaño de la copa. Este nuevo parámetro representa el concepto que el sujeto tiene de sí mismo.

Interpretación grafológica

- Muy pequeña con relación al árbol: es normal hasta los diez años. Después indica inmadurez intelectual e infantilismo.

- Pequeña en relación con el árbol: persona minuciosa y detallista. El sujeto es introvertido y algo materialista.

- Normal o equilibrada en relación con el árbol: el sujeto es reflexivo y tranquilo. Existe equilibrio entre la introversión y la extraversión.

- Grande con relación al árbol: extraversión e imaginación. Persona idealista y espiritual.

- Muy grande con relación al árbol: exhibicionismo. Exceso de fantasía y vanidad. Narcisismo. El sujeto es demasiado entusiasta.

LAS RAMAS

Las ramas, como ya se ha dicho, se analizan como una parte de la copa, aunque éstas representan en concreto el estado anímico y las aspiraciones del sujeto.

Interpretación grafológica

- Ramas hacia arriba: extraversión. Persona optimista y alegre. Idealismo y espiritualidad. Sublimación del intelecto.

- Ramas caídas: persona pesimista e introvertida. Posible depresión o cansancio. Gran desaliento.

- Ramas en abanico: persona superficial. Tendencia a distraerse con facilidad. Tiene múltiples intereses y exige mucho. Agresividad.

- Ramas desnudas: capacidad de síntesis. No le gusta aparentar lo que no es. Prefiere que le acepten por sí mismo. Odia la vanidad. Este tipo de ramas son propias, casi siempre, de una persona solitaria. Amor por lo duradero.

- Hacer ramificaciones delgadas: persona extremadamente sensible y susceptible. Vive pendiente de los pequeños detalles.

- Ramas abiertas: indecisión e impulsividad. Capacidad para la investigación, pero tendencia a perder el control con facilidad.

- Ramas cerradas: tiende a reprimir sus impulsos. Es reservado. Se autocontrola. Intenta dominar el plano afectivo.

- Ramas en punta: persona aguda y observadora, pero muy crítica y algo agresiva en su proyección hacia el exterior.

- Dibujar dos ramas: capacidad artística y buena capacidad inaginativa.

- Tres ramas: tiene tantos intereses que olvida su objetivo principal. Capacidad artística.

Muestra cómo es el momento actual que vive el sujeto frente al medio ambiente que le rodea.

Interpretación grafológica

- Curva y ágil: extraversión. Tendencia a abstraerse. Facilidad para comprender con rapidez las cosas. Imaginación. El trato es agradable y la persona se muestra afectuosa.

- Angulosa: energía. Sujeto nervioso e irritable. Tendencia a polemizar por todo. Introversión.

- Incoherente y torpe: es normal en niños hasta los doce años, después señala torpeza en el campo de la ideación. El sujeto se siente inferior. Inmadurez. Escasez de cultura. Infantilismo.

- Aplastada: el sujeto se siente condicionado por el ambiente. Tendencia a la depresión. Esta persona sufre luchas e incertidumbres. Es sumisa y se angustia por ello.

- Centrípeta: capacidad para concentrarse. Reserva y discreción. Narcisismo.

- Ennegrecida: el sujeto siente angustia vital. No ve nada claro.

- Hacer varias copas: riqueza interior. Tendencia a autoprotegerse. Persona creativa. Suele propiciarse en artistas plásticos y pintores.

- En círculos: detallista y minucioso. Se pierde en las pequeñeces. Mordacidad.

EL TRONCO

El tronco representa el «yo» y define el carácter del sujeto.

Interpretación grafológica

- Tronco recto: persona rígida, disciplinada e intransigente. Autocontrol y reserva.

- Tronco inclinado a la derecha: sociable y extravertido. Precipitación. El sujeto es innovador y progresista.

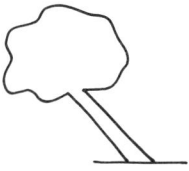

- Tronco inclinado a la izquierda: introvertido y rutinario. Si es joven, está influido por la madre; si es adulto, es una persona conservadora.

- Tronco ondulado: suavidad de carácter, al menos aparentemente. Sociable y diplomático. Ductilidad.

Árboles de tronco ennegrecido: en general, sentimiento de culpa.

- Sombreado en el lado derecho: el sujeto siente inquietud por su proyección sociolaboral. Facilidad de trato.

- Sombreado en el lado izquierdo: introversión y subjetividad. Reserva.

- Tronco muy largo: ambiciona sobresalir de la media. Persona muy susceptible. Idealista. Intenta compensar el sentimiento de inferioridad con superioridad.

- Tronco muy corto: disciplinado y práctico en sus planteamientos. Persona sencilla.

- Tronco proporcionado (normal): se valora a sí mismo con ecuanimidad. Existe equilibrio entre la introversión y la extraversión. Control.

- Tronco monolineal o muy fino: introversión y timidez. Persona inhibida. Posible debilidad física.

- Tronco muy grueso: Persona extravertida y algo primitiva. Busca autoafirmarse. Terquedad. Energía. Tosquedad.

- Tronco adelgazado hacia la base: capacidad para concentrarse. Persona espiritual. Introversión.

- Tronco engrosado en la base: persona positiva. Extravertida. Materialista. Algo apática.

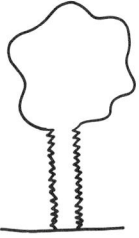

- Tronco fino y anguloso: persona irritable, pero sin llegar a extralimitarse. Amargura.

- Hacer dibujos en el interior del tronco: persona de carácter conflictivo. Tendencias masoquistas. El sujeto se recrea en el dolor propio.

LA BASE

La base simboliza todo lo relacionado con el mundo instintivo.

Interpretación grafológica

- Suelo en punta: el sujeto pisa un terreno que le hace daño. Temor y descontento por la situación laboral. Protesta. Incomodidad.

- No dibujar la base: tendencia a afrontar el futuro con incertidumbre. Falta de estabilidad. Sensación de desarraigo.

- Base en zigzag: tendencia a dispersar la energía. Agresividad. Carácter que explota con facilidad.

- Base con una raya horizontal: realismo y seguridad de su propia valía. Extraversión.

- Base ondulada (sin puntas): capacidad de adaptación. Este tipo de base es propia de personas sentimentales, que procuran evitar los enfrentamientos.

- Base con montículo: aislamiento, introversión y egocentrismo.

- Base con hierbas: irritabilidad. Capacidad artístico-plástica.

LAS RAÍCES

No todas las personas que dibujan un árbol pintan raíces. En general, cuando aparecen representadas se interpreta como introversión. Hablan también de inmovilismo y tradicionalismo a la hora de proyectarse al exterior. Materialismo.

Interpretación grafológica

- Raíces finas y largas: inquietudes materiales. Codicia. Le concede demasiada importancia al dinero.

- Raíces enroscadas: tendencia a acaparar bienes materiales. Egocentrismo. Desarrollo de los instintos.

- Raíces visibles por encima de la base, gruesas y bien delimitadas: aplomo. Capacidad artística. Temperamento guiado por los instintos.

ELEMENTOS AJENOS AL ÁRBOL

Como norma general, cuando alguien hace adornos o elementos ajenos al árbol —no solicitados—, se trata de una persona que tiene dificultad para atenerse a lo establecido y a lo que se le demanda. Sobrepasa los límites. Su naturaleza es creativa, pero indisciplinada. Esto, no obstante, es normal hasta los doce años.

Los símbolos que aparecen con mayor frecuencia son: aves, cercados, flores, el sol, nubes, animales, montes, etc.

ÁRBOLES MUY ELABORADOS

Cuando se facilita el papel para realizar el árbol, lo habitual es que las personas tiendan a esquematizar y que dibujen un árbol sencillo. Sin embargo, a veces esto no es así y se hace un verdadero dibujo elaborado y complicado en el que no son infrecuentes los sombreados.

Interpretación grafológica

- Introversión.
- Capacidad de concentración.
- Detallismo y buena ejecución del trabajo realizado.
- Tendencia a encubrir el carácter.
- Exceso de fantasía.

EL ÍNDICE DE WITTGENSTEIN

El índice de Wittgenstein, tal como se ha explicado, sirve para descubrir conflictos internos presentes en la vida del sujeto.

Cuando se disponga del árbol que se quiere analizar hay que fijarse en cualquier rayita, mordisco o rama rota que aparezcan reflejados en el dibujo. El índice de Wittgenstein señala que la altura del árbol, desde el suelo hasta la copa, simboliza la vida total del sujeto hasta el momento de dibujar el árbol.

El área en la que se encuentre situada la muesca, señal, marca o rama rota será la clave del plano al que afecta el conflicto:

- Zona de la izquierda: El problema afecta al plano familiar.
- Zona de la derecha: El problema afecta al plano social.

Para calcularlo se procede de la siguiente manera:

- Preguntar la edad al sujeto.

- Aplicar la siguiente fórmula:

$$\frac{\text{Medida en milímetros del árbol}}{\text{Años del sujeto}} = \text{índice}$$

A continuación se ilustra en un ejemplo:

- El árbol mide 170 milímetros.

- El sujeto que ha dibujado el árbol tiene cuarenta años.

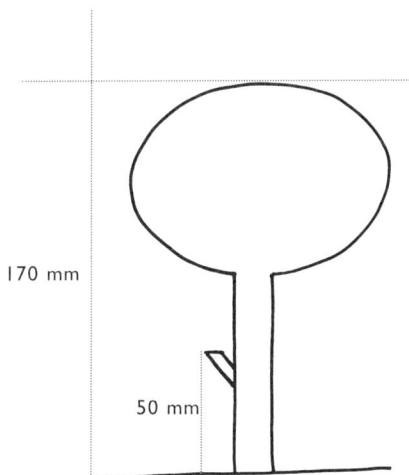

170/40 = 4,25 Índice de Wittgenstein

La rama rota está a una altura de 50 milímetros.

50/4,25 = 11,8 años

Esto quiere decir que el sujeto sufrió un conflicto que le marcó entre los once y los doce años aproximadamente.

NOTA: A la hora de valorar los resultados de este test, conviene tener en cuenta que quizá se produzcan interpretaciones aparentemente contradictorias. En este caso deberá darse mayor valor a aquellos datos que se repitan durante la interpretación.

25.

Las especialidades

La grafología posee multitud de utilidades que ya se esbozaron en el capítulo 1. Sin embargo, a continuación se profundizará en algunas de las especialidades más interesantes que pueden estudiarse tras haber conseguido una buena base grafológica. Ésta resulta imprescindible si alguien se quiere especializar en alguno de estos campos.

SELECCIÓN DE PERSONAL

La selección de personal mediante la grafología también se denomina grafología industrial. Los grafólogos industriales son los encargados de realizar estudios de la personalidad de los candidatos que optan a cubrir un determinado puesto de trabajo. El objetivo no es otro que escoger a los candidatos más aptos para el puesto que hace falta cubrir.

En otras ocasiones, la función del grafólogo industrial no consiste tan sólo en seleccionar a los mejores candidatos, sino en recolocar a los empleados dentro del organigrama de la empresa según sus cualidades y aptitudes. En estos casos, lo que se pretende es conseguir un mejor rendimiento de la empresa.

Como es lógico, ésta es una tarea que entraña una gran responsabilidad y, por tanto, el proceso que se sigue debe ser extremadamente pulcro y escrupuloso. Hay que tener en cuenta que pese a que quien debe tomar la decisión final con respecto a los candidatos es la propia empresa, la labor del grafólogo industrial no debería estar condicionada a la hora de realizar su valoración final, ya que, como es lógico, su opinión se toma muy en cuenta. En realidad, lo ideal sería que el grafólogo trabajase en combinación con un psicólogo.

UN LARGO PROCESO

A la hora de seleccionar a los mejores candidatos se sigue un proceso laborioso. Los pasos que se suelen dar son los siguientes:

Publicación del anuncio

Si bien es cierto que los pasos dependerán en buena medida de la empresa que contrata y de las características que ésta demande, en ocasiones será el propio grafólogo quien se ocupe de la redacción y publicación del anuncio.

En éste se expondrán, si procede, los datos de la empresa y se detallarán los siguientes aspectos: requisitos para optar al puesto, lo que se ofrece a los candidatos y la petición de una carta manuscrita que acompañe al currículum vitae junto a una fotografía.

Preselección a través de la grafología

Dependiendo de las características del puesto vacante y del prestigio de la empresa, es posible que se reciban multitud de cartas —generalmente muchas más de las deseables—, lo que viene a ser una complicación añadida a la hora de realizar la selección final. Por esta causa se suele llevar a cabo una preselección de candidatos a través de la grafología.

Se trata de un sistema rápido y eficaz, destinado a tamizar las escrituras más positivas de entre todas las recibidas. Cuando se han visto muchas escrituras no resulta complicado distinguir aquellas que presentan rasgos más positivos de las claramente negativas.

Preselección a través de los conocimientos de los candidatos

Aunque parezca que tras esta primera criba aún deben de quedar demasiados candidatos, lo cierto es que, desgraciadamente, no suele ser así.

Con los restantes se debe realizar una nueva criba, pero esta vez destinada a comprobar que los datos que ofrece el candidato se ajustan a los requisitos que busca la empresa; es decir, si el puesto requiere que el candidato sepa conducir, se deberá comprobar que éste tiene el permiso necesario. En este proceso se descubrirá nuevamente que son pocos quienes se ajustan a todo lo que se solicita, y en cambio son muchos quienes envían el currículum por si acaso.

Tests psicotécnicos

En esta parte del proceso lo ideal sería que interviniera un psicólogo industrial, puesto que es un profesional que está capacitado para realizar toda suerte de tests psicotécnicos.

Independientemente de los psicotécnicos, un test de personalidad muy válido es el del árbol, del psicólogo suizo Karl Koch, cuya realización ya se ha detallado ampliamente en el capítulo 24.

Entrevista personal

La entrevista personal es una parte del proceso que implica cierto riesgo para el candidato. De hecho, muchos potenciales aspirantes consiguen pasar todas las pruebas anteriores y, al llegar a esta fase, son rechazados. En esta parte del proceso sería interesante la intervención del psicólogo pero, a veces, es el propio grafólogo quien posee conocimientos de morfopsicología[16] o quien realiza las entrevistas, cuando no una persona designada por la propia empresa.

Comprobación de los conocimientos

Nunca debe darse por supuesto nada, es decir, si un candidato afirma que posee una serie de conocimientos es preciso comprobarlos antes de que se produzca su incorporación a la empresa. Para ello suele realizarse una prueba demostrativa de los conocimientos manifestados por el aspirante (idiomas, taquigrafía, mecanografía, etc.). Así se evitarán posibles situaciones incómodas en el futuro.

16. La morfopsicología se encarga del estudio del carácter a través de los rasgos fisiognómicos, la estructura craneal y la constitución física.

GRAFOPATOLOGÍA

Estudia aquellos rasgos gráficos que pueden esconder algún tipo de patología —ya sea de carácter físico o psíquico— en la escritura.

Muchos grafólogos piensan que es posible observar rasgos patológicos, no enfermedades, en la escritura entre tres y cinco años antes de que se manifieste el trastorno abiertamente.

Como anécdota, señalaremos el caso del grafólogo austriaco Alfred Kanfer. Éste dedicó buena parte de su tiempo al estudio y a la clasificación de los rasgos patológicos del cáncer. Kanfer defendía que el cerebro podía verse alcanzado por la enfermedad antes de que ésta llegase a manifestarse por completo y que esto, lógicamente, debería reflejarse en la escritura.

Si hay un hecho incontrovertible es que la escritura se ve afectada después de un problema importante de salud. Para comprobar esto, sólo debe pedirle a alguien que haya sufrido un proceso de enfermedad una muestra de su escritura anterior y otra posterior a éste. La comparación de ambas muestras le convencerá de lo esbozado líneas atrás. Por ejemplo, se sabe que una persona no escribe igual después de sufrir una embolia o un infarto, por poner un par de ejemplos.

Curiosamente, Kanfer empezó a advertir esos rasgos, que era preciso ampliar a gran escala para detectarlos, en su propia escritura. Casualidad o no, lo cierto es que Kanfer murió víctima de esta terrible enfermedad tres años después de observar dichos cambios en su letra.

Debido a lo delicado de la temática que nos ocupa, se incluyen algunos rasgos de carácter patológico, pero se ha evitado acompañarlos de muestras reales para evitar autosugestiones poco deseables. Conviene resaltar también que éste es un campo extremadamente resbaladizo, que puede traer más de un sinsabor al grafólogo *amateur*, por lo que es recomendable no lanzarse a interpretaciones que no estén bien sustentadas.

LAS ZONAS PATOLÓGICAS

Antes de comenzar a enumerar los diferentes rasgos patológicos, conviene conocer el simbolismo de las distintas zonas en las que pueden observarse este tipo de rasgos:

- Zona inicial, en ella se observan los problemas en los brazos o en el hombro correspondiente al brazo con el que se escribe. Además, se pueden descubrir posibles tendencias depresivas.

- Zona superior, en esta zona se observan los problemas bronquiales, laríngeos, de espalda y los relacionados con la cabeza.

- Zona media, se observan los problemas pulmonares y de corazón.

- Zona inferior, en ésta se observan los problemas relacionados con las partes bajas del cuerpo, tales como las piernas, los riñones, los intestinos, el hígado y la vejiga.

- Zona final, en ella se observan los problemas relacionados con el sujeto en cuanto a sus dudas de futuro (las preocupaciones, las inquietudes y lo relativo a las decisiones que se le presentan en la vida).

LOS SIGNOS ANÓMALOS

En términos generales, existen algunos rasgos que pueden ocultar algún tipo de patología en la escritura. A continuación se ofrecen los más importantes. Lógicamente, el equilibrio en la escritura relativo a los campos que se exponen a continuación es indicio de buena salud. Evidentemente, cada patología posee sus propios rasgos, sin embargo, siendo éste un tema tan espinoso, se prefiere hablar en términos generales. Estos rasgos de anormalidad son los siguientes:

- Las anomalías en la forma de la escritura, rasgos extravagantes, complicados y los que tienden a la ornamentación de manera innecesaria.

- Las anomalías en la presión de la escritura, torsiones, temblores, empastes, brisados, suciedades y sacudidas.

- Las anomalías en el tamaño de la escritura, grandes desproporciones en las letras o en la escritura.

- Las anomalías en la continuidad de la escritura, rasgos excesivamente regresivos en la zona inferior de la escritura.

- Las anomalías en la dirección de las líneas de la escritura, líneas demasiado ascendentes o descendentes.

- Las anomalías en la distribución de la escritura, exagerada mala distribución del espacio y de los márgenes (excesivos espacios en blanco donde no deberían encontrarse).

GRAFOTERAPIA

La grafoterapia es otra de las especialidades de la grafología. Consiste en la reeducación gráfica del sujeto con el fin de modificar aspectos negativos que afectan a su vida cotidiana.

Lo primero que hay que advertir es que existen algunas personas que se anuncian como grafoterapeutas y que afirman poder curar toda suerte de patologías, incluyendo enfermedades como el cáncer o el sida. Pues bien, hay que decir que esto es rotundamente falso y que, quien así actúa, quizá no sea consciente de que no se puede jugar con las esperanzas de las personas que acuden a la grafoterapia o a cualquier otra terapia como último recurso para tratar de restablecerse.

Esta actitud irresponsable disgusta mucho al grueso de los grafólogos y en concreto a los grafoterapeutas.[17] Por tanto, se recomienda que se desconfíe de aquellos anuncios en los que se prometa la curación de todo tipo de enfermedades. Es más, hay que aclarar que la grafoterapia no cura, sólo modifica la conducta, lo cual ya es algo bastante importante.

EN QUÉ CASOS ESTÁ INDICADA

Los casos en los que la grafoterapia o psicoterapia gráfica está recomendada son, entre otros, los siguientes:

- Timidez.
- Complejos de inferioridad.
- Baja autoestima.
- Ansiedad.
- Angustia.
- Depresión.
- Estrés.
- Tendencias hipocondríacas.
- Problemas de memoria y atención.
- Problemas de voluntad mal encauzada o débil.
- Modificación de aspectos relacionados con la conducta moral y el comportamiento.
- Como sistema autosugestivo complementario para la mejora de algunas patologías.

17. El grafoterapeuta es un grafólogo especializado en terapia gráfica.

EN QUÉ CONSISTE

La grafoterapia se basa en la realización de una serie de ejercicios, que deben efectuarse dos veces al día (por la mañana y por la noche), preferentemente a la misma hora. Este tipo de gimnasia cumple una triple función:

- Psíquica (el texto escogido termina por ejercer una influencia sugestiva en el sujeto sometido a la terapia).
- Motriz (se produce una ejercitación neuromuscular disciplinaria, que tiende a la corrección de aspectos negativos del carácter del sujeto).
- Mental (se tiende a la aceptación de los defectos y a los aspectos negativos del carácter).

Los ejercicios se componen de frases predeterminadas conjuntamente por el grafoterapeuta y el sujeto que se somete a la grafoterapia y también de algunos ejercicios tanto relajantes (formas gráficas) como prácticos (respiración controlada y visualización creativa).

Es imprescindible que el sujeto tenga confianza en el grafoterapeuta y que siga a rajatabla las indicaciones que éste le proporcione. El grafoterapeuta debe ser como un confesor, al que se acude para hablar y para expresarle aquellas inquietudes o problemas que le han llevado a someterse a este tipo de terapia. De hecho, sería conveniente que el grafoterapeuta experimentase él mismo este sistema. Aquellos que lo hacen pueden llegar a comprender las dificultades a las que se enfrenta el sujeto.

Las frases suelen cambiarse cada dos o tres semanas en función de los progresos experimentados, pero no deben prolongarse más de tres semanas para no obsesionar al sujeto. Éste, por su parte, debe tomarse la terapia gráfica con seriedad. De otro modo, ésta no actuará como es debido. Al igual que cuando el médico receta una pastilla por la mañana y otra por la noche se debe cumplir su recomendación, las frases deben escribirse con constancia y dedicación. No sirve realizarlas todas el mismo día antes de acudir al grafoterapeuta para la sesión de control.

Normalmente, el grafoterapeuta se reunirá con el sujeto una vez por semana o cada quince días y observará los progresos realizados en las muestras de escritura. En función de ello, se cambiará la frase o se mantendrá la misma. Las frases, en cualquier caso, han de ser positivas y conviene que manifiesten siempre lo que el sujeto desea alcanzar.

LOS RESULTADOS

Cabe la tentación de comenzar la terapia y abandonarla al poco tiempo argumentando que no se observa mejoría alguna. Lo fácil es ponerse excusas para evitar el cambio. Muchas veces, ante una situación penosa, cuando no se ve la salida, cualquier pretexto es bueno para resistirse a la transformación positiva, pero lo cierto es que para obtener éxito con esta terapia hay que ser paciente, perseverante y esforzarse.

A veces, algunos sujetos dicen advertir mejorías a los quince días de someterse a la grafoterapia. En realidad, éstos no son resultados reales, casi siempre esta mejora obedece a que el sujeto, al saberse tratado, al tener conciencia de que está poniendo algo de su parte para salir de la situación en la que se encuentra, tiende a mejorar su estado anímico.

Llegado un momento de la terapia, el sujeto sentirá que «algo» está pasando en su escritura, la sensación que tendrá es parecida a la de haber olvidado cómo se escribe correctamente. Ésta es una señal muy positiva, que indica que se está produciendo un cambio; que aún no se han asimilado los nuevos grafismos pero que se va camino de ello. Aquí es donde se debe poner más empeño en continuar con la terapia y, por desgracia, es cuando más personas se sienten tentadas a abandonar.

La mejoría depende en buena parte de los casos tratados y de la dedicación y del esfuerzo del sujeto, pero, en términos generales, se aprecian mejorías reales a partir de los tres meses de tratamiento. Sin embargo, como todas las terapias, el sujeto debe tener deseos de someterse a ella y conviene que acuda de manera voluntaria.

GRAFOLOGÍA INFANTIL

Los niños no siempre saben expresar lo que sienten con palabras. Muchas veces son incapaces de comunicarse porque lo que viven les supera; otras, son demasiado pequeños como para dominar el lenguaje. Por eso, la grafología infantil puede ser de gran ayuda para comprender cómo se sienten.

Sin embargo, en ocasiones, los niños son demasiado pequeños para escribir. En estos casos se estudian sus dibujos o sus garabatos.

EL GARABATO PREESCOLAR

A partir de los 18 meses se pueden interpretar los garabatos del niño. De hecho, resulta positivo que los niños comiencen temprano a garabatear libremente.

Entre los 18 y los 24 meses el niño empieza a fijar el garabato; unas veces se parecerá más que otras, pero suele poseer la misma forma, tamaño, etc. Este garabato fijado puede servir para entender un poco mejor el carácter del niño.

Las fases del garabato

El garabato infantil consta de tres fases:

- Primera fase (de 24 a 30 meses): se denomina «garabato vegetativo». El niño realiza el garabato sin levantar el útil del papel. En esta fase el niño empieza a respetar los márgenes.
- Segunda fase (de 30 a 36 meses): esta fase puede dar comienzo a los 30 meses, o incluso antes, y se llama «dibujo representativo». El niño empieza a dibujar algo parecido a imágenes. Intenta levantar el útil al realizar sus garabatos.
- Tercera fase (de 36 a 48 meses): se llama «comunicativa-social». El niño empieza a hacer círculos y rayas (identificados como personas). De hecho, hasta los cinco años, los pequeños no suelen dominar las formas cuadradas.

Lo normal y lo anormal

Obsérvese a continuación lo que es normal y lo que no es normal en las fases descritas anteriormente:

Lo normal

- Ocupar el centro de la hoja.
- Realizar los dibujos de maneras insospechadas (por ejemplo: poner la cabeza abajo).
- Realizar el mismo tipo de garabato en diferentes días.

Lo anormal

- Ocupar sólo las esquinas de la hoja.
- Realizar diferentes tipos de garabatos cuando ya existía uno prefijado. Todo esto es indicio de que se está produciendo algún cambio interno en el niño.

Cómo conseguir el garabato

La técnica adecuada para conseguir el garabato es ofrecerle al niño papel y lápiz y dejarle que tome la iniciativa. No se le debe forzar. En todo caso, para estimularle, el adulto puede comenzar a garabatear a su lado. Instintivamente, el niño le imitará. Conviene que el adulto encargado de hacer esto sea alguien en quien el niño tenga cierta confianza y con quien se sienta cómodo y relajado.

Aunque no se le condicione, sí que es preciso tomar notas de todo cuanto haga, por ejemplo, es importante saber dónde comienza el dibujo, dónde acaba, conocer cuál es la parte de arriba y la de abajo, cuál es el recorrido que efectúa el garabato, saber qué significa lo representado para el niño, etc.

Además se tomará nota de todos los datos relativos al niño: edad, cómo fue su crianza, si tiene hermanos, cómo es la relación entre los padres, etc.

La interpretación del garabato

Obsérvese las posibles interpretaciones del garabato infantil:

- Romper el lápiz o el papel, tendencias agresivas.
- Situar el dibujo en el centro del papel, control.
- Situar el dibujo en la zona de la izquierda, timidez, tendencia a aferrarse a la madre y a la familia.
- Situar el dibujo en la zona de la derecha, decisión, impaciencia y tendencia combativa.
- Dibujo grande, el niño desea convertirse en el centro de atención de la madre o de la figura que la representa.
- Dibujo pequeño, carácter tímido e inseguro.
- Dibujo realizado con formas curvas, suavidad y tranquilidad. El niño posee un carácter sereno.

- Dibujo realizado con formas angulosas, dureza, irritabilidad y energía.
- Dibujo ligado, extraversión. Carácter sociable.
- Dibujo desligado, introversión. Tendencia a aislarse del exterior.
- Trazos fuertes, vitalidad y energía.
- Trazos suaves, carácter delicado y suave.
- El dibujo retrocede hacia la zona de la izquierda, timidez o temor. Tendencia a huir de los demás, a refugiarse en lo conocido y próximo (como la familia).
- El dibujo avanza hacia la zona de la derecha, iniciativa. Valentía y aplomo para abandonar el ambiente familiar.
- Dar vueltas y trazar círculos, el niño manifiesta egocentrismo.
- Dibujo hecho con rapidez, carácter dinámico, activo e inquieto.
- Dibujo hecho con lentitud, carácter perezoso y calmado.

DIBUJOS FAMILIARES

Los dibujos que representan a la familia suelen ser más fáciles de interpretar. Por ejemplo, si en el dibujo falta algún miembro de la familia, hay que descubrir por qué no aparece representado. Casi siempre, al ser preguntado, el niño o los padres ofrecen la respuesta. Si lo que se nos dice no tiene lógica, es decir, que no hay motivo para que el miembro no esté presente en el dibujo, es posible que exista un problema de afectos. Normalmente, al niño se le pide que dibuje una familia. De este modo, suele identificarse con la suya y plasma cómo es el ambiente real en el que vive. En caso de que el pequeño se niegue a dibujar a su familia, se puede acceder a esa información pidiéndole que dibuje una familia de animales. Casi siempre incluirá en ésta sus propias problemáticas.

Las respuestas ofrecidas por el niño deben contrastarse, ya que, a veces, descubriremos que el pequeño, más que tener una idea propia formada tiende a reproducir lo que escucha.

Personajes que destacan

Dentro del dibujo se observará que, a veces, destaca algún personaje con respecto al resto. Ello puede ser indicio de que existe una relación significativa entre el pequeño y el personaje destacado.

Las formas de darle mayor realce a un personaje pueden ser variadas. Entre las más comunes se destacan las siguientes:

- Se dibuja al personaje que se quiere destacar en primer lugar.
- Se le presta al personaje mayor atención que al resto y se lo dibuja con mayor cuidado.
- Se lo representa con un tamaño mayor que al resto.
- Se lo dibuja en la zona de la izquierda.
- Se le agregan elementos complementarios (bastón, sombrero, etc.).
- El niño puede situarse próximo a él en el dibujo.
- Al preguntarle al niño por su dibujo, éste se refiere al personaje con frecuencia.

Ejemplo de dibujo familiar. Niño de 9 años

Personajes desvalorizados

Al igual que se le da mayor importancia a un personaje, es posible que exista el caso opuesto: que se lo desvalorice. Las formas de hacerlo también son variadas:

- Omitir un personaje importante en el dibujo (un hermano o hermana). Al preguntarle por qué no aparece dibujado, el niño puede dar excusas como «se me olvidó» o «no cabía en el papel».
- Omitir alguna parte del cuerpo del personaje (brazos, manos, etc.).
- Dibujarlo más pequeño en relación con los otros.

- Situarlo en último término o en el borde del papel.
- Situarlo debajo del resto o alejado de ellos.
- Dibujarlo sin ningún cuidado, sin aportar detalles que el resto de personajes sí poseen.
- No poner su nombre en el papel (cuando los demás sí figuran).

Ejemplo de dibjjo familiar. Niño de 5 años

PERICIA CALIGRÁFICA

Una de las especialidades de la grafología que mayor responsabilidad entraña es, sin duda, la pericia caligráfica. Ésta tiene como objeto el estudio de las falsificaciones y los anónimos. El perito calígrafo es la persona encargada de investigar estas cuestiones.

Conviene aclarar que un buen perito calígrafo debería poseer importantes conocimientos grafológicos. El motivo es que, a veces, los falsificadores, sin darse cuenta, dejan impresas facetas de su carácter. Lo normal es estudiar primero grafología y después cursar la especialidad en pericia caligráfica.

Esta especialidad existe porque hay personas que se dedican a falsificar documentos y firmas. Además, son frecuentes los anónimos que se escriben con ánimo de molestar u ofender. Para paliar la presencia de estos sujetos, se acude a la figura del perito calígrafo, también denominado experto en documentos o escrituras.

EL PERITO CALÍGRAFO

Como ya se ha comentado, las personas que ejercen la pericia caligráfica soportan una gran responsabilidad. Por esta razón, sus informes deben ser especialmente escrupulosos. El perito es a fin de cuentas una persona y, como tal, puede equivocarse. Sin embargo, una cosa es equivocarse y otra dejarse manipular en virtud de una de las partes interesadas.

Hay que tener en cuenta que su informe sólo debe ser dirigido al juez. Si trabaja por encargo de alguna de las partes (fiscal o abogado), es fácil que se le intente condicionar e incluso presionar para que su dictamen se incline a favor de alguien. De ahí que sea necesario actuar con el máximo rigor y compromiso de lealtad hacia uno mismo.

EL PERITAJE CALIGRÁFICO

Para realizar un peritaje caligráfico sobre una firma, lo primero que se debe hacer es disponer del material preciso para poder trabajar:

- El grafismo dubitado, del cual se sospecha que puede tratarse de una falsificación.
- Material indubitado, del cual consta fehacientemente su autenticidad.

Con este material se puede comenzar el examen para determinar si se trata de una falsificación o no. La manera de proceder depende de cada perito pero, en principio, se debe estudiar primero la firma auténtica para tratar de comprender la esencia de ésta. Una vez que se tenga claro cuál es el ánimo vital que impulsa esa firma, se procederá a estudiar la firma dubitada para tratar de descubrir si posee las mismas características. En este sentido, la experiencia, los conocimientos grafológicos y la agudeza del perito serán cruciales.

Después, podrá emitirse una primera impresión. A partir de entonces, se aplicarán todas las técnicas que estén al alcance para afianzarse o desengañarse en la apreciación.

TÉCNICAS DE ANÁLISIS

Las técnicas de análisis son muy variadas. Entre las más destacadas se distinguen las siguientes: análisis métricos, comprobación de posibles debilitamientos que pueden señalar problemas grafopatológicos sólo existentes en el autor de la firma indubitada, el uso del episcopio (proyector de cuerpos opacos), valores angulares de Locard, estudio del recorrido de la firma, situación y peso de las partes, posibles rasgos inconscientes, oscilaciones pendulares, la dirección de los trazos iniciales y finales, peculiaridades en ligados, tendencias en la inclinación-inversión, estudio del tamaño y de los ascensos y descensos de las partes, etc.

LOS ANÓNIMOS

Los anónimos pueden esconder diferentes motivaciones: amenazar, ofender y molestar, extorsionar, ofrecer consejo o denunciar fallos y errores.

En cualquier caso, todos los anónimos se caracterizan porque quien los envía no es capaz de dar la cara. Por eso se acude al perito calígrafo, para que ponga cara a ese tipo de mensajes. Lógicamente, para poder realizar este análisis, debe contarse con muestras caligráficas de todos los sospechosos, así como con los anónimos recibidos. A veces, uno se lleva más de una sorpresa con relación a la autoría del anónimo.

Recorte de prensa sobre pericia caligráfica (*ABC*, 5 abril 1995)

Unas notas manuscritas delatan al violador que acechaba en los portales de Barcelona

Antes de atacar a sus víctimas, las seguía durante varios días

Barcelona. **D.C.**

La Policía ha identificado al presunto autor de cuatro agresiones sexuales y una violación cometidas entre junio de 1994 y febrero de 1995 contra cinco mujeres de Barcelona, Badalona y Santa Coloma de Gramanet, tras seguir la pista de unas notas manuscritas que fueron halladas en el hueco de un ascensor. Este individuo, según ha podido averiguarse, seguía durante días a sus víctimas para atacarlas en el momento más propicio.

26.

Los graffitis y la grafología

Para muchas personas, los graffitis son tan sólo incómodas pintadas realizadas por un grupo de vándalos que no respetan al resto de la ciudadanía. Sin embargo, si se estudia con interés, el fenómeno del graffiti parece constituir algo más complejo que todo esto.

A los ojos de quienes aborrecen los graffitis todos les parecerán iguales. Se tiende a pasar por delante de ellos sin fijarse mucho, excepto para pensar que son actos de desaprensivos que no respetan lo ajeno. En este capítulo se explica algo más sobre los graffitis, pero se hará, como es lógico, desde la óptica que ofrece la grafología.

DEFINICIÓN DEL GRAFFITI

No es fácil establecer una definición que englobe por completo lo que representa el graffiti. Mientras que el término en cuestión es ignorado por la Real Academia, es decir, que no figura en el *Diccionario de la Lengua Española*, el *Diccionario del Español Actual* lo define sin complicarse mucho de la siguiente manera: «Inscripciones o dibujos hechos en las paredes».

No obstante, algunos estudiosos del tema, como Fernando Figueroa-Saavedra, autor de *Graphitfragen: Reflexiones estéticas y éticas sobre el graffiti contemporáneo* (Minotauro Digital, 2002), han ahondado bastante más en esta cuestión para llegar a establecer una definición que se centra básicamente en cinco puntos:

- «Un medio de expresión o comunicación no institucional, que se sirve de representaciones bidimensionales y tridimensionales, que abarca tratamientos que van de lo netamente pictórico a lo netamente escultórico.»

- «Se realiza manualmente, con auxilio o no de instrumentos o maquinaria, con técnicas directas o indirectas (como el serigraffiti), generalmente, sobre un soporte fijo, portátil o móvil (dimensión itineraria), estable o inestable.»

- «Puede presentar un carácter lúdico, estético, ritual, informativo o ideológico de modo independiente o de forma combinada.»

- «Su autor, desde la marginalidad, la clandestinidad o la semiclandestinidad, siempre conscientemente, incurre en la indecorosidad o la impropiedad (sobre todo en lo que respecta al soporte), en una actuación fundamentalmente transgresiva.»

- «Como producto u objeto es efímero, aunque la pretensión de su autor pudiese ser contraria o las circunstancias hayan hecho que perdure en el tiempo.»

DIFERENTES ESTILOS

Para terminar de perfilar el graffiti, hay que hacer notar que existen varios estilos dentro de éste:

- El estilo hip-hop, inspirado en este tipo de música.
- El estilo flechero, que se caracteriza porque el graffiti está compuesto por firma y flecha.
- El *Street Art*, o el llamado graffiti profesionalizado.

El nacimiento del fenómeno de los graffitis surge de la clandestinidad y del anonimato y tiene como finalidad llegar a trascender. Esto último es evidente: los autores de los graffitis pintan para que su obra sea contemplada, quieren que su firma, que su esencia, sea vista por todo el mundo y en cuantos más lugares mejor. Por eso, para realizarlos, escogen sitios de paso, como los muros de las vías del tren; saben que allí la afluencia de público es mayor y eso les garantiza que su obra sea observada por más gente.

Sin embargo, otro tipo de pintadas, mal que les pese a quienes las realizan, pueden calificarse como actos vandálicos que desprecian la propiedad ajena. El comerciante que se gasta una parte de su presupuesto en la pintura de la cancela o en la fachada de su local no puede sentir ninguna simpatía al encontrarse este tipo de pintadas al llegar por la mañana a su trabajo.

Graffitis vandálicos

Por el contrario, hay quienes sienten verdadero entusiasmo por el mundo del graffiti y contratan los servicios de algunos escritores (así se llama a quienes practican el graffiti) para que decoren sus locales (bares, pubs, etc.). No obstante, algunos de estos escritores rechazan de plano esta actividad porque creen que de alguna manera el trabajo por encargo les coarta su libertad de acción, que les introduce en un sistema que no va con ellos y que implica una renuncia a sus principios y a la esencia que les condujo al mundo del graffiti.

El caso de Muelle, un escritor del llamado estilo flechero que residía en Madrid, ilustra sobre este particular. Muelle no consintió venderse a este tipo de intereses.

Es casi imposible vivir en Madrid y no haberse topado con alguna de sus firmas. Sin embargo, tras su fallecimiento, sus huellas se han diluido casi por completo. Muelle empezó a desarrollar sus graffitis en la década de los ochenta y se hizo tan conocido que terminó por despertar en muchos jóvenes el amor por esta actividad. Algunos lo siguieron de manera incondicional.

Muelle terminó registrando su logotipo en 1985 para impedir que se lo asociara a ninguna firma publicitaria. Es más, llegó a rechazar una suculenta oferta por parte de una conocida fábrica de colchones, a pesar de que esta empresa le ofrecía cinco millones de las antiguas pesetas por la utilización de su marca.

Muelle

LA TÉCNICA

Quienes observan algunos de los graffitis más elaborados y no son capaces de reconocer que encierran cierta dificultad en su realización, con seguridad nunca se han enfrentado a un muro armados tan sólo con un bote de spray.

Es cierto que algunos graffitis no presentan la misma elaboración que otros, ni que todos aquellos que realizan graffitis tienen la misma capacidad artística. Algunos se limitan sólo a firmas, más o menos legibles y siempre con un estilo propio. Sin embargo, los procesos más elaborados pasan por varias fases: la creación del boceto, la preparación de la pared con pintura gorda de colores claros o blancos cuando el muro lo requiere, el trazado de las siluetas de las letras y de los dibujos, el relleno de las siluetas, la marcación de ribetes, bordes, bucles y relieves y la decoración final del graffiti con elementos tipo burbujas, signos de admiración y otros añadidos.

Graffiti adornado

LOS GRAFFITIS VISTOS DESDE LA GRAFOLOGÍA

Ya se ha comentado la complejidad que entrañan muchos graffitis. Algunos de ellos, debido a las condiciones en las que se realizan, pueden llegar a perder su identidad grafológica. Sin embargo, a fuerza de repetir constantemente la firma o marca —que se escoge sin presiones de ningún tipo—, el sujeto termina por proyectar sus propios rasgos y, gracias a éstos, es factible extraer algunas conclusiones desde el punto de vista grafológico.

A continuación se reproduce un caso muy específico tomado de los graffitis callejeros. Si se observa la firma del escritor Daen, se descubre que sus formas son sencillas y poco elaboradas.

Tan sólo ha sido realizada con spray negro y desarrollando formas simples. Sin embargo, su escritura revela algunas particularidades, como, por ejemplo, la manera que tiene de realizar la *e* y la *n*.

Pues bien, posteriormente, se ofrece un nuevo graffiti de Daen, pero éste, aparentemente, no se parece en nada al anterior.

Como puede verse, los rasgos —en una primera observación— no presentan similitudes. Esto puede obedecer a varios motivos: los útiles empleados y el estilo del graffiti usado, que quizá demande este tipo de formas, ya que se comprobó que había varios similares de otros escritores en el mismo recorrido. ¿Podría ser que este graffiti hubiese sido realizado por otra mano que no fuese la de Daen? Es una posibilidad, desde luego, excepto por un detalle: si se observa lo que se ha escrito debajo de Daen, se verá que los rasgos sí se parecen a los que aparecen reflejados en el Daen primigenio (especialmente las letras *e* y *n* de la preposición «en»).

Es cierto que no toda *e* de la frase inferior es igual, pero debe tenerse en cuenta que quienes realizan estos graffitis, por lo general, son personas muy jóvenes que aún no tienen claros los valores morales.

CURVAS Y ÁNGULOS EN GRAFFITIS

En el capítulo 8, dedicado a la arquitectura gráfica o la forma de la escritura, ya se habló del ángulo y la curva y se esbozó lo que dichos conceptos significan desde el punto de vista grafológico. Pues bien, cuando vuelva a ver un muro en el que haya graffitis, podrá aprender a distinguir entre graffitis curvos y graffitis angulosos.

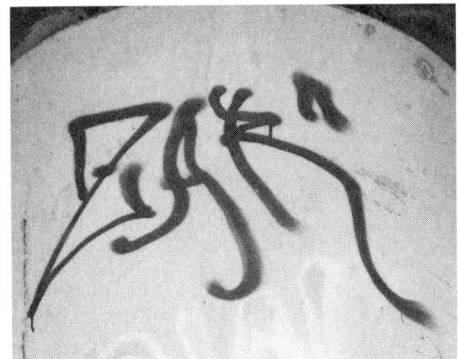

Graffitis curvo y anguloso

Evidentemente, el ángulo y la curva tienen que ver con el carácter de cada escritor. Los trazos curvos hablan de capacidad de adaptación, de suavidad en las formas, etc.

Sin embargo, la escritura angulosa descubre a personas que no se adaptan bien a las situaciones, que son duras y enérgicas de carácter. (Para más información sobre estos conceptos, véase el capítulo 8.)

GRAFFITIS LIGADOS Y DESLIGADOS

Como se ve, las leyes grafológicas también pueden aplicarse a las pintadas callejeras o graffitis. Otro de los parámetros que puede observarse tiene que ver con la cohesión, aspecto que se explicó en el capítulo 13. Los escritores de graffitis, de alguna manera, dejan plasmado su carácter o huella al hacer este tipo de pintadas. Por ejemplo, hay quienes tienen escritura ligada y ésta queda representada en su firma graffitera. Esto, que puede ser fácil de realizar con un bolígrafo, no es tan sencillo de hacer con un spray en la mano. Así pues, este tipo de graffiti refleja a una persona lógica, cultivada y extravertida.

Graffiti ligado

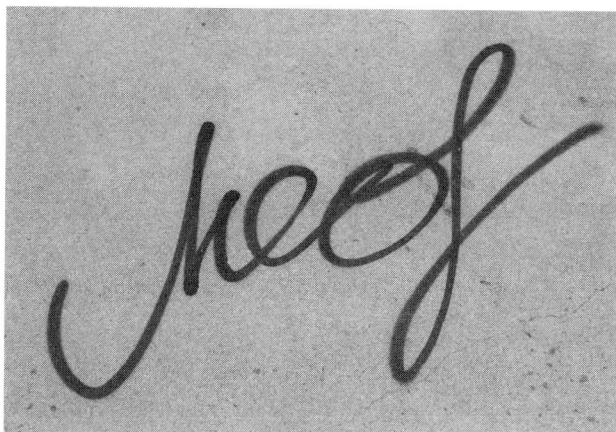

Graffiti flechero desligado

Sin embargo, también puede observarse el graffiti de letras desligadas, que es un reflejo de introversión, intuición y huida de la monotonía.

Como se acaba de comprobar, los graffitis adquieren otra dimensión a la luz de la grafología, dejan de ser simples pintadas callejeras para convertirse en un reflejo del carácter de quienes los realizan. Posiblemente, la próxima vez que observe un graffiti lo hará con otros ojos.

Principios de ética profesional

Extractados de la revista *La Graphologie* de París:

- No hacer nada que haga desmerecer el prestigio de la ciencia grafológica.
- Corrección en los negocios, es preferible saber rehusar.
- Compromiso de guardar fielmente el secreto profesional.
- Solidaridad profesional, evitar el desprestigio de los colegas.
- Modestia intelectual. Hay que reconocer como hizo el sabio: «Sólo sé que no sé nada».
- Para aumentar el grado de conocimientos, debe seguirse estudiando e investigando siempre.

Pequeño glosario de términos grafológicos

Arcada

Es un movimiento defensivo que se produce en algunas escrituras y que se observa, en concreto, en determinadas letras como la *m*, la *n* o la *ñ*. Éstas se cierran por arriba adoptando forma de arco. Es un gesto que indica reserva e introversión. (*Véase cap. 8.*)

Arpones

Son parecidos a los ganchos, pero de mayor tamaño. El significado es igual que el de los ganchos, aunque en este caso más acentuado. (*Véase cap. 15.*)

Bucles

Son gestos tipo que pueden observarse en algunas letras como la *m*, *n*, *ñ* y la *u*. Estas letras adoptan forma de *e*. Se ven con cierta frecuencia en escrituras de humoristas y son un síntoma de simpatía y de dotes cómicas. (*Véase cap. 15.*)

Cascada

Se trata de un concepto grafológico que se produce cuando, al escribir, se deja demasiado espacio en blanco en el interior del texto y cuando este espacio, además, tiene forma de bolsa. Las cascadas son rasgos que reflejan la angustia que siente el autor del texto. (*Véase cap. 5.*)

Chimeneas

Son columnas en blanco que se forman en algunas escrituras sin que el autor se de cuenta de ello. Las chimeneas se diferencian de los cuchillos en su extensión, ya que las primeras ocupan un mayor número de líneas con respecto a los últimos. Las chimeneas denotan angustia y tendencia a mortificarse. (*Véase cap. 5.*)

Crestas o hampas

Son las partes superiores de algunas letras (*b*, *d*, *f*, *h*, *l* y *t*). Las crestas pueden ser altas, normales o bajas. También pueden ser regulares o irregulares a lo largo de la escritura. (*Véase cap. 7.*)

Cuchillos

Se trata de las columnas vacías que se producen en algunas escrituras. Esto suele acontecer cuando la distancia entre palabras excede a la norma. Los cuchillos suelen ocupar tres o cuatro líneas de texto y quien los hace no suele percatarse de ello. Este rasgo se interpreta como un signo de angustia, en especial ante la toma de decisiones. (*Véase cap. 5.*)

Cuerpo central

También se denomina cuerpo medio y se corresponde con la zona central de la escritura. En el cuerpo medio se pueden observar los óvalos, así como las partes centrales de las letras que poseen crestas y pies. (*Véase cap. 5.*)

Diente de jabalí

Se trata de un gesto tipo que se expresa con puntas hacia abajo, observables al final de algunas letras como la *m*, la *n* y la *h*, principalmente, aunque también puede verse en otras. Este rasgo es un reflejo de maldad e incluso de crueldad, aunque debe ser valorado con mucho cuidado. (*Véase cap. 15.*)

Edad gráfica

Es un concepto complementario al nivel gráfico, pero no debe ser confundido con éste. La edad gráfica de una persona tiene que ver con la destreza que se desprende de la observación de su escritura. Lo normal es que ésta se encuentre condicionada por la edad cronológica, pero se conocen casos de personas maduras que no están acostumbradas a escribir, cuya edad gráfica es más baja de lo habitual. Por otra parte, existen particularidades que se derivan de problemas físicos o psíquicos que también dejan su impronta en la escritura y que pueden modificar la edad gráfica del sujeto. (*Véase caps. 12, 17 y 19.*)

Escritura brisada o rota

Este tipo de escritura se caracteriza por presentar roturas o interrupciones en los trazos. Para poder valorarla hay que descartar que estas irregularidades en la presión sean debidas al mal estado del útil con el que se ha escrito el texto. La escritura rota es un síntoma de fuerte cansancio, si bien también puede esconder algún tipo de patología. (*Véase cap. 13.*)

Escritura en rosario

También llamada temblorosa, la escritura en rosario se caracteriza por la presencia de irregularidades en la presión vertical, así como temblores. Es indicio de severas patologías. (*Véase cap. 11.*)

Escritura fusiforme

En la escritura fusiforme se produce un aumento repentino de la presión y del grosor de algunos trazos que se ejecutan de arriba abajo, sobre todo en las crestas, aunque también puede encontrarse en los pies. La escritura fusiforme revela una fuerte tendencia narcisista. (*Véase cap. 11.*)

Espirales o conchas

Se trata de un gesto tipo que se observa especialmente en las mayúsculas, sobre todo en la letra *C* y en los trazos iniciales y finales. Este movimiento es un gesto de coquetería que en algunos casos puede llegar al narcisismo. (*Véase cap. 15.*)

Fantasmas

Se trata de un gesto que normalmente queda reflejado en el margen derecho de la hoja. Es un espacio en blanco que no tiene justificación aparente. Puede aparecer en la zona superior o inferior del margen pero, en cualquier caso, la aparición de fantasmas denota temores que generan angustia e incapacidad para tomar decisiones. (*Véase cap. 6.*)

Finales en maza

Se trata de un gesto tipo caracterizado por un aumento paulatino de la presión que se acumula en la parte final de los trazos. Los finales en maza indican brusquedad que raya en la agresividad. (*Véase cap. 15.*)

Firma

Es una de las partes más importantes de la escritura. Simboliza el «yo íntimo» y descubre aspectos muy interesantes sobre el carácter de su autor. Firmar es, en cierta medida, responsabilizarse de algo: un cheque, un documento, etc. (*Véase cap. 16.*)

Ganchos

Son movimientos de carácter regresivo que pueden observarse en diversas letras, como la barra de la *t*. Además, también pueden encontrarse en los finales de palabra o de letra. Los ganchos son símbolos de tenacidad. (*Véase cap. 15.*)

Garra de gato

Este gesto recibe el nombre debido a su similitud con dicho órgano felino. Desde el punto de vista simbólico se interpreta como deseos de «arañar» bienes, dinero y objetos materiales y guardarlos para sí. Indica tendencia al acaparamiento. (*Véase cap. 15.*)

Golpe de látigo

Es un gesto tipo de carácter regresivo, que finalmente termina proyectándose hacia delante (zona de la derecha). Es parecido visualmente al golpe de sable aunque, en este caso, el gesto es curvo. El golpe de látigo se observa especialmente en la barra de la *t*. Este rasgo denota cierta agresividad y genio incontrolado. (*Véase cap. 15.*)

Golpe de sable

Es un gesto tipo parecido al golpe de látigo. Sin embargo, en este caso, el movimiento no es curvo, sino cortante y seco, de ahí su nombre. Se observa sobre todo en la letra *t* y en los pies de la escritura. Denota irritabilidad y carácter beligerante. (*Véase cap. 15.*)

Grafopatología

Constituye una especialidad de la grafología que permite el estudio de los rasgos patológicos en la escritura. A veces es posible detectarlos incluso antes de que la enfermedad se manifieste abiertamente. (*Véase cap. 26.*)

Grafoterapia

Es una especialidad de la grafología consistente en la modificación de algunos rasgos de la escritura de un sujeto con el fin de lograr una mejora en su conducta. (*Véase cap. 26.*)

Guirnalda

Es el movimiento contrario a la arcada. En este caso, las letras *m, n* y *ñ* se abren por arriba. A veces, esto llega a dificultar la legibilidad.
Este movimiento indica capacidad para adaptarse con facilidad al medio y extraversión. (*Véase cap. 8.*)

Hipnosis

Nace como consecuencia de un estado mental y físico en el que se llega a modificar el funcionamiento de la conciencia. Consiste en aprender a disminuir la atención difusa, que por lo general dirigimos hacia las cosas que nos rodean. De esta manera se aumenta la atención interna, la que solemos dirigir hacia nuestros pensamientos. Así se consigue un grado especial de concentración, enfocado a los contenidos que nos interesan. La hipnosis se ha empleado en grafología para establecer patrones y clasificar los gestos gráficos. (*Véase cap. 3 y bibliografía.*)

Líneas imbricadas

Las líneas imbricadas pueden ser ascendentes o descendentes. En el primer caso, la palabra asciende sobre la horizontal del renglón. Sin embargo, la siguiente palabra intenta regresar a la horizontal, lo que termina por producir un curioso efecto parecido a las escamas de los peces.

Con la imbricada descendente ocurre lo mismo, aunque en este caso, en lugar de ascender, se produce un descenso sobre la línea horizontal.

De cualquier manera, las líneas imbricadas (sean ascendentes o descendentes) indican desarreglos emocionales. (*Véase cap. 8.*)

Inflados

Son gestos tipo que se producen especialmente en las mayúsculas. Éstas se inflan a lo alto y ancho, llegando a dificultarse la legibilidad. Los inflados denotan vanidad y cierto sentimiento de inferioridad. (*Véase cap. 15.*)

Lapsus cálami

Literalmente significa «error de pluma». Con este término se designan las pequeñas variaciones, a veces casi imperceptibles, que se producen en un texto cuando el sujeto recibe un impacto emocional. Es una especie de «detector de mentiras» aplicado a la grafología. (*Véase cap. 3.*)

Lapsus línguae

Literalmente significa «error de lengua». Este error se produce al hablar, cuando, por ejemplo, alguien cambia una palabra por otra, llegando a delatar lo que realmente está pensando. (*Véase cap. 3.*)

Lazos

Son bucles enlazados unos con otros. Normalmente los encontraremos en los pies de la escritura, aunque pueden estar presentes en otras zonas. (*Véase cap. 15.*)

Legibilidad e ilegibilidad

La legibilidad es la facilidad con la que se puede leer un texto letra a letra. La ilegibilidad, por el contrario, es la dificultad con la que se lee un texto. Las escrituras pueden ser legibles o ilegibles. Dentro de la legibilidad, hay diferentes grados: escritos claramente legibles, semilegibles e ilegibles. (*Véase cap. 5.*)

Nivel gráfico

El nivel gráfico es un concepto grafológico que define la escritura sirviéndose de un conjunto de rasgos que oscilan entre la forma o arquitectura gráfica y la preparación intelectual del sujeto. El grafólogo neófito suele tener dificultades para clasificar las escrituras por su nivel gráfico. Sin embargo, la experiencia suele ser la mejor aliada en estos casos.

El nivel gráfico puede ser alto, medio o bajo, y lo usual es que a mayor preparación intelectual, mayor sea el nivel gráfico de la escritura. No obstante, no siempre es así. A veces, se observan escrituras de personas muy preparadas intelectualmente cuyo nivel gráfico es medio o bajo. (*Véase cap. 11 y 15.*)

Óvalos

Son una representación gráfica del «yo». Simbolizan el ego de la persona y son tremendamente valiosos a la hora de valorar la escritura de un sujeto. Los óvalos corresponden a letras concretas como la *a* y la *o*. Sin embargo, hay letras que también son susceptibles de tener óvalos, como por ejemplo: *b*, *g*, *p*, *d* y *q*. (*Véase cap. 14.*)

Pies o jambas

Son las partes inferiores de determinadas letras (*f*, *g*, *j*, *p*, *q* e *y*). A veces, la *z* minúscula también se hace con pie. Los pies pueden ser largos, normales o cortos. También pueden ser regulares o irregulares a lo largo de la escritura. (*Véase cap. 7.*)

Rabo de zorro

Se trata de un movimiento cuya forma recuerda la cola de este animal. Las líneas siguen un recorrido horizontal y, de pronto, la última palabra o las letras finales de ésta descienden. El rabo de zorro es típico de aquellas personas que luchan por superar las tendencias depresivas. (*Véase cap. 9.*)

Regresiva

Se dice que una escritura es regresiva cuando los movimientos gráficos que la componen tienden a regresar hacia la zona de la izquierda en lugar de avanzar hacia la zona de la derecha. (*Véase cap. 13.*)

Rúbrica

El término rúbrica proviene del latín y significa «rojo». La rúbrica sirve a los grafólogos para descubrir cómo son las ambiciones personales y los mecanismos defensivos que utiliza el sujeto para salvaguardar su intimidad de los demás. (*Véase cap. 17.*)

Serpentina

La serpentina es un gesto tipo que se observa principalmente en las letras *m*, *n* y *u*, aunque también puede encontrarse en la barra de la *t*. La serpentina es frecuente en letras de políticos y denota, en su sentido negativo, hipocresía. (*Véase cap. 15.*)

Signo del escorpión

Se llama signo del escorpión a las puntas afiladas que se proyectan en los pies de algunas escrituras. Este rasgo es un indicio de maldad, aunque debe ser valorado con mucha atención. (*Véase cap. 15.*)

Torsiones

Se suelen producir tanto en las crestas como en los pies de las letras. Al observar una letra torsionada se ve que presenta una torcedura que desequilibra la rectitud que debería tener. Aunque las causas de la presencia de las torsiones en la escritura pueden ser varias, muchas veces este gesto tipo obedece a las torturas internas a las que se ve sometido el autor del texto. (*Véase cap. 15.*)

Útiles

Son aquello con lo que se escribe y pueden influir en la escritura. Los acostumbrados a escribir con bolígrafo, por ejemplo, pueden notar variaciones en su grafía al escribir con pluma. (*Véase cap. 4.*)

Bibliografía

BAUDOUIN, BERNARD, *Curso de escritura automática*, Editorial de Vecchi, 1996.

BRANSTON, BARRY, *Curso práctico de grafología,* Tikal, 1995.

CARRANZA, ARMANDO, *El gran libro práctico de la grafología,* Editorial de Vecchi, 1993.

CUETOS VEGA, FERNANDO, *Psicología de la escritura. Diagnóstico y tratamiento de los trastornos de escritura,* Editorial Escuela Española, 1991.

FIGUEROA-SAAVEDRA, FERNANDO, *Graphitfragen: Reflexiones estéticas y éticas sobre el graffiti contemporáneo,* Minotauro Digital, 2002.

FREUD, SIGMUND, *Obras completas,* Ediciones Orbis, 1998.

G. DE CASTRO, ARANTXA, *Grafología,* Libsa, 2003.

GALIANA, HELENA, *El nuevo libro de la grafología,* Victor, 2000.

GUYONNAUD, J. P., *Métodos fáciles de autohipnosis,* Tikal, 1994.

HERRANZ, ISABELA, *El rostro, alma del cuerpo. Conócete a ti mismo y a los demás mediante el análisis facial,* Ediciones Martínez Roca, 2003.

HUGHES, ALBERT E., *Manual de grafología. Lo que revela su escritura,* Edaf, 1982.

JUÁREZ, ENCARNA, *Escritura automática,* Ediciones Obelisco, 1990.

JUNG, CARL G., *El hombre y sus símbolos,* Caralt, 1997.

LLUIS, ELISENDA, *Manual básico de grafología,* Libros Cúpula, 1993.

Montrond, Henri de, *¡Vivan los zurdos!*, Editorial Planeta, 1995.

Müller-Freienfels, Richard, *Tu alma y la ajena. Una psicología práctica para todos*, Editorial Labor, 1995.

Passebecq, André, *Grafología y morfopsicología para todos. Curso práctico con ejercicios de aplicación y de autocorrección*, Ediciones Cedel, 1981.

Ras, Matilde, *Lo que sabemos de grafopatología*, Gregorio del Toro Editor, 1968.

Sánchez-Bernuy, Isabel, *Grafoterapia y análisis transaccional*, Editorial Paraninfo, 1986.

Serratrice, G. y Aviv, M., *Escritura y cerebro. Mecanismos neurofisiológicos*, Masson, 1997.

Simón, José Javier, *Así escriben, así son. La personalidad de los famosos a través de su firma*, Temas de hoy, 1996.

Simón, José Javier, *El gran libro de la grafología*, Ediciones Martínez Roca, 1992.

Simón, José Javier, *Grafología fácil. Dime cómo escribes y te diré cómo eres*, Edaf, 2002.

Tesouro de Grosso, Susana, *Grafología científica*, Kier, 2002.

Vanini, Carla, *Manual práctico de grafología*, Editorial de Vecchi, 1975.

Varios, *Fundamentos de la grafología morettiana*, Sociedad Española de Grafología, 1987.

Varios, *Guía práctica de psicología*, Temas de hoy, 1988.

Varios, IV Jornadas de Grafología Aplicada, Sociedad Española de Grafología, 1978.

Varios, *La escritura del niño. La evolución de la escritura y sus dificultades* (2 volúmenes), Editorial Laia, 1984.

Varios, VIII Jornadas de Grafología, Sociedad Española de Grafología, 1986.

Vázquez Alonso, Mariano J., *El libro de los signos*, Ediciones 29, 1980.

Vels, Augusto, *Diccionario de grafología y términos psicológicos afines*, Editorial Herder, 1997.

Vels, Augusto, *Escritura y personalidad. Las bases científicas de la grafología*, Editorial Herder, 1997.

Vels, Augusto, *Grafología de la A a la Z*, Editorial Herder, 2000.

VELS, AUGUSTO, *Grafología estructural y dinámica,* Editorial Herder, 1997.

VELS, AUGUSTO, *Manual de grafoanálisis,* Herder, 2001.

VIÑALS, FRANCISCO y PUENTE, MARÍA LUZ, *Análisis de escritos y documentos en los servicios secretos,* Editorial Herder, 2003.

VIÑALS, FRANCISCO y PUENTE, MARÍA LUZ, *Psicodiagnóstico por la escritura. Grafoanálisis transaccional,* Editorial Herder, 1999.

XANDRÓ, M. y VILLAVERDE, J. L., *Grafología para todos,* Paraninfo, 1982.

XANDRÓ, MAURICIO, *Grafología de la firma-rúbrica,* Instituto EOS, 2003.

—, *Grafología elemental,* Editorial Herder, 1994.

—, *Grafología superior,* Editorial Herder, 1986.

—, *Grafología y complejos,* Ediciones Xandró, 1994.

—, *Grafología y psicología,* Ediciones Xandró, 1996.

—, *La selección de personal,* Stvdivm, 1970.

—, *Psicología del rostro,* Ediciones Xandró, 1994.

—, *Psicología del rostro,* Paraninfo, 1994.

—, *Tests gráficos de personalidad,* Paraninfo, 1982.

YTAM-VELS, *Tratado de grafología. El conocimiento del carácter por la escritura,* Editorial Vives, 1945.

Índice

ESTA EDICIÓN DE

GRAFOLOGÍA

FUE IMPRESA EN

LOS TALLERES GRÁFICOS

DE A & M GRÀFIC, S. L.

Y ENCUADERNADA POR

ENCUADERNACIONES ARTE, S. A.

EN ENERO

DE 2005